U0129421

溥儀新傳

范鵬飛著

傳 記 叢 刊

文史哲出版社印行

國家圖書館出版品預行編目資料

溥儀新傳 / 范鵬飛著.-- 初版 -- 臺北市：文史
哲出版社, 民 110.08
　　頁；　　公分 --（傳記叢刊；23）
　　ISBN 978-986-314-558-5（平裝）

1.(清)溥儀　2.傳記

627.99　　　　　　　　　　　110010247

傳　記　叢　刊 23

溥　儀　新　傳

著　　　者：范　　　　鵬　　　　飛
出　版　者：文　史　哲　出　版　社
　　　　　　http://www.lapen.com.tw
　　　　　　e-mail：lapen@ms74.hinet.net
登記證字號：行政院新聞局版臺業字五三三七號
發　行　人：彭　　　正　　　雄
發　行　所：文　史　哲　出　版　社
印　刷　者：文　史　哲　出　版　社
　　　　　　臺北市羅斯福路一段七十二巷四號
　　　　　　郵政劃撥帳號：一六一八○一七五
　　　　　　電話886-2-23511028・傳真886-2-23965656

定價新臺幣四二○元

二○二一年（民 110）八月初版

ISBN 978-986-314-558-5　　　78823

自　序

　　多年來致力於中國末代皇帝溥儀的研究，在大陸的學術書刊上發表過多篇研究溥儀的學術論文，如《引渡回國，走向新生》、《淺析溥儀在偽滿時期的性格心理》、《溥儀年號解讀》、《醇親王府人物特徵對比》、《毛澤東周恩來與溥儀》、《溥儀在紫禁城那些事》、《遜清小朝廷大火與溥儀驅逐太監》等。2019 年我在北京出版的《心理學視角下的歷史人物》一書中，有一萬多字的篇幅是對溥儀做的心理分析。我曾在 2016 年將一本研究溥儀的文集交給黑龍江的出版社，但因此地作業因素，需要由國家進行審查，出版社又詢問不到任何審查的情況，此書稿如同石沉大海，一直未能出版。台澎金馬地區在言論、結社、出版方面均是自由的，因此試著把這本《溥儀新傳》交由臺灣地區出版。

　　2019 年 6 月自由行我來到臺灣，與文史哲出版社彭雅雲女士有了接觸。回去後於 2020 年 8 月，我將此書稿發給了出版社，是否有機會出版此書。她曾告知我，兩岸還未開放時，早在 1988 年就看過陳道明主演的電視劇《末代皇帝》，因此對溥儀這位人物也頗感興趣。聽後，心情非常激動，能與臺灣的文史哲出版社合作，也是個人的榮幸。後因社務繁忙出版被耽擱了。直到 2021 年 2 月，我將文稿內容大幅度的修改定稿付梓。望讀者能更深切了解溥儀的一生。個人才疏學淺，尚祈博學雅士不吝指正。

范鵬飛 謹誌遼寧瀋陽

2021 年 2 月 4 日

溥 儀 新 傳

目 次

第一篇　宣統皇帝

　　溥儀於 1906 年 2 月 7 日生於北京醇親王北府，1908
年 11 月 14 日被慈禧擁立為清朝皇帝。這不到三年期間，
是溥儀人生的第一個階段：醇親王王子時期。從溥儀被
擁立為皇帝之日起，到 1924 年 11 月 5 日被驅逐出宮，
是溥儀人生的第二個階段：清朝皇帝時期。這期間，溥
儀雖於 1912 年 2 月 12 日退位，但根據《清室優待條件》
規定，溥儀保留“皇帝”尊號。因此，溥儀還是合法的
清朝皇帝，得到民國政府的承認。所以溥儀的清朝皇帝
生涯是在 1924 年 11 月 5 日結束的。因為溥儀做清朝皇
帝期間，年號為“宣統”，故稱為“宣統皇帝”。本篇
故取名為宣統皇帝。

第一章 末帝家世

　　眾所周知，溥儀是中國歷史上最後一位皇帝。但是溥儀的父親載灃不是皇帝，他是第二代醇親王。溥儀的祖父奕譞不是皇帝，他是第一代醇親王。溥儀的曾祖父才是皇帝，是大清王朝入關後的第六位皇帝，道光皇帝。道光皇帝于道光三十年（西元 1850 年）正月十四日駕崩，死後四子奕詝繼位，改元咸豐。

　　咸豐皇帝 20 歲繼位，在位 11 年。31 歲時在承德避暑山莊駕崩。咸豐皇帝臨終之際，頒佈兩道諭旨。第一道諭旨是立皇長子載淳為皇太子。第二道諭旨是派肅順、端華、景壽等八人為"贊襄輔政八大臣"，也稱為"顧命八大臣"。也就是輔佐小皇帝載淳的。

　　以肅順為首的"顧命八大臣"與兩宮太后慈安與慈禧有根本的利益衝突。所以，兩宮太后就想扳倒"八大臣"，從"八大臣"手中奪回權利，達到"垂簾聽政"的目的。兩宮太后在咸豐皇帝的弟弟恭親王奕訢到承德避暑山莊奔喪之際，單獨召見奕訢，商議如何扳倒"八大臣"。三人密談了兩個多小時。這次密談之後，奕訢又在承德停留六日。兩宮太后又第二次召見奕訢，這次兩宮太后讓奕訢第二天就回到北京去準備發動政變，扳倒"八大臣"。

在承德的八大臣、兩宮太后與小皇帝經過一場風波後，慈禧提出要回京，肅順同意。兩宮太后在載垣與端華二人的護送下，帶著小皇帝載淳先回到北京。到北京後便聯合恭親王奕訢發動了政變。奕訢將早已擬好的諭旨蓋上兩枚印章。"禦賞章"蓋在諭旨的開頭處，"同道堂章"蓋在諭旨最後一個字的結尾處，這樣諭旨就生效了。諭旨宣佈賜載垣與端華二人自盡，肅順斬首，其餘五人革職。

此時肅順還在回京的路上，慈禧便派咸豐皇帝的七弟，當時只有 20 歲的奕譞前去捉拿肅順。奕譞在密雲抓住肅順，將肅順押回北京。奕譞為慈禧發動政變的最終時刻立下了汗馬功勞，使慈禧能夠掌權長達 48 年之久。奕譞也成為慈禧最為信賴的人。

同治十三年十二月初五日（西元 1875 年 1 月 12 日），年僅 19 歲的同治皇帝駕崩。同治皇帝死後無子，咸豐皇帝也沒有其他的子嗣了。實際上，清朝從咸豐皇帝開始就絕後了。那麼這個皇位由誰來繼承？慈禧選擇了奕譞的二兒子載湉來繼承皇位，並將 1875 年正月初一開始改元光緒。奕譞聽說自己的兒子被擁立為皇帝是什麼反應呢？史載"碰頭痛哭，昏迷伏地，掖之不能起"。因為他害怕自己的兒子做了皇帝會給自己的家庭帶來災禍。隨後，奕譞將眾多職務全部辭掉。慈禧封奕譞為醇親王，是"世襲罔替"的，無法辭掉，只好保留。可見，奕譞對政治的敏感之處。奕譞還有段非常有名的治家格言在其子女們的房間中懸掛：

> 財也大，產也大，後來子孫禍也大，若問此理是若何，子孫錢多膽也大，天樣大事都不怕，不喪身家不肯罷；財也小，產也小，後來子孫禍也小，若問此理是若何，子孫錢少膽也小，些微產業知自保，儉使儉用也過了。

仔細品味奕譞的治家格言確實是有一定的道理，他不想大富大貴，不想在正政治上有大的作為，只想保住自己的"些微產業"，安安穩穩度日，不去爭名逐利。奕譞的這種思想應該是在他的兒子做了皇帝之後產生的。

光緒皇帝載湉繼位之後，慈禧有明文規定，載湉過繼給咸豐皇帝。等將來載湉有了兒子，再把載湉的兒子過繼給同治皇帝。但是，事與願違。光緒皇帝一生 38 年無子。

光緒二十六年（西元 1900 年），慈禧有了一個想法，就是要將光緒皇帝廢掉。主要就是因為光緒皇帝主持變法，維新派領袖康有為甚至想殺掉慈禧。慈禧將端郡王載漪之子溥儁立為"大阿哥"，並把溥儁的年號都想好了，叫"保慶"。正當慈禧要給光緒皇帝舉行"禪讓"典禮之時，就發生了八國聯軍進犯北京，帝后西逃。列強干預慈禧的廢帝之舉，慈禧不得不放棄了廢帝計畫。在西逃的路上，慈禧因溥儁的父親載漪支持義和團運動而將載漪發配。次年帝后回京，溥儁又被廢除了"大阿哥"名號。如果不是列強的干預，慈禧廢除光緒的計畫就會成功,也就沒有後來的溥儀繼位了。

　　而光緒皇帝的親生父親奕譞已在 1891 年 1 月 1 日病故,由奕譞的五子,當時只有 8 歲的載灃繼承了醇親王之位。載灃做了第二代醇親王,才有了後來載灃長子溥儀的繼位。因為光緒是第一代醇親王的兒子,慈禧在光緒臨終之際,讓溥儀進宮,也正是因為溥儀是第二代醇親王的兒子。這樣是確保皇室血統的一脈相承。

第二章　溥儀出生

溥儀的外祖父榮祿（1836—1903），瓜爾佳氏。最早榮祿曾跟隨過奕譞，奕譞將榮祿安排到神機營當差。後來，榮祿慢慢的就成為了慈禧眼前的紅人，心腹寵臣。1898 年光緒皇帝主持"維新變法"期間，慈禧將榮祿派到天津控制兵權，以備後患。可見，慈禧對榮祿的寵信。或許出於"愛屋及烏"的心理，慈禧將榮祿的一個女兒叫瓜爾佳·幼蘭接到宮中養育。慈禧曾說："幼蘭這個丫頭，連我都不怕。"慈禧要給幼蘭指婚，指婚給誰呢？就是第二代醇親王載灃。而此時的載灃已經有了婚約了。載灃本不願意接受慈禧的指婚，載灃的母親劉佳氏就去找到慈禧，希望慈禧將命令收回。結果，慈禧不但拒絕了劉家氏的請求，反而將劉佳氏斥責一頓，載灃只得將原有的婚約退掉。被退婚女方的母親，一時想不開，認為被退婚了，就好比自己的女兒被休了一樣，感覺沒有臉見人了，就上吊自殺了。慈禧干涉的一段婚姻，或者說強加的一段婚姻就損失了一條無辜的生命。

醇親王載灃與瓜爾佳·幼蘭在光緒二十八年（西元1902 年）完婚。光緒三十二年正月十四日（西元 1906 年 2 月 7 日），瓜爾佳·幼蘭生下一男嬰，這個男嬰就是

溥儀。《醇親王載灃日記》中對溥儀的出生以及起名都有
非常詳細的記載：

> 十六日　求恩賜乳名。奉懿旨：載灃之子賞
> 乳名午格。欽此。

> 十八日　丙戌。內閣奉上諭：醇親王載灃之
> 第一子著命名溥儀。欽此。餘選定溥儀字曰曜
> 之，號曰少涵……溥儀生辰改於正月十三日。

下面，筆者就對《醇親王載灃日記》中的記載進行
詳細的解釋。

首先，溥儀的乳名以及本名是誰給起的呢？起初，
筆者認為溥儀的乳名與名字都是慈禧所起。因為光緒皇
帝此時已經被囚禁中南海瀛台，沒有發號施令的權利
了。然而，著名清史專家徐廣源先生對筆者說，溥儀的
乳名"午格"是慈禧所起，溥儀這個名字是光緒皇帝所
起。因為慈禧下達的指令叫"懿旨"，光緒皇帝下達的指
令叫"上諭"，因為這個"上"字所指的就是皇帝。雖然光
緒皇帝被囚禁，如果溥儀這個名字也是慈禧所起，就一
定會用"懿旨"，而不是"上諭"了。

在 2006 年底，由群眾出版社出版的愛新覺羅·溥儀
自傳《我的前半生（全本）》就記載了他的小名。《我的
前半生（全本）》第 40 頁，有這樣一段文字：

> 我從父親的日記裡"帖黃"的地方，撕開那
> 塊黃綾，知道了自己的乳名叫"午格"，已是五
> 十歲以後的事情。

再者，溥儀的生日明明是正月十四日，為何要"生辰改於正月十三日"呢？因為正月十四日那天，是清宣宗道光皇帝的忌日。生日不能與先祖的忌日發生衝突，所以要改生日。那麼，溥儀的生日為何是提前一天，而不是延後一天呢？因為第二日是正月十五日，是元宵佳節，也不能與傳統節日發生衝突。所以，溥儀的生日只得提前一天過。

溥儀出生的第二年，光緒三十三年（西元 1907 年）瓜爾佳·幼蘭又生下了第二個兒子，就是溥傑。《醇親王載灃日記》對溥傑的出生及其名字也有非常詳細的記載：

關於溥傑的出生，《醇親王載灃日記》在光緒三十三年（西元 1907 年）四月十六日那天有詳細的記載：

　　本日丁酉時，餘得嫡出第二子，一切平安。

呈報宗人府。

載灃在四月十八日那天的日記記載：

　　懿旨：賞載灃第二子乳名譽格，欽此。

　　並賜珍物等件。午時洗三，一切平安。甚慰。

載灃在四月十九日的日記記載：

　　內閣奉上諭：醇親王載灃之第二子著命名溥

　　傑。欽此。

結合上文所述，溥傑的乳名譽格是慈禧所起。溥傑這個名字是光緒皇帝所起。

醇王府的府例，頭生孩子過滿月後離開生母歸祖母

撫育，第二個孩子由母親撫養。也就是說，溥儀出生滿
月後，由溥儀的祖母劉佳氏所撫育。劉佳氏對溥儀非常
疼愛。小溥儀在晚上睡覺的時候，劉佳氏一夜要起來兩
三次，看看溥儀睡的如何，有沒有蹬被子。劉佳氏看溥
儀的時候，又怕把小溥儀吵醒，就把鞋脫掉，光著腳進
屋。劉佳氏一直撫養溥儀到他 3 歲入宮之時。

附　錄

載灃子女一覽表：

長子：愛新覺羅・溥儀（1906 年—1967 年）。
次子：愛新覺羅・溥傑（1907 年—1994 年）。
三子：愛新覺羅・溥倛（1915 年—1918 年）。
四子：愛新覺羅・溥任（1918 年—2015 年）。

長女：愛新覺羅・韞媖（1909 年—1925 年）。
次女：愛新覺羅・韞龢（1911 年—2001 年）。
三女：愛新覺羅・韞穎（1913 年—1992 年）。
四女：愛新覺羅・韞嫻（1914 年—2003 年）。
五女：愛新覺羅・韞馨（1917 年—1998 年）。
六女：愛新覺羅・韞娛（1919 年—1982 年）。
七女：愛新覺羅・韞歡（1921 年—2004 年）。

第三章 溥儀繼統

光緒三十四年十月二十日（西元 1908 年 11 月 13 日）慈禧連下三道懿旨：

第一道：

醇親王載灃之子溥儀著在宮內教養，並在上書房讀書。

第二道：

醇親王載灃授為攝政王。

第三道：

諭軍機大臣等。朝會大典、常朝班次，攝政王著在諸王之前。

一、溥儀入宮 一次啼哭

當晚，溥儀在乳母王焦氏的懷抱中離開了自己的出生地——醇親王北府，進入了有著五百年歷史的宮殿——紫禁城。溥儀先被抱到中南海瀛台，去見已經奄奄一息的光緒皇帝。之後，溥儀又被抱到慈禧太后那裡。關於溥儀這次與慈禧的見面，《我的前半生》是這樣描述的：

　　　　我和慈禧的這次見面，還能夠模糊地記得一
點。那是由一次強烈的刺激造成的印象。我記得
那時自己忽然處在許多陌生人中間，在我面前有
一個陰森森的幃帳，裡面露出一張醜得要命的瘦
臉——這就是慈禧。據說我一看見慈禧，立刻嚎
咷大哭，渾身哆嗦不止。慈禧叫人拿冰糖葫蘆給
我，被我一把摔到地上，連聲哭喊著："要嬤嬤！
要嬤嬤！"弄得慈禧很不痛快，說："這孩子真
彆扭，抱到哪兒玩去吧！"

　　這就是溥儀入宮後的第一次啼哭。溥儀為什麼會啼
哭？有很多人解釋說，因為見到了慈禧那張醜的要命的
臉。甚至說溥儀的這次啼哭，是因為受到了驚嚇。其實
不是，從心理學的角度來講，溥儀的這次啼哭是源於分
離焦慮。

　　分離焦慮，心理學上的專業術語，歸屬於發展心理
學範疇，發展心理學是研究個體從出生到死亡心理發展
規律的心理學分支。所謂的分離焦慮是指嬰兒在離開母
親，遭遇陌生人和陌生環境的情況下，產生驚恐、躲避
反應。這時會出現恐懼警覺行為、痛苦、憤怒等情緒，
以及求助、反抗、警惕、謹慎等行為。[1]如果讓嬰幼兒不
出現分離焦慮，就得先讓嬰幼兒從心理上接受與親人的
分離，然後再從生理上接受分離。心理上沒有適應分離，
直接就讓嬰幼兒在生理上與親人分離了，所以嬰幼兒心

1　中國心理衛生協會編寫：《心理諮詢師（基礎知識）》，民族出版
　　社 2015 年版，頁 224。

理不適，才會出現分離焦慮的反應。

　　在發展心理學中，把 0 至 3 歲歸納為嬰兒時期；3 至 6 歲歸納為幼兒時期。[2]溥儀出生於 1906 年 2 月 7 日，到溥儀入宮時，尚未滿 3 周歲。所以，溥儀入宮時應歸為嬰兒時期。溥儀在醇親王北府出生，到溥儀入宮之前，一直沒有離開過醇親王府。溥儀在 1908 年 11 月 13 日入宮，是他有生以來第一次離開自己的出生地。所以，還是嬰兒的溥儀遭遇了陌生環境，見到慈禧太后則是遭遇了陌生人。這樣，溥儀在心理上還沒有接受與家人的分離，就直接讓溥儀從生理上與家人分離了，所以溥儀感受到心理不適，就產生了驚恐的反應，所以嚎啕大哭起來。哭鬧是分離焦慮的信號。慈禧為了哄溥儀，讓人拿冰糖葫蘆給溥儀，結果被溥儀一把摔到地上，這就是溥儀的分離焦慮中的 "憤怒、反抗" 的行為。

　　所以，任何一個嬰兒在出現分離焦慮時，都會啼哭。溥儀的這次啼哭，不是因為溥儀見到慈禧受驚嚇而哭，而是源於分離焦慮，產生了心理不適應而導致的啼哭。

　　那麼，溥儀的哭喊為什麼是 "要嬤嬤，要嬤嬤" 呢？而不是其他的言語呢？這就需要回顧一下溥儀的經歷了。

　　醇王府的府例，頭生孩子過滿月後離開生母歸祖母撫育，第二個孩子由母親撫育。[3]溥儀滿月之後，就離開了親生母親，撫育溥儀的主要有兩個人，第一個是溥儀

2　隋岩：《變態心理學 2》，中國法制出版社 2017 年版，頁 190。
3　閻崇年：《正說清朝十二帝》，中華書局 2005 年版，頁 261。

的祖母劉佳氏，第二個就是他的乳母王焦氏。溥儀嘴裡的"嬤嬤"就是乳母王焦氏。王焦氏生於光緒十三年（西元 1887 年），年長溥儀 19 歲，正好是溥儀母親的年齡。任何一個兒童，無論是男孩還是女孩，都會首先把母親做為依戀的對象。每個人在兒童時期都會出現"戀母情節"。兒童時期的"戀母情節"是一種本能，而並非是人們通常想像的"俄狄浦斯情節"。兒童時期的"戀母情節"是健康的，而"俄狄浦斯情節"則是不健康的戀母。兒童是遭遇陌生環境，出現了驚恐，就會喊媽媽。因為"母親在場使兒童感到足夠的安全"[4]

　　王焦氏雖然不是溥儀的親生母親，但是溥儀出生以後，王焦氏給溥儀餵奶，一直在王焦氏的懷抱中成長，溥儀已經視作王焦氏為自己的母親。嬰兒時期的溥儀在遭遇了陌生壞境，所以溥儀需要媽媽在場，溥儀口中的"要嬤嬤，要嬤嬤"實際上就是對媽媽的呼喚。

二、光緒駕崩

　　關於光緒皇帝的死因從光緒駕崩之日起就存有爭議。但是在 2008 年之前，學術界主流的觀點是認為光緒皇帝是正常病死。學者們是主要依據了光緒皇帝相關的

---

[4] 中國心理衛生協會編寫：《心理諮詢師（基礎知識）》，民族出版社 2015 年版，頁 226。

“脈案”記載。

後來，中央電視臺清史紀錄片攝製組、清西陵文物管理處、中國原子能科學研究院反應堆工程研究設計所、北京市公安局法醫檢驗鑒定中心四家單位根據光緒皇帝的遺骨、頭髮、衣物進行科學檢測，得出的結論是：光緒皇帝的體內含有大量的三氧化二砷（砒霜）。並在2008年初冬，即光緒皇帝逝世100周年之際時，於北京公佈了這一檢測結果。

這一結果出現後，又使許多學者開始相信這一說法。著名清史學界的大師戴逸教授撰寫了《光緒之死》一文，支持這種檢測結果。並在文中依據大量史實的記載來推斷害死光緒皇帝的元兇是慈禧太后。

光緒皇帝正常病死的說法，在學術界似乎又站不住腳了。但還有學者對此檢測結果提出了質疑。正如遼寧師範大學的喻大華教授在《囚徒天子光緒皇帝》一書中提到了：

> 毒殺說也跟情理不合。戊戌政變後，光緒帝處於慈禧的幽禁之中達十年之久，按說慈禧隨時可以將他置於死地，既然光緒帝此時已經病入膏肓，不過拖延時間而已，慈禧還有必要做這種良心泯滅、天理難容的勾當嗎？

而且喻大華教授也對檢測結果提出了非常合理的質疑：

> 光緒遺體早已腐化，科學家提供的是附著在遺骨、遺物上的砷含量，能有多大程度上說明當

時光緒身體裡的砷含量呢？光緒帝的陵寢曾被盜掘，地宮環境和遺體慘遭破壞，又經文物部門的清理，幾十年後，還具備檢測的條件嗎？

筆者曾經也對根據科學技術檢測的結論是深信不疑的，後來筆者又讀了許多與光緒皇帝有關的史料，對光緒皇帝的死因也有了新的分析，新的思考，新的見解。現在筆者非常贊同喻大華教授所提出的質疑，更加傾向于光緒皇帝是正常病死。關於光緒皇帝的"脈案"就不在重複了，筆者在這裡提出一個觀點，就是光緒皇帝死于重度抑鬱症的可能性非常大！

重度抑鬱症患者的臨床表現除了心情低落外，整日無精打采，對生活中的一切失去興趣，語音低，反應遲鈍，面容憔悴。

根據相關史料記述，光緒皇帝被囚瀛台後，情緒陷入了極度的悲傷之中。常常自歎："我連漢獻帝都不如啊！"每次慈禧帶著光緒皇帝出席會議時，光緒皇帝都是面無表情，一言不發。特別是珍妃之死，對光緒皇帝的精神更是致命的打擊。

在八國聯軍進犯北京，慈禧帶領光緒皇帝西逃之前，慈禧太后命太監崔玉貴將光緒皇帝寵愛的珍妃推進井中，將其淹死。在西逃的路上，光緒皇帝聽說了珍妃被推入井中後，是怎樣的表現呢？

根據《清史紀事本末》的記載是"悲憤至極，至於戰慄"。而《宮女談往錄》對此事的記載更加悲苦"在逃亡的路上，我看到了光緒，眼睛像死羊一樣，呆呆的"。面對心愛的珍妃被害，光緒皇帝的情緒除了悲傷還是悲傷。從史料記述來看，此時的光緒皇帝患上了嚴重的抑鬱症應該是毋庸置疑的。

此後，《辛丑條約》的簽訂，清朝政府向列強賠款 4 億 5 千萬兩白銀。這應該說是對光緒皇帝又一個沉重的打擊。光緒皇帝面對自身的被囚，珍妃的死，國勢日漸的衰落，他的抑鬱症應當說越來越嚴重，抑鬱症也讓光緒皇帝原有的疾病越來越嚴重。從 1898 年被囚，到 1908 年駕崩，一共是十年的時間。患有十年的抑鬱症，再加上原有的疾病，足可以致人於死地。所以，筆者個人認為光緒皇帝死亡的根源是抑鬱症導致的。

三、登極大典　二次啼哭

光緒三十四年十月二十一日（西元 1908 年 11 月 14 日），光緒皇帝駕崩，終年 38 歲。慈禧再次連下三道懿旨：

第一道：

攝政王載灃之子溥儀著入承大統為嗣皇帝。

第二道：

攝政王載灃之子溥儀承繼毅皇帝為嗣，並兼祧大行皇帝為嗣。

第三道：

著攝政王載灃為監國。所有軍國政事，悉秉承予之訓示，裁度施行。俟嗣皇帝年歲漸長，學業有成，再由嗣皇帝裁政事。

在這裡，筆者要對慈禧的第二道懿旨做一下解釋。"溥儀承繼毅皇帝為嗣"，是說，溥儀過繼給同治皇帝為嗣。"毅"字是同治皇帝的諡號。"並兼祧大行皇帝為嗣"，是說，同時將溥儀過繼給光緒皇帝。皇帝去世，還沒有入葬的稱之為"大行皇帝"。1908 年 11 月 14 日這一天，溥儀正式成為了大清王朝的最後一代皇帝。

1908 年 12 月 2 日，在紫禁城的太和殿裡，舉行了中國歷史上最後一位皇帝 —— 宣統皇帝溥儀的登極大典。太和殿是紫禁城三大殿的第一大殿，也是紫禁城中的第一個宮殿，是紫禁城中面積最大的宮殿，為 2237 ㎡。溥儀在這次登極大典上，又哭了。《我的前半生》是這樣描述的：

> 大典是在太和殿舉行的。在大典之前，照章要先在中和殿接受領侍衛內大臣們的叩拜，然後再到太和殿接受文武百官朝賀。我被他們折騰了半天，加上那天天氣奇冷，因此當他們把我抬到太和殿，放到又高又大的寶座上的時候，早超過了我的耐性限度。我父親單膝側身跪在寶座下面，雙手扶我，不叫我亂動，我卻掙扎著哭喊："我不挨這兒，我要回家！我不挨這兒！我要回家！"父親急得滿頭是汗。文武百官的三跪九叩，沒完沒了，我的哭聲也越來越響，父親只好哄著我說："別哭別哭，快完了，快完了！"

這就是溥儀的第二次啼哭。那麼，溥儀的這次啼哭又是什麼原因呢？

在心理學上，有一項歷經 4 年，對 3000 多個不同人種的嬰兒的各種哭聲進行的研究，並利用數位訊號處理器，對哭聲的頻率進行了分析和處理。總結出嬰兒啼哭的五種原因：即饑餓、瞌睡、身體不佳、心理不適、感到無聊。[5]

（一）身體不佳是第一因素

溥儀自傳中說"加上那天天氣奇冷"，這就是由於"身體不適"造成的。嬰兒無法用語言表達天氣原因造成的"身體不適"，那就只能用"哭"來表達自己的身體不適。溥儀寫自傳時，還記得 50 多年前登極那天的寒冷的天氣，可見，寒冷的天氣給溥儀留下的深刻印記。溥儀入宮那天的啼哭，他在《我的前半生》裡用"據說"兩個字來表達，說明溥儀自己已經不記得見到慈禧時，自己是否哭了。然而在描述自己登極大典時的啼哭，並沒有用"據說"這樣不確定的詞語來表達。這就說明第二次啼哭是真正給溥儀帶來了刺激。

（二）心理不適是第二因素

溥儀自傳中的那句"早超過了我的耐性限度"，這句話就表明了溥儀的心理承受能力已經到了極限。3 歲的

---

5 同注釋 4，頁 224

年紀，正是嬰幼兒喜歡玩、好動的階段。這是每個人生理以及心理發展的必經之路，不應受到阻礙。讓 3 歲的小溥儀像成人一樣的坐在皇帝寶座上，一動不動的完成一場登極大典，天性受到了阻礙，對不足 3 周歲的孩子來說是一場折磨。當嬰幼兒天性受到阻礙的時候，就會啼哭。所以，溥儀在登極大典上是在用"哭"的方式進行反抗。

四、宣統年號的含義

早在清朝宣統年間，李嶽端在他的筆記史料《悔逸齋筆乘》中說"光緒、宣統兩朝年號，殆不無微意於其間。蓋明謂新帝所承者，道光之緒、宣宗之統，而置文宗於不顧矣"。李嶽端的《悔逸齋筆乘》最早解釋了溥儀做為清朝皇帝的"宣統"年號含義。

《薔翁自定年譜》光緒元年條記稱："國號初聞曰'永康'既改'光緒'。"是"光緒"年號之前，尚有"永康"一號。

從這段記載可以得知，載湉的年號原定為"永康"，後改為"光緒"。那麼為何要改這個年號呢？根據光緒朝的進士何德剛在筆記體史料《春明夢錄》中，對"光緒"年號的的含義做了記述："意謂纘道光之緒也"。"纘"字的含義是繼承、繼續之意。光緒的父親不是皇帝，但他是道光皇帝的孫子，仍屬正統。從"永康"

改為"光緒"是為了強調載湉皇位的正統性。

道光皇帝在 1850 年去世。其子奕詝繼統,是為咸豐皇帝,給父親道光帝上廟號為宣宗。溥儀年號的第一個字"宣",是他曾祖父的廟號。所以,"宣統"年號的含義是"宣宗之統",用我們今天的話講,就是延續宣宗(道光帝)一脈的統治。

2011 年,著名歷史學家來新夏撰寫《清末三帝的年號》一文,文中說:

> 多年前,我與清史專家鄭天挺先生談到清代年號時,鄭老曾告訴我,他從曾供職清宮之親戚某所言,得知光、宣時有關廟號和年號掌故二則。……。

> 另一則曰:宣統之年號非初進之號,初由張之洞等擬進為"紹治",以明紹"同治"及"順治"之雙重意義。惟隆裕慮以溥儀僅紹"同治",而失兼祧"光緒"之意,則己之太后地位也將發生問題。因又改擬為"宣統"意即"宣宗"之統與"光緒"之為"道光"之緒,同一意耳。

> 宣宗是道光帝的廟號。道光是宣宗的年號。宣宗和道光是一個人的兩種不同稱號,意即光緒和溥儀都是宣宗的直系後裔,是一脈相承。

文中交代的很清楚,來新夏是聽鄭天挺說的,並寫成《清末三帝的年號》一文。可見,來新夏並未看到李嶽端的《悔逸齋筆乘》。

第四章　宣統時代

溥儀繼統，開始了大清王朝最後三年的宣統時代。溥儀 3 歲登極，由於年紀小，無法掌握朝政，根據慈禧的懿旨，載灃攝政。載灃是實際上清王朝最後一位最高統治者。本章主要講述從宣統元年到宣統三年的大事記。

一、載灃與袁世凱

傳聞，光緒皇帝臨終前，與載灃會見，並留下四字手諭“殺袁世凱”。溥儀在自傳《我的前半生》裡還特意提到了這件事，進行反駁：

> 有一個傳說，光緒臨終時向攝政王託付過心事，並且留下了“殺袁世凱”四字朱諭。據我所知，這場兄弟會面是沒有的。

溥儀的七叔載濤曾在《載灃與袁世凱的矛盾》一文中也提到了此事，說他從來沒有聽過這次兄弟見面。由此來看，光緒皇帝留下“殺袁世凱”的四字密詔是子虛烏有的。

載灃攝政之後，確實有過想要殺掉袁世凱的想法。

有人對載灃說，慈禧活著的時候，能牽制袁世凱。現在慈禧死了，就沒有人可以牽制袁世凱了。袁世凱沒有怕的人了，等將來袁世凱勢力更大的時候，想要除掉他就不是一件容易的事情了。載灃想找一個合適的理由除掉袁世凱，但是一直沒有找到合適的理由。有人又對載灃說，先除掉袁之後再找理由。載灃要殺掉袁世凱的消息傳出，皇族的慶親王奕劻聽說此事後，立即找到載灃，請求載灃不要殺掉袁世凱。奕劻為什麼要請求載灃不要殺掉袁世凱呢？奕劻與袁世凱同穿一條褲子。奕劻從袁世凱身上得到了不少好處，袁世凱還對奕劻說，想要擁立他的兒子做皇帝。

由於奕劻的請求，載灃要除掉袁世凱的想法產生了動搖。載灃便去詢問張之洞的意見，張之洞雖然也很厭惡袁，但是張之洞還是勸載灃不要殺袁世凱。張之洞說：“國家政局不穩，皇帝年幼，剛上臺就殺大臣，這樣做不好。”載灃便以袁世凱“足疾”為由將其罷黜。所謂的“足疾”就是腳有病。袁世凱回到了自己的老家——河南項城。袁世凱雖然回到了老家，但是還時刻關心朝廷的政局。

1911 年武昌起義成功後，載灃又重新啟用袁世凱。

二、載灃與隆裕

慈禧臨終前雖然讓載灃做了攝政王，但是還特意囑咐載灃遇到大事要"先請皇太后懿旨"。也就是說，載灃遇到大事情要先請示隆裕，隆裕同意了載灃才可以去做。載灃攝政後，要處理的一些事情還真遭到了隆裕的干涉。譬如說，載灃要任命徐世昌、毓朗為軍機大臣，這就遭到了隆裕的干涉。載灃說："遇到大事要向你請示，這點小事情，我沒有必要向你請示。"載灃對於隆裕所做的事情，雖然有很多不滿意，但是也聽之任之。隆裕為了個人的享受，要在宮中修建一座"水晶宮"。載灃雖然不滿，但是也沒有阻止。辛亥革命爆發後，水晶宮的修建被迫停止。

三、刺殺載灃

說出一個人的名字，大家都應該很熟悉，他叫汪精衛。

他曾經追隨過孫中山先生革命，孫中山臨終遺言就是汪精衛所起草的。後來汪精衛公開叛國，成立了偽國民政府，投靠了日本侵略者。汪精衛在 1911 年時，做了一件驚天大事，他為了革命武裝儘早結束，去刺殺清廷攝政王載灃。他認為這樣革命就可以勝利了。

汪精衛摸清楚了攝政王載灃上下朝必經的路線，他就派兩位革命同事在載灃必經的銀錠橋埋下炸彈（一說不是在銀錠橋），準備在載灃經過的時候引爆。結果，三人被清廷盯上，都被逮捕入獄。三人本來是要被處死的，肅親王善耆向載灃建議要採取寬大的政策，如果將三人殺掉對朝廷來說是不利的。三人就被改判為終身監禁。辛亥革命爆發後，汪精衛等三人被釋放。

四、立憲內閣

宣統三年四月初十日（西元 1911 年 5 月 8 日），載灃簽發上諭，廢除了雍正年間設立的軍機處，同時廢除明朝以來設立的內閣，建立西方式的君主立憲內閣，準備實行君主立憲制。

什麼叫君主立憲制呢？筆者在這裡做一下解釋。

君主立憲制就是最高的統治者——皇帝，或者說是國王的位置不發生改變，子孫後代永遠世襲。但是皇帝或者說是國王不再掌握權利，國家大權由國會說了算。譬如說 1840 年中英鴉片戰爭，英國侵略中國，並非是英國的維多利亞女王一人拍板決定的，而是經過了國會的討論、投票決定了對中國發動侵略戰爭。載灃所成立的"立憲內閣"就是模仿西方的國會。載灃所成立的叫"立憲內閣"，但是很多歷史教科書上則說載灃成立了"皇族內閣"，這是為什麼呢？

載灃安排十三個人成立了"立憲內閣"，其中滿族人占八人，蒙古人占四人，漢族人占一人。滿族八人中，有五人是皇族中人。所以，稱載灃所成立的為"皇族內閣"則是一種諷刺。由此也可以看出，載灃是希望愛新覺羅皇族掌握國家大權。

第五章　宣統遜位

一、反清革命

　　辛亥革命爆發，宣統帝溥儀遜位。辛亥革命的領導者是孫中山先生。孫中山生於清同治五年（西元 1866 年），本名孫文，字逸仙，號中山。光緒二十年（西元 1894 年），孫中山給清朝重臣李鴻章上書，請求清朝政府做出改革。此時李鴻章沒有把孫中山給他的上書當成一件非常重要的事情。孫中山給李鴻章上書之際，即將爆發中日甲午海戰。李鴻章的回復只是說：等打完仗以後再說吧。孫中山遭拒，使他對清朝政府心灰冷了。孫中山決定不再依賴清朝政府來救中國，要將腐敗無能的清朝政府推翻，開闢一條新的道路。1894 年 11 月 24 日，孫中山在美國檀香山成立“興中會”。以推翻清朝帝制，建立共和政府為目標。首次提出“驅逐韃虜、恢復中華、創立合眾政府”的政治綱領。反清組織成立後，孫中山就開始為推翻清朝的專制統治去奮鬥了。下面，筆者就將孫中山、黃興等人領導的歷次革命起義列舉如下：

清光緒二十一年（西元 1895 年）

2 月 21 日　香港興中會成立。

3 月 16 日　興中會骨幹開會，策劃廣州起義，擬定在 10 月 26 日以突襲的方式攻佔廣州。

10 月 26 日　孫中山接到香港方面無法按時前來的電報，只好決定展緩行動。

10 月 27 日　1500 多名清軍進入廣州城內，開始大搜捕。

10 月 28 日　起義軍中有 40 多名被清軍抓捕，廣州起義流產。

11 月 10 日　孫中山逃亡到日本神戶。

清光緒二十六年（西元 1900 年）

10 月 8 日　興中會發動惠州起義。

10 月 22 日　惠州起義失敗。

清光緒三十二年（西元 1906 年）

12 月 4 日　發動醴陵起義，佔領了萍鄉縣城以北 90 里的上栗市，成立了中華民國湖南軍先鋒隊，發佈了《中華民國軍起義檄文》。

12 月 13 日　醴陵起義失敗。

清光緒三十三年（西元 1907 年）

5 月 22 日　同盟會發動黃岡起義。

5 月 25 日　黃岡起義失敗。

9 月 1 日　同盟會發動防城起義，結果失敗。

12 月 1 日　同盟會發動鎮南關起義。

12 月 4 日　孫中山親自對清軍開炮，並且興奮說道：“反對清政府 20 餘年，此日始得親自發炮擊中清軍耳！”

12 月 8 日　鎮南關起義失敗。

清光緒三十四年（西元 1908 年）

4 月 29　起義軍攻佔雲南河口。

5 月 26 日　河口起義失敗。

清宣統二年（西元 1910 年）

年初，同盟會發動廣州新軍起義，結果失敗。

清宣統三年（西元 1911 年）

4 月 27 日　同盟會發動黃花崗起義，黃興率 130 餘名敢死隊員直撲兩廣總督署，總督張鳴岐逃走。起義軍最終因寡不敵眾而失敗。喻培倫、方聲洞，林覺民等革命志士犧牲。其中七十二人的遺體尋獲後安葬于廣州紅花崗，紅花崗改名為黃花崗。這就是“黃花崗七十二烈士”。

4 月 30 日　黃興負傷撤回香港。

10 月 10 日　同盟會發動在湖北武昌發動起義，當夜，武昌新軍 6000 人在熊秉坤的率領下攻佔武昌。

10 月 11 日：革命党人成立中華民國軍政府，推舉黎元洪出任中華民國軍政府都督。

10 月 23 日　江西九江、南昌光復。

10 月 27 日　清廷任命袁世凱為欽差大臣，並授予他統治全部兵權。

10 月 29 日　山西獨立，閻錫山任軍政府都督。

10 月 30 日　蔡鍔等在雲南昆明發動起義成功。

11 月　1 日　　袁世凱任內閣總理大臣。

11 月　3 日　　上海光復。

11 月　4 日　　貴州、浙江獨立。

11 月　5 日　　江蘇獨立。

11 月　7 日　　廣西獨立。

11 月　8 日　　安徽獨立。

11 月　9 日　　廣東獨立。

11 月 22 日　　重慶獨立。

　　武昌起義後，各地光復。此時，掌握大清朝最高權利的監國攝政王載灃任命馮國璋為正統帥，蔭昌為副統帥，統兵鎮壓。結果，馮國璋與蔭昌的鎮壓卻是節節敗退。載灃面對失敗的局面，做出了一個非常錯誤的決定，就是重新啟用被他罷黜回到河南項城老家的袁世凱。任命袁世凱為內閣總理大臣，並讓袁統治全部兵權。馮國璋在袁世凱的領導之下，為清廷收復失地。

　　但是袁世凱並非是忠於清朝廷，他有自己想法算盤。在馮國璋統兵作戰之際，袁世凱派人與革命黨人進行會談，史稱為"南北議和"。

二、民國誕生

　　武昌起義成功後，清朝的統治分裂了，出現了南方政府與北方政府的局面。袁世凱派他的代表唐紹儀與南方政府代表伍廷芳在上海英租借裡進行會談，從 12 月

18 日開始，到 12 月 31 日為止，共進行了五輪談判。五次會談最終的結果是結束戰爭、清帝退位、選舉總統、成立共和制政府。

　　1912 年 1 月 1 日，中華民國在南京宣告成立。從此日，中華民國紀年正式開始了。下午 5 時，孫中山抵達南京。晚 10 時，出席臨時大總統就任典禮，正式就任中華民國臨時大總統，並宣讀誓詞：

> 傾覆滿洲專制政府，鞏固中華民國，圖謀民生幸福，此國民之公意，文實遵之，以忠於國，為眾服務。至專制政府既倒，國內無變亂，民國卓立於世界，為列邦公認，斯時文當解臨時大總統之職。謹以此誓于國民。

中華民國元旦

　　革命黨人黃興曾與袁世凱私下達成了一個條件，如果他能讓清帝退位，那麼就選舉袁世凱為大總統。當孫中山得知黃興與袁世凱達成私下條件之時，孫也表示了，如果袁世凱真能讓清帝退位，袁就是大總統的不二人選，他做大總統是最合適的。

三、清帝退位

　　1912 年 1 月 16 日，袁世凱晉見隆裕太后，請求皇帝退位。這也是溥儀唯一一次見到袁世凱。溥儀在《我的前半生》中，對這次見到袁世凱有一段描述：

　　　　有一天在養心殿的東暖閣裡，隆裕太後坐在
靠南窗的炕上，用手絹擦眼，面前地上的紅氈子
墊上跪著一個粗胖的老頭子，滿臉淚痕。我坐在
太后的右邊，非常納悶，不明白兩個大人為什麼
哭。這時殿裡除了我們三個，別無他人，安靜得
很，胖老頭很響地一邊抽縮著鼻子一邊說話，說
的什麼我全不懂。後來我才知道，這個胖老頭就
是袁世凱。

　　袁世凱對隆裕說："皇帝退位，民國政府給予優待。
如果現在不退位，等到以後再要退位的時候，優待條件
沒有了，恐怕命都不保。"

　　當天袁世凱離開紫禁城的時候，革命黨人向袁世凱
投下炸彈，要將袁炸死。但是袁躲過一劫。這使得袁非
常害怕，從此以後不再進宮。他只好買通了隆裕太后身
邊的太監小德張（本名張蘭德），通過小德張來勸說隆裕
太后實行清帝退位。小德張對隆裕說："皇帝退位了，還
保留皇帝的尊號，退位與不退位是一樣的，沒有區別，
皇帝還是皇帝，太后還是太后，大清朝還是大清朝，一
切都沒有變。"這樣使得隆裕也產生了錯誤的認知，隆裕
便決定頒佈皇帝退位詔書。

　　1 月 20 日，中華民國臨時政府向袁世凱提交清帝退
位後的《優待條件》。22 日，袁世凱接到了孫中山最後
提出的議和五條辦法，其中提到了清帝退位後，立即辭
職。如果袁不能實行，則無議和可言。27 日，北洋將領
以馮國璋、段祺瑞等 47 人聯名致電清廷，要求"立采共

和政體"、"以安皇室而定大局"。

宣統三年十二月二十五日(西元 1912 年 2 月 12 日)，隆裕太后為六歲的宣統皇帝溥儀頒佈了《退位詔書》，全文如下：

> 朕欽奉隆裕皇太后懿旨：前因民軍起事，各省相應，九夏沸騰，生靈塗炭，特命袁世凱遣員與民軍代表討論大局，議開國會，公決政體。兩月以來，尚無確當辦法，南北暌隔，彼此相持，商輟於途，士露於野，徒以國體一日不決，故民生一日不安。今全國人民心理，多傾向共和，南中各省既倡議於前，北方諸將亦主張於後，人心所向，天命可知，予亦何忍因一姓之尊榮，拂兆民之好惡？是用外觀大勢，內審輿情，特率皇帝，將統治權公諸全國，定為共和立憲國體，近慰海內厭亂望治之心，遠協古聖天下為公之義。袁世凱前經資政院選舉為總理大臣，當茲新舊代謝之際，宜有南北統一之方，即由袁世凱以全權組織臨時共和政府，與民軍協商統一辦法，總期人民安堵，海宇乂安，仍合滿、漢、蒙、回、藏五族完全領土，為一大中華民國，予與皇帝得以退處寬閑，優遊歲月，長受國民之優禮，親見郅治之告成，豈不懿歟？欽此。

清朝從明萬曆四十四年(西元 1616 年)正月初一，努爾哈赤建立政權，到 1912 年 2 月 12 日溥儀退位為止。歷時 296 年，12 帝，清朝終止。

　　在溥儀退位之前，皇族中有許多人提出要遷都回瀋陽，佔據東北地區。而此時的革命政府雖然取得了武昌起義的勝利，很多省份獨立了，但是他們也不認為有能力把清朝徹底推翻了，甚至想到要與清朝南北對峙。如果沒有袁世凱的從中周旋，促使清帝退位，國家就會走向分裂，出現共和與帝制的南北對峙局面。即使是袁世凱為了個人的利益也好，但是他使國家統一，沒有出現分裂，這一點是值得肯定的。

　　宣統皇帝退位的當日，民國政府隨即頒佈《清室優待條件》。其主要內容是：大清皇帝辭位之後

　　1.清帝尊號仍存不廢，中華民國以待各外國君主之禮相待。

　　2.清帝歲用 400 萬兩由民國政府撥用。

　　3.清帝暫居宮禁，日後移居頤和園，侍衛人等照常留用。

　　4.清帝宗廟陵寢永遠奉祀，民國政府酌設立衛兵保護。

　　5.光緒陵寢如制妥修，民國政府支付實用經費。

　　6.宮內各執事人員可照常留用，惟不得再招閹人。

　　7.清帝私產由民國政府特別保護。

　　8.原禁衛軍歸民國陸軍部編制，額數、俸餉仍如其舊。

　　其中第一條和第三條綜合起來就是說，溥儀的皇帝尊號不變，暫時居住在紫禁城。因此，溥儀還是合法的清朝皇帝，得到民國政府所承認的。但是，筆者在這裡

還要著重強調第三條上的"清帝暫居宮禁"這句話。

　　溥儀作為清帝，可以暫時居住在紫禁城。紫禁城占地面積 72 萬平方米。但是這 72 萬平方米並不是全部由遜清皇室使用的。以乾清門為界限，從午門到乾清門歸民國政府所有，從乾清門到神武門，歸遜清皇室使用。那麼，這是為什麼呢？

　　從午門到乾清門是明清兩朝皇帝處理國家大事的地方。尤其是"三大殿"，這是"國"的象徵，所以民國政府要佔據。從乾清門到神武門，是皇帝以及後妃居住、生活的地方。所以才歸遜清皇室使用。

　　除《清室優待條件》外，還有一項《優待皇室條件》，一共四條：

　　第一款：清王公世爵概仍其舊。

　　第二款：清皇族對於中華民國國家之公權及私權，與國民平等。

　　第三款：清皇族私產一律保護。

　　第四款：清皇族免兵役之義務。

　　從 1908 年 11 月 13 日被慈禧擁立為清朝皇帝，到 1912 年 2 月 12 日退位為止，這三年多的時間是做真正的中國清朝皇帝。這三年，是溥儀 3 歲到 6 歲階段，因年幼而沒有獨立的政治能力，只是作為清朝末代皇帝的歷史符號，存於史冊之中。所以，這一時期的溥儀，沒有任何功過是非，無需承擔歷史責任。

　　辛亥革命，清朝終結。從此，共和代替帝制，民主代替君主。

第六章　童年生活

一、隆裕去世

自從溥儀入宮後，隆裕就是溥儀名義上的母親了。隆裕在溥儀退位後，只活了 1 年又 10 天的時間，1913年 2 月 22 日隆裕去世。在隆裕去世前，根據《清稗類鈔》的記載，拉著小溥儀的手，對溥儀說了這樣一番話："可憐你生在帝王之家，還不懂事，就亡了國。如今，媽媽也要死了，以後的道路，溝溝坎坎，你自己走吧。"說完，隆裕就與世長辭，年 46 歲。清朝滅亡，對隆裕太后是一個致命打擊，這也是隆裕太后早逝的一個原因。

時任中華民國大總統的袁世凱在隆裕去世的當天就命令全國降半旗致哀三日，文武官員穿孝服 27 天。3 月19 日，袁世凱下令在紫禁城太和殿舉行國民哀悼大會，中華民國的政府官員們前來祭奠隆裕皇太后。

二、溥儀和他的師傅們

1911 年 9 月 10 日，即武昌起義爆發前的一個月，6

歲的溥儀正式開始入學讀書。讀書的地點是在補桐書屋，補桐書屋的地點就是在中南海瀛台。辛亥革命爆發後，溥儀又遷到紫禁城內的毓慶宮。他的漢文師傅有：陳寶琛、陸潤庠、朱益藩等。滿文師傅只有一位，就是伊克坦。

溥儀跟隨漢文師傅主要學習傳統的儒家經典四書五經、《大清開國方略》、《聖武記》、《左傳》、《聖諭廣訓》等傳統文化。今天我們可以清楚的見到溥儀的讀書筆記。譬如，溥儀在 1915 年 1 月 1 日的讀書筆記是這樣寫的：

　　　讀《左傳》"秋會于沙隨"至"宋齊衛皆失軍"，《禮記》"是月也"至"草木蚤死"。

1917 年 1 月 1 日的讀書筆記：

　　　讀《詩》"潛"、"雍"二篇，《公羊傳》"至仲孫何忌及邾婁子盟於枝"。

滿語應該是溥儀的母語了，但是溥儀對滿語的學習沒有任何興趣，根據溥儀在《我的前半生》中回憶，溥儀所學習的滿文只記住了一個單詞"伊立"，就是起來的意思。遺老向溥儀下跪磕頭，溥儀要用滿語說起來。所以，溥儀只把"伊立"一詞記住了。伊克坦師傅在 1922 年去世，從此溥儀沒有再接觸過滿文。

但是由於溥儀的年紀很小，並不喜歡讀書。我們今天是老師給學生放假，但是溥儀雖然是學生，在遜清遺老的眼裡卻是"君"，溥儀不想上課的時候，就給宣佈"聖旨"，給老師放假。從心理學的角度來看，好玩是孩子們天性。就是在課堂上，溥儀也不認真聽講。舉兩個例子：

有一次在課堂上，溥儀突然心血來潮，把鞋和襪子脫掉，用腳趾去夾住老師山羊鬍子。還有一次是漢文師傅徐坊給溥儀上課，溥儀突然發現徐坊的一根眉毛很長，便讓徐師傅到跟前，溥儀說："徐師傅的這根眉毛很長啊！"徐坊回答說："這是一根長壽眉，我能活到現在，全指著這根長眉毛呢！"徐坊說完，溥儀便把這根長眉毛拔了下來。其他的遺老都說："皇上拔了徐坊的長壽眉，徐坊可活不長了。"果然沒過多久，徐坊就去世了。很多人就議論："這是因為皇上拔了他的長壽眉。"

溥儀自從 6 歲開始讀書以來，所學到的都是"帝王之學"。他的老師陳寶琛、陸潤庠等人都是頑固派的清朝遺老，時時刻刻都在給溥儀灌輸著 "唯我獨尊"的封建帝王思想。漸漸地懂得了"皇帝"二字的概念，能夠分辨出哪些人忠於清朝，哪些人背叛清朝。

1917 年慶親王奕劻病逝，溥儀擬定了很多醜陋的諡號，如"謬"、"醜"、"幽"、"厲"，載灃勸阻溥儀說："請看在祖宗的份上，另賜一"獻"字。"溥儀反駁說："奕劻貪贓誤國，大清二百餘年的天下，都被奕劻一手敗壞了。"溥儀與載灃的爭論，帝師陳寶琛全部看在眼裡，非常高興的對溥儀說："皇上跟王爺爭得對，爭得對。" 並用古語讚揚溥儀說： "有王雖小而元子哉。"

後南書房翰林們給奕劻擬定的諡號為 "密"，意為追補前過之意。這是一個折中的方案，溥儀同意了。

　　溥儀為什麼要給奕劻擬定醜陋的諡號，說奕劻敗壞清朝呢？奕劻與袁世凱的關係密切，而且是主張溥儀退位的。對於這一切，溥儀都應該知道了。所以溥儀才會這麼厭惡奕劻。

三、溥儀與太監

　　在溥儀正式入宮讀書之前，他身邊的太監張謙和已經教溥儀讀完了《三字經》與《百家姓》。太監張謙和是實際上溥儀的啟蒙老師。溥儀在紫禁城的生活離不開太監，而太監給溥儀的心靈造成了很大的創傷。在《我的前半生》一書中，溥儀有如下的一段回憶：

　　　　太監們的鬼神故事一方面造成了我的自大狂，另方面也從小養成了我怕鬼的心理。照太監們說，紫禁城裡無處沒有鬼神在活動。永和宮後面的一個夾道，是鬼掐脖子的地方；景和門外的一口井，住著一群女鬼，幸虧景和門上有塊鐵板鎮住了，否則天天出來；三海中間的金鰲玉蝀橋，每三年必有一個行人被橋下的鬼拉下去。

　　太監們給溥儀講的鬼怪的故事，給溥儀的幼小心靈造成了創傷，這就使得溥儀"終日疑神疑鬼，怕天黑、怕打雷、怕打閃、怕屋裡沒人"。然而"這類故事越聽越怕，越怕越要聽。十二歲以後，又對於'怪力亂神'的書又入了迷"。

在溥儀每次急躁發脾氣的時候，太監們就把溥儀關進一間小屋裡，把門反鎖上，任憑溥儀哭喊，無論怎麼叫罵、踢門、央求，也沒有人理他，直到溥儀沒有力氣了，再把溥儀放出來。這種行為，無疑是對溥儀人格上的摧殘，使溥儀愈發失去安全感。

眾所周知，溥儀是一個不健康的男人，生理存在疾病。溥儀的生理疾病就是源於他在紫禁城時期受太監的教唆出現了不良行為造成的。2013年1月群眾出版社出版的《我的前半生（批校本）》中，有溥儀的一段文字記述：

> 在我剛剛進入少年時期，由於太監們的奉承討賞，他們教會了我段傷身體的自瀆行為，在毫無正當教育而又無人管束的情形下，我一染上這個不知後果的惡習，就一發不可收拾，結果造成生理上病態現象。

1956年12月，在撫順戰犯管理所關押的溥儀接受了香港《大公報》記者潘際炯的採訪。之後，潘際炯將所採訪記錄的內容整理成書，於1957年由通俗文藝出版社出版，這就是《末代皇帝傳奇》一書。書中記錄了溥儀對潘際炯所談到的造成生理問題的根本原因：

> 我小時候喜歡手淫。特別喜歡把漂亮的小太監叫到我的身旁，替我那樣。

有人說，與溥儀同性戀的是一個叫王鳳池的太監，還說他是聽老太監孫耀庭（末代太監）說過，溥儀水路不走，走旱路。為此，溥儀研究學者王慶祥提出了反駁。

那麼，年輕時期的溥儀，他的性取向真的是太監嗎？我們注意一下《末代皇帝傳奇》一書中，溥儀這樣回憶的一段文字，"特別喜歡把漂亮的小太監叫到我的身旁，替我那樣"。溥儀的口述可謂非常露骨，"替我那樣"是哪樣？這裡不便明說，讀者都應該明白。由此來看，溥儀的確存在性心理障礙，或者說溥儀的性取向存在問題。年輕時期的溥儀，性取向是太監。但是，與溥儀搞同性戀的太監是否叫王鳳池，末代太監孫耀庭是否說過溥儀水路不走，走旱路則是無從考證的。青少年時期的溥儀性取向是太監，這一點是毫無疑問的。

精神分析學派創始人佛洛伊德認為"性本能從幼兒時期就以口唇性慾、肛門性慾等形式存在，其發展階段呈程式化，如果正常的發展受阻，那麼就可能會產生性倒錯形態，如同性戀、暴露癖等"。太監是被閹割的男人，心態被扭曲，溥儀退位之後，沒有了以往的那種嚴格的宮廷制度，溥儀還是一個不懂人事的孩子，所以，太監們有了對溥儀進行錯誤的性引導機會。太監教會了溥儀手淫，長期的手淫使溥儀形成了強迫行為，這種錯誤的"性"引導讓溥儀正常的性本能發展受阻，就產生了性倒錯，使溥儀的性對象變成為太監。

而且溥儀也喜歡捉弄太監，對太監搞惡作劇。每次都是王焦氏來勸阻溥儀。別人說的話溥儀不聽，唯獨聽王焦氏的話。有一次溥儀要"賞賜"一個太監吃蛋糕，溥儀在蛋糕裡放了石頭子，溥儀就想看到太監把牙咯掉的樣子。王焦氏勸阻溥儀說："把牙咯掉就沒有辦法吃飯了，人不能不吃飯呀！換個綠豆吧，也挺逗樂的。"溥儀也就聽從了乳母的話。

溥儀吃乳母王焦氏的奶，一直吃到了 9 歲。溥儀 9 歲那年，宮裡的老太妃們就把王焦氏給趕走了。溥儀見不到乳母了，就一直哭鬧要把嬤嬤找回來。但是任憑溥儀的哭鬧，太妃們也沒有把王焦氏找回來。溥儀在《我的前半生》裡寫了這樣一句話：

> 如果九歲以前我還能從乳母的教養中懂得點"人性"的話，這點"人性"在九歲以後也逐漸喪失了。

四、溥儀會親

溥儀入宮以後，溥傑就不能在和自己的親哥哥一起玩耍了。因為自己的哥哥是"皇帝"，是"君"，溥傑是"臣"。等兄弟二人再見面時，已經是分隔八年之後了。

溥儀入宮之後，光緒皇帝的皇后隆裕是溥儀名義上的母親，掌管溥儀的一切。1913 年 2 月 22 日，隆裕太后病逝。負責管教溥儀，在紫禁城中掌管一切的是端康太妃，也就是光緒皇帝的瑾妃。此外，還有敬懿、莊和、榮惠三位老太妃。

1916 年，敬懿老太妃提出，讓溥儀與醇親王府裡的親人會見。這是溥儀入宮八年來的第一次"會親"。溥儀見到了自己的親生母親，親祖母，還有自己的親弟弟溥傑和親妹妹韞媖。

韞媖生於清宣統元年（西元 1909 年），所以，自從韞媖出生以來，就沒有見過她的大哥溥儀。這是韞媖第一次跟自己的親哥哥見面，但是又不能稱呼溥儀為"大哥"，也要稱呼溥儀為"皇上"。

在醇親王府裡時，溥傑聽說要跟"皇帝"見面，"皇帝"是什麼樣子呢？在溥傑的腦海中開始幻想起來了："皇帝"應該與戲臺上"皇帝"是一樣的，頭戴冠冕，長袍馬褂，鬍子很長的老頭。

當溥傑見到溥儀時才發現：原來不是戲臺上老頭的樣子，原來和我一樣，是個小孩呀！

溥儀祖母劉佳氏見到溥儀時，已經忍不住哭出了聲。

親生母親瓜爾佳·幼蘭見到了自己分別八年的兒子，也呆呆的望著兒子。

小孩兒和大人不一樣，溥傑與哥哥溥儀分別時年紀還不到兩歲，又時隔八年，所以沒有親切感，反而覺得很生疏。等到大人們都不在了，三個小孩兒就一起玩耍了。

溥儀把溥傑、韞媖帶到了自己的住處養心殿。

："你們在家裡的時候都玩什麼？"溥儀問道。

溥傑想了一下，回答說："我們會玩捉迷藏啊！"

："你們也玩捉迷藏啊？那太好了，我們今天也一起玩捉迷藏吧！"。

三個小孩兒在養心殿就玩起了捉迷藏的遊戲，將養心殿的窗簾拉上，黑得真是伸手不見五指。

　　兩個哥哥又嚇唬小妹妹，嘻嘻哈哈真開心！突然，溥儀"龍顏大怒"了：

　　"溥傑，你的袖口是什麼顏色的？"溥儀大聲叫嚷著。

　　"這、這、這是杏黃色的。"

　　"胡說，這是杏黃色的嗎？這是明黃色。"溥儀繼續叫嚷著："這是你能使用的嗎？這只能皇帝才能使用。"

　　溥儀發火了，溥傑不敢再說話了，韞媖也非常害怕，嚇的要哭了，眼淚就在眼珠子上打轉。

　　一時間，"君"與"臣"的界限又劃清了。

　　但是這次"會親"，也讓哥倆真正的認識了！

第七章　帝制復辟

在中華民國三十八年的歷史當中，一共出現了兩次復辟帝制，倒行逆施的行為。第一次是發生在民國四年（1915 年）的袁世凱復辟，第二次是發生在民國六年（1917 年）的張勳復辟。

一、袁世凱復辟

民國元年（1912 年）4 月 1 日，孫中山正式卸任中華民國臨時大總統，將大總統印交還參議院。隨後袁世凱接替孫中山成為了臨時大總統。民國二年（1913 年），袁世凱在完成一系列程序後，便在當年的 10 月 10 日，即中華民國第二個國慶日，於北京紫禁城太和殿宣誓就職中華民國正式大總統。

民國四年（1915 年），袁世凱又搞起了不得人心的"帝制"。8 月 3 日，袁世凱的憲法顧問、美國政客古德諾發表《共和與君主論》一文，文中認為中國搞君主制比搞共和制更容易。實為袁世凱為稱帝做準備。8 日，各省的袁世凱的黨羽和被收買的社會名流組成"請願團"，要求袁世凱實行帝制。位於北京的雲南會館將校聯歡會發起軍界請願改行帝制活動。同月，楊度、孫毓筠、嚴複、劉師培，李燮和、胡瑛六人聯名通電全國，發表組建"籌安會"宣言。"籌安會"名義上是一個學術研究機構，而研究的卻是"君主、民主國體何者適於中國"這一問題。實則是袁世凱為稱帝制造輿論。

9月1日，參政院代行立法院召開會議，商討各省提交的"請願書"中的"變更國體"問題。會議上，贊成帝制的占大多數。隨後，又出現各省以"投票"的方式決定"國體"的問題。11月20日，"國體變更"問題的投票在各省同時宣告結束，1993票主張實行君主立憲制，0票反對。

終於在當年的12月12日，袁世凱按耐不住了，舉行祭天大典，正式稱"皇帝"，改國名為"中華帝國"，年號為"洪憲"，以次年元旦開始為"洪憲元年"，並改總統府為"新華宮"。

袁世凱做"皇帝"了，但是紫禁城裡還有一個"皇帝"呢，怎麼辦？袁世凱就派人到紫禁城同遜清皇室交涉，要求廢除溥儀帝號、交出儀仗、玉璽等。對於袁世凱的這些要求，遜清皇室也沒有同意，袁世凱僅僅把儀仗取走了而已。

前面說到了，故宮三大殿是歸民國政府所有的，因為這是"國"的象徵。明清兩朝歷代皇帝登極的地點都是在太和殿。袁世凱祭天過後，就開始為自己準備登極大典了，選擇的地點也是太和殿。袁世凱命人趕製了一個高背大椅，替換了原來的"龍椅"。

袁世凱做了"皇帝"的第二天，接受了百官的"朝

賀"，並冊封副總統黎元洪為"武義親王"，而黎元洪
拒絕封號。12 月 17 日遜清皇室致信參議院，向袁世凱
表示"推戴今大總統為中華帝國大皇帝，為除舊更新之
計，作長治久安之謀，凡我皇室，極表贊成"。18 日，
袁世凱給遜清皇室回信，表示"所有清室優待條件，載
在《約法》，永不變更；將來制定憲法時，自應附列憲法，
繼續有效"。

　　袁世凱稱帝之際，在北京受到袁世凱監視的蔡鍔便
決定秘密的返回雲南組織討伐袁世凱。先借病為名到天
津，住進"日本共和醫院"。隨後袁世凱派人到天津"日
本共和醫院"慰問蔡鍔，實則為監視。蔡鍔為消除袁世
凱的猜疑，便返回北京。隨後，蔡鍔再次到天津，登上
日本的"山東丸"號，準備赴日。啟程前，蔡鍔寫封信
給袁世凱，說是到日本就醫。最終，蔡鍔繞路回到了雲
南，聯合唐繼堯宣佈雲南獨立。組織護國軍，宣佈反對
帝制。12 月 27 日，雲南起義，討袁序幕開始，是為護
國戰爭的開始。

　　民國五年（1916 年）1 月 21 日護國軍佔領敘州，蔡
鍔取得護國戰爭首役勝利。隨後，貴州、四川、廣西等
地也宣佈獨立，參與到護國戰爭中來。2 月 23 日，袁世
凱申令延期實行帝制，並撤銷已經成立的"登極大典"
籌備處。

　　3 月 22 日，袁世凱被迫宣佈取消帝制。23 日，袁世
凱又宣佈取消"洪憲"年號，本年仍為中華民國五年。

　　袁世凱當了多少天皇帝？很多人都會立即說出是

83 天。有一本寫袁世凱的書，名字就叫《八十三天皇帝夢》。這是從 1916 年 1 月 1 日開始算起，一直到 1916 年 3 月 23 日袁世凱取消"洪憲"年號為止，為 83 天。因為在 1916 年 1 月 1 日這一天，袁世凱正式使用了他給自己擬定的"洪憲"年號。也就是說，1916 年 1 月 1 日起為"洪憲元年"。準確的講，袁世凱使用"洪憲"年號為 83 天，並非是做皇帝 83 天。袁世凱做皇帝是 102 天，使用"洪憲"年號為 83 天。

　　當年 6 月 6 日，袁世凱因尿毒症去世，年 57 歲。袁世凱去世一年後，又發生了張勳復辟事件。

二、張勳復辟

　　袁世凱死後，黎元洪繼任大總統，段祺瑞為國務院總理。此時，世界歷史上，正處於第一次世界大戰時期。總理段祺瑞主張加入協約國，同德國絕交並向德國宣戰。黎元洪認為只可絕交，不可開戰。他發表《大總統對於時局之方針》的談話，表示中國 "不可以冒險投機之精神加入戰爭" ，反對段祺瑞的對德開戰，歷史上稱為 "府院之爭" 。民國六年（1917 年）3 月 2 日，段祺瑞邀請參眾兩院院長和國會眾政黨領袖座談，說明對德絕交和宣戰的必要性，與會者沒有提出不同意見者。此日，段祺瑞召開國務會議，會議上通過了對德絕交諮文和《加入協約國條件節略》。4 日，段祺瑞再次率領內閣成員來到總統府，請黎元洪在對德宣戰的文件上蓋章。

黎元洪拒絕蓋章，二人出現爭吵。段祺瑞揚言到："這樣的總理沒法幹了。"當晚，段祺瑞乘車到了天津。

做為副總統的馮國璋出來調解"府院之爭"。3月6日，馮國璋到天津請段祺瑞複職。當晚，段祺瑞在馮國璋的陪同下回到北京。第二天，段祺瑞到國務院複職上班，並到總統府拜謁黎元洪，二人相互鞠躬，握手言和。但是"府院之爭"仍在繼續。8日，國會通過對德絕交提案，由總統黎元洪蓋章後生效。至於對德宣戰問題，黎元洪仍堅持反對意見。5月1日，國會通過了對德宣戰提案，黎元洪被迫同意。對德宣戰的提案傳出，社會各界代表紛紛電告北京政府，反對宣戰。黎元洪的意見得到了社會各界的支持，也就從被迫同意轉為繼續堅持反對意見。段祺瑞也不甘心，便暗中操作，將一些地痞、流浪者組織在一起，2000多人形成了"請願團"包圍國會，要求通過對德宣戰提案。孫中山得知後便致電黎元洪，要求嚴懲所謂請願團的胡作非為。5月22日，黎元洪免去段祺瑞國務院總理兼陸軍總長職務，段再次到了天津。段祺瑞到天津後，策劃直隸、山東、安徽等省脫離中央獨立，大有對黎元洪動武的意向。此時，馮國璋也覺得自己無力再調解"府院之爭"了，便提出請張勳出面調解。在馮國璋的安排下，各省督軍到徐州開會。張勳在徐州開會的主要內容是：支持段祺瑞對德宣戰，並解散國會，驅逐黎元洪，擁立溥儀復位。研究溥儀的王慶祥先生在《溥儀全傳》中說張勳反對對德宣戰，這種說法是錯誤的。

　　6 月 1 日，馮國璋致電張勳，表示反對解散國會，力主調解。而黎元洪致電張勳的內容卻是"盼即迅來京，共商國是"。黎元洪沒有想到的是，他的此舉卻是在引狼入室。6 日，張勳通電全國"奉命入京，調停國是"。隨後便率領 4000 多名"辮子兵"在徐州乘火車北上。

　　8 日，張勳到天津停下，對黎元洪派來的秘書說，兩日之內解散國會，否則離開返回徐州。黎元洪得知此消息後，表示寧可不做總統，也絕不能解散國會。9 日，張勳先遣部隊到達北京週邊紮營。張勳本人在 14 日到達了北京，16 日，他進紫禁城，給溥儀磕頭去了。後來溥儀在自傳《我的前半生》中回憶了這次與張勳見面、談話的過程：

> 　　"臣張勳跪請聖安……"
>
> 　　我指指旁邊一張椅子叫他坐下（這時宮裡已不採取讓大臣跪著說話的規矩了），他又磕了一個頭謝恩，然後坐下來。我按著師傅的教導，問他徐、兗地方的軍隊情形，他說了些什麼，我也沒用心去聽。我對這位"忠臣"的相貌多少有點失望。他穿著一身紗袍褂，黑紅臉，眉毛很重，胖呼呼的。看他的短脖子就覺得不理想，如果他沒鬍子，倒像禦膳房的一個太監。我注意到了他的辮子，的確有一根，是花白色的。
>
> 　　後來他的話轉到我身上，不出陳師傅所料，果然恭維起來了。

他說：“皇上真是夐聰明！”

我說：“我差的很遠，我年輕，知道的事挺少。”

他說：“本朝聖祖仁皇帝也是沖齡踐柞，六歲登極呀！”

我連忙說：“我怎麼比得上祖宗，那是祖宗……。”

這次召見並不比一般的時間長，他坐了五六分鐘就走了。我覺得他說話粗魯，大概不會比得上曾國藩，也就覺不到特別高興。可是第二天陳寶琛、梁鼎芬見了我，笑眯眯地說張勳誇我聰明謙遜，我又得意了。至於張勳為什麼要來請安，師傅們為什麼顯得比陸榮廷來的那次更高興，內務府準備的賞賜為什麼比對陸更豐富，太妃們為什麼還賞賜了酒宴等等這些問題，我連想也沒去想。

6月30日深夜，張勳的“辮子兵”佔據火車站、郵電局等要地。7月1日，張勳進入紫禁城擁立溥儀復位。溥儀在師傅陳寶琛的教導下，先推辭，先表示自己不堪當此大任，最後再表示自己勉為其難。

溥儀復位，把當年改為“宣統九年”。當天又發佈九道“上諭”，《我的前半生》記載如下：

1. 即位詔。

2. 黎元洪奏請奉還國政，封黎為一等功。

3. 特設內閣議政大臣，其餘官制暫照宣統年初，現

　　任文武大小官員均著照常供職。

4.＆5.授七個議政大臣和兩名內閣閣丞。

6.授各部的尚書。

7.授徐世昌、康有為為弼德院正副院長。

8.＆9.授原來各省的督軍為總督、巡撫、都統

　　溥儀復位後，遜清遺老梁鼎芬自告奮勇帶了退位聲明和奏摺，前往總統府勸黎元洪退位。結果遭到了黎元洪的破口大罵："破壞民國，罪該萬死。"梁鼎芬回去告知溥儀,在溥儀身邊的帝師陳寶琛氣急敗壞地說："請皇上賜黎元洪自盡。"溥儀反對說："民國政府也給了我優待,我剛復位,就賜黎大總統自盡,這樣做不好。"

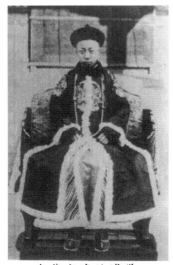

在紫京城的溥儀

　　第二天黎元洪讓馮國璋代行總統職權，重新任命段祺瑞為國務總理，自己抱著總統大印跑到東交民巷日本使館避難。3日，馮國璋在南京召開會議，致電各省督軍、省長，反對復辟。馮國璋又派軍到徐州，控制張勳老巢。4日，段祺瑞在天津自任"討逆軍總司令"，宣佈討伐張勳。當時，中國第一所正規的航空學校設在北京南苑，航校校長秦國鏞致電"討逆軍"總司令段祺瑞，表示願親率飛行員與討逆軍一致行動，段祺瑞同意飛機參戰。飛機在紫禁城上空投下了三枚炸彈，這也是中國歷史上第一次空襲。此

舉並非要轟炸紫禁城，而是要對遜清皇室進行威懾。《太監談往錄》有如下記述：

> 一彈炸毀御花園之水池；一彈落在西長街隆福門外儲秀宮東牆瓦上，一翻身落地，彈成兩截未炸，門中三十人倖免於難，一彈落在乾清門外，炸一盆大之坑。

7日，討逆軍與"辮子兵"在廊坊交戰。9日，段祺瑞的討逆軍包圍北京各門。12日，段祺瑞討逆軍攻克北京，張勳逃到荷蘭公使館避難。13日，內務府大臣世續致函段祺瑞政府，信中說：

> 本日內務府奉諭旨：前於宣統三年十二月二十五日欽奉隆裕太后懿旨，因全國人民心理傾向共和，特率皇帝將統治權公諸全國。國體既定，無論全國士庶無敢撼搖，即朕躬以何能違異，六載以來，謹處深宮，不聞外事，與民國感情交孚，實為宗廟陵寢億萬年無疆之慶。乃本年七月一號黎明，忽有謀變國體之事，殊非初衷所能料及。驟聞之下，駭異殊深。數日以來，迭頒諭旨，進退群僚，均非沖人所聞知，宮禁情形，頓生隔閡。惟遜政以後，不預軍權，武卒鷗張，莫由禁禦。惟有暫守靜默以待公論之明。宮廷本無欲利之心，詎有違約之理，此中情形，當為薄海人民所共諒。所有七月一號以後諭旨，自應一律撤銷。

重要的是這一句"所有七月一號以後諭旨，自應一律撤銷"。這一句話使得這次復辟鬧劇徹底落下帷幕了。從這封信中可以看出，遜清皇室把這次復辟的罪責，推得一乾二淨。段祺瑞也給遜清皇室回復了一封信，信中說到“敬當視力所及，以盡保護之責”。

段祺瑞把遜清皇室的信件發給馮國璋，馮國璋將此信對外公佈。遜清小朝廷在段祺瑞的“保護”下，得以繼續苟延殘喘。

歷史上把這次復辟稱為“張勳復辟”，著名清史專家閻崇年先生認為“張勳復辟”叫法很不妥，他在《正說清朝十二帝》一書中反駁說：

> 歷史教科書及論著文章稱作“張勳復辟”，這很值得商榷。“復辟”二字：“復”，《史記·平原君列傳》：“三去相，三復位。”其意思是恢復；“辟”，《爾雅·釋詁》：“辟，君也。”其意思是君位。“復”與“辟”兩個字合起來的意思，就是恢復君位或恢復帝位。這次宣統復辟，是由張勳統兵進京，扶持溥儀重新恢復皇位。張勳何許人也？張勳僅是一個長江巡閱使，安徽督軍，相當於省軍區司令。許多書文稱“張勳復辟”，其有何“辟”之可“復”？實際上是張勳兵變，溥儀復辟或宣統復辟，而不是張勳復辟。

張勳雖然不是帝王，而溥儀年幼，不具備策劃恢復皇位之能力。這場復辟的鬧劇張勳是總策劃、總導演，所以稱之為“張勳復辟”也未嘗不可。

民國七年（1918年）10月，徐世昌當大總統後，赦免了張勳。後來張勳寓居天津，民國十二年（1923年）病死，年70歲。

第八章　溥儀的洋人教師

　　民國八年（1919年）3月，溥儀的身邊多了一位洋人，這就是他的英文教師莊士敦。

一、莊士敦入宮

　　莊士敦，英國蘇格蘭人。畢業于牛津大學東方古典文學和歷史專業。1898年被派到中國香港，任香港總督的秘書。後又被派到中國山東任職。莊士敦原本信仰基督教，後來因為接觸了東方的文化，又改信佛教，認為佛教的精髓遠比基督教要高深出不知多少倍。出版佛學著作有：《大地眾生成佛》、《佛教徒的中國》等書籍，用佛教學的理論來駁斥基督教的《聖經》。那麼，莊士敦是如何走進中國古老的紫禁城裡，來到末代皇帝溥儀身邊的呢？這要源於一個人，他是李鴻章的四子李經邁。

　　李經邁曾為清朝政府向英國政府借款，他和英國上層的人士都有交際。張勳復辟失敗後，李經邁感覺壓力很大，《清室優待條件》被廢除是早晚的事。他就向"皇叔"載濤提議，溥儀應當學習自然科學知識和英文，一且時局有變，不能繼續呆在宮裡的時候，以備出洋之用。那麼誰來教授溥儀自然科學和英文呢？當時的中國人是普遍缺乏自然科學知識的，已經被傳統的"四書五經"禁錮了頭腦。所以，只得找一位"洋人"來教溥儀自然科學與英文。

如果想讓一位"洋人"來到溥儀的身邊，就必須經過那些保守派的同意。哪些人是保守派呢？溥儀的父親載灃、溥儀的漢文師傅、四位老太妃。起初，他們不同意讓一位"洋人"做溥儀的老師。就是擔心中國的皇帝變得"西洋化"了。最終，載濤說服了這些保守派。

載濤打通關節，得到了民國大總統徐世昌的支持，向英國駐華使館提出，聘請莊士敦到紫禁城任職。民國八年（1919年）2月22日，遜清皇室、民國政府內務部、莊士敦，三方共同簽訂一份合同協定。主要內容是：莊士敦為"清皇帝教習"；教授英語、數學、歷史、博物、地理；任期三年；三年期滿，如雙方同意，繼續訂立聘任合同等。

根據莊士敦所著的《紫禁城的黃昏》一書記載，他是在1919年3月3日來到溥儀身邊的。但是溥儀在《我的前半生》裡寫的時間是1919年3月4日。兩種說法雖然只隔一天，筆者個人認為《紫禁城的黃昏》所寫的時間應當是準確的。

這一天，莊士敦來到了中國古老的紫禁城裡，與中國最後一位皇帝見了面。莊士敦向溥儀行三鞠躬禮，然後溥儀走到莊的面前，用西方的禮節，與莊握手。接下來，溥儀向莊詢問了他在中國任職的情況。然後溥儀去換衣服，等莊再次見到溥儀時，莊看到了溥儀的書桌上已經準備好了他為溥儀準備的書籍。

根據筆者看到的一些資料來看，溥儀的英文學習的非常好。他能夠自己閱讀英文書籍，可以用英文與莊對話。《我的前半生》裡也描寫了溥儀在說話時，經常摻雜英文。漢文裡摻雜英文，可見末代皇帝是多麼的時髦！溥儀還讓莊士敦給他起一個英文名字：亨利。溥傑的英文名叫：威廉姆。

在莊給溥儀上課中，如果莊有事情要出去一趟，溥儀就會站起來，等待莊回來，然後才坐下。可見，溥儀對莊士敦的敬重。莊士敦要找一位伴讀，來陪伴溥儀學習英文。莊士敦選擇了溥儀的堂弟，載濤的兒子溥佳做溥儀的伴讀。莊士敦的選擇，難免讓紫禁城中出現流言蜚語。如果不是溥佳的父親載濤，莊士敦就不會做“帝師”。此時載灃又希望他的兒子溥傑來做溥儀的伴讀。莊士敦就讓溥佳做溥儀的英文伴讀，因為溥佳有英文基礎。讓溥傑做溥儀的漢文伴讀，因為溥傑沒有英文基礎。從這件事中可以看到莊士敦做事還是非常圓滿的，讓別人無話可說。莊士敦做事情雖然圓滿，但是卻不“討好”。

莊士敦剛進入紫禁城的時候，太監們找莊要“賞錢”。莊士敦非常反感太監們的行為：“你們要多少我給你們多少，但是你們必須給我開收據。”太監們不再向莊要“賞錢”了。因為害怕莊士敦把他們的這種行為告訴溥儀，而打了自己的飯碗。

《清室優待條件》規定「暫居宮禁，日後移居頤和園」。莊士敦經常提示溥儀和遜清遺老要注意《清室優待條件》中的「移居頤和園」這一點。但是莊士敦的提議，卻遭到了很多大臣的反感。

民國十三年（1924年）4月，溥儀讓莊士敦管理頤和園。沒想到，溥儀的任命卻遭到了很多遜清遺老的反對。有人就給莊士敦寫恐嚇信「如果你膽敢上任，路上就有人等著殺你」。可見，莊士敦是多麼不受人「待見」的。在莊士敦的影響之下，溥儀的生活、思想發生了翻天覆地的改變。

二、溥儀與莊士敦軼事

民國十一年（1922年）的一天，莊士敦對溥儀提到：「在我們西方人眼裡，中國人留著一條辮子，就像是豬尾巴一樣。」於是，溥儀就讓太監將他頭上的辮子剪掉，太監不敢剪，跪在地上哀求溥儀。溥儀只好自己拿起剪子，將頭上的辮子剪掉。溥儀不僅把自己的辮子剪掉了，還要求紫禁城裡所有的人也把辮子剪掉。就這樣，除了三位帝師陳寶琛、朱益藩、伊克坦以外，幾千條辮子都剪掉了。後來伊克坦去世，紫禁城中就剩下兩根辮子了。曾經民國政府就多次勸說紫禁城裡的人剪掉辮子，遜清皇室則以各種理由回絕民國政府。民國政府想辦而沒有辦到的事，莊士敦的一句話就辦到了。那麼，溥儀剪去頭上的辮子就是因為莊士敦的這句話嗎？難道是溥儀和莊士敦賭氣，才剪掉辮子的？

在莊士敦任職這三年期間，給溥儀講述了西方世界的變化，灌輸了很多西方文明思想，他想把溥儀培養成為一個具有西方紳士風度的青年。而溥儀在莊士敦的影響之下，對西方的文化思想也越來越感興趣，這位中國末代皇帝的視野被這個外國人打開了。此時的溥儀認為，西方的一切都是好的。所以溥儀便開始了對西方人的模仿，曾叫太監上街買了一堆西裝、領帶來打扮自己。溥儀的思維、行為都完全西方化了，成為了一位"時尚皇帝"。正是因為西方文明思想在溥儀的頭腦中佔據了主導地位，才是溥儀剪掉辮子的主要原因。而莊士敦的這句話僅僅起到了一個導火索的作用。

溥儀有很多照片留存至今，從溥儀的照片上可以看到中國的這位末代皇帝是一個近視眼，戴著眼鏡。最早發現溥儀近視的就是這位英文教師莊士敦。

有一次莊士敦給溥儀上課中，突然發現了溥儀的眼睛近視。莊就提出要請一位美國的眼科醫生給溥儀檢查眼睛。這又引起了保守派的反對，他們認為"皇帝"的眼睛怎麼能隨便給一個"洋人"去看呢？堅決反對戴上眼鏡，有違祖制。莊表示："如果反對我請美國人給皇上檢查眼睛，我就辭去皇帝的教師職務。"宮中的幾位老太妃也只好做了讓步，同意了莊士敦請美國人來給溥儀檢查眼睛。溥儀也戴上了第一幅美國式的眼鏡。

　　莊士敦還向溥儀講到了電話的作用和方便之處，溥儀也要安裝一部電話。遜清遺老全部站出來反對，認為如果安裝了電話，那麼任何人都可以跟皇帝通話了，有失皇家的體面。這裡面反對的人還有溥儀的父親載灃，但是載灃的醇王府裡早就安裝了電話。溥儀質問他的父親："你的王府裡都安裝了電話，為什麼不讓我安裝電話？"在溥儀的堅持下，終於在紫禁城裡安裝了電話。隨著電話機，電話局送了一個電話本，溥儀就按照電話本裡面的號碼，給一些社會名流打了電話，這其中有楊小樓與胡適。下面就說說溥儀與胡適的見面。

　　胡適（1891－1962），字適之，生於上海。1910 年留學美國，在美國康奈爾大學農學院學習農學。後來又轉入文學院學習哲學、文學等課程。1915 年又進入哥倫比亞大學學習哲學。1917 年 1 月 1 日胡適在陳獨秀主辦的《新青年》刊物上發表文章《文學改良芻議》，首次提出"白話文學為中國文學之正宗"，主張白話文，反對文言文。此文引起了轟動。9 月，胡適回國，受蔡元培之聘，任北京大學教授。主講西洋哲學史、英國文學、中國哲學史三門課程。民國十一年（1922 年）5 月 17 日，胡適接到了溥儀打來的電話：

　　"你是胡博士嗎，你猜我是誰呀？"溥儀問。

　　"猜不出來。"胡適問："您是哪位呀？"

　　"告訴你吧，我是宣統！"

　　"宣統？是皇上嗎？"

　　"對，我是皇上。我只能在電話裡聽到你的聲音，我還不知道你長什麼樣呢，哪天你來宮裡讓我看看吧！"

或許溥儀也只是一句玩笑話，沒有當真，但是胡適當真了。24 日，胡適就去拜訪莊士敦，向莊詢問宮裡的情況，並且在莊的介紹下，胡適對溥儀有了一個大致的瞭解。莊並告訴胡適，宣統讀過他的《嘗試集》。

30 日，胡適入宮，與溥儀見面。關於這次見面，《我的前半生》做了如下描述：

> 問問他白話文是有什麼用，他在國外到過什麼地方，最後是為了聽聽他的恭維，故意表示我是不在乎什麼優待不優待的，我很願意多念點書，像報紙文章上常說的那樣，做個"有為的青年"。他果然不禁大為稱讚，說："皇上真是開明，皇上用功讀書，前途有望，前途有望！"我也不知道他說的前途指的是什麼，他走了之後，我再沒有費心去想這些。不料王公大臣們，特別是師傅們，聽說我和這個新人物私自見了面，又像炸了鍋似的背地吵吵起來了……。

事後，胡適對溥儀有這樣一番評價："百尺的宮牆，千年的禮教，鎖不住一個少年的心"。 胡適入宮與溥儀見面，感受到了溥儀對新文化思想的嚮往，知道了溥儀是一位與時代共同進步的"天子"。而胡適的評價可以完全體現溥儀在紫禁城時期的心境，對於外面世界的渴望。

這次會見只有短短的二十分鐘時間。那麼，胡適有沒有再次入宮和溥儀見面呢？根據王慶祥所編著的《溥儀年譜》記載：1924 年 5 月 27 日，胡適再度入宮會晤溥儀。

三、會見印度詩人泰戈爾

民國十三年（1924 年）4 月，印度著名詩人泰戈爾（1861—1941）應邀訪華。泰戈爾是亞洲第一個獲得諾貝爾文學獎的，此次訪華是受到了北京講學社的邀請。

4 月 12 日泰戈爾抵達上海，23 日抵達北京。梁啟超、胡適、梁漱溟、林長民等人到車站迎接泰戈爾。泰戈爾訪華期間，由"新月派"詩人徐志摩做泰戈爾的翻譯。莊士敦在自家的住宅中接待了泰戈爾一行人。莊士敦還是非常希望他的"皇帝學生"溥儀能與泰戈爾見一面。莊士敦就向溥儀展示了泰戈爾詩作的英文譯本和中文譯本。溥儀也同意見一見這位獲得諾貝爾文學獎的印度詩人泰戈爾。

就在莊士敦的引薦之下，泰戈爾在林徽因與徐志摩的陪同之下於 4 月底進入紫禁城，在御花園養性齋與溥儀見面。莊士敦在他的回憶著作《紫禁城的黃昏》中說"跟隨皇帝參加這次會見者還有鄭孝胥。我感到高興的是，在皇帝的贊助下把兩個偉大國家的第一流詩人聯繫在一起了，這兩個國家過去在文化接觸方面有過密切的關係"。

暢談後，溥儀又設宴招待這位遠道而來的詩人。

溥儀與泰戈爾會見一事，是莊士敦在民國二十七年（1938 年）出版《紫禁城的黃昏》一書中的記述。但是溥儀在 1964 年出版回憶錄《我的前半生》中卻未提到此事。溥儀與泰戈爾還有一張在紫禁城中的合影，這張照片一直保留了下來。

第九章　溥儀青春的叛逆

一、生母之死

　　1921 年 9 月，宮中的端康太妃辭退了太醫院的大夫范一梅，這件事讓溥儀非常不滿。溥儀身邊的太監就發表看法：「這不是把萬歲爺當成了光緒爺了嗎，奴才都看不過去了。」溥儀越想越不滿，所以溥儀就在身邊的老師和太監的鼓動之下，去找端康太妃理論一番：「你為什麼要辭退范一梅？誰說了了算？我還是不是皇帝？」端康太妃沒想到溥儀會找他理論一番，所以非常氣憤，就把溥儀的父親載灃、母親瓜爾佳・幼蘭還有祖母劉佳氏都叫到了宮裡，向他們哭訴。祖母劉佳氏和母親瓜爾佳氏就一同給端康太妃跪了下來，請太妃息怒，而且還答應了太妃讓溥儀給她承認錯誤。

　　溥儀就在母親的勸解下很不情願地對端康太妃說了一句：「皇額娘，我錯了。」說完溥儀就出來了。

　　因為這件事，瓜爾佳・幼蘭覺得自尊心受損害，回到王府以後，就找來鴉片和白酒吞了下去。在藥性發作之前，瓜爾佳・幼蘭還拉著溥傑的手說了一番話：「你哥哥是大清皇帝，你要幫助你哥哥恢復祖業，別像你阿瑪那樣沒出息。"說完不久，藥性發作，就死了。那麼，溥儀生母之死，完全是因為溥儀嗎？

溥儀退位以後，生母瓜爾佳氏變賣資產，為的是有朝一日，復辟清朝。她把復辟清朝的希望寄託在了袁世凱的身上，袁世凱"稱帝"時，瓜爾佳氏感覺到非常失望，便自殺，這次自殺未遂，被救出。其實，溥儀生母之死是因為感覺到清朝復辟無望了，溥儀頂撞太妃只不過是瓜爾佳氏自殺的一個導火索。

二、放棄優待條件

溥儀不想永遠在紫禁城裡生活下去，他嚮往更遼闊的世界，遂想主動放棄《清室優待條件》。《我的前半生》裡記載了溥儀與遜清遺老們的一次爭論：

> "我不要什麼優待，我要叫百姓黎民和世界各國都知道，我不希望民國優待我，這倒比人家先取消優待的好。"

> "優待條件載在盟府，各國公認，民國倘若取消，外國一定幫助我們說話。"他們說。

> "外國人幫我們，你們為什麼不叫我到外國去？難道他們見了我本人不更幫忙嗎？"

溥儀為了出走，還派他的弟弟溥傑到荷蘭公使館，會見荷蘭公使歐登科，請求歐登科幫助他們二人出走，

送他們二人到英國留學。此時溥傑還是一個 16 歲的小孩
兒。他就到了荷蘭公使館，見到了歐登科公使，溥傑將
來意對歐登科說明。歐登科是什麼反應呢？根據溥傑在
他的自傳《溥傑自傳》裡回憶 "歐登科爽朗地答應了，
他還幫我們研究了具體的辦法"。

　　歐登科決定派一輛汽車到神武門外等待溥儀與溥
傑，只要他們二人走出神武門，坐上他的汽車，就可以
把他們送到荷蘭公使館，再轉送到英國去。確定的出走
日期是 1923 年 2 月 25 日晚。

　　歐登科給莊士敦寫了一封信，將此事告訴了莊士
敦。莊士敦拿著這封信去找溥儀，溥儀只好將事情原原
本本地告訴莊士敦。莊士敦還表示可以助溥儀一臂之
力。但是溥儀這次出走的計畫又一次以失敗告終。溥傑
在其自傳《溥傑自傳》裡回憶此事說：

　　　　走的那天溥儀想的太簡單了，以為給幾個錢
　　買通宮裡的太監就可以了。沒想到太監報告了內
　　務府，我們還沒有走出養心殿，紫禁城裡已經處
　　於戒嚴狀態。出走的計畫失敗了。[1]

　　溥儀和溥傑剛要走出養心殿，就被攔住了去路。不
一會兒，載灃來了，他把溥儀勸了一頓，便把溥傑帶走
了。

---

1 愛新覺羅・溥傑：《溥傑自傳》，中國文史出版社 2001 年版，頁 26

三、溥儀逆反心理

以上敘述的兩件事情，可以確定為是溥儀"逆反期"的表現。"逆反期"，是每個兒童心理發展過程中的正常現象。在發展心理學中認為，兒童有兩個"逆反期"。第一個"逆反期"是在 3 歲左右；第二個"逆反期"在 10 至 16 歲期間，也就是青春發育期。

第二逆反期的特點是獨立自主性，要求人格獨立，要求社會地位平等，要求精神和行為自主，反抗父母或有關方的控制。[2]

首先，溥儀做出這些事情的時候，年紀是在 15 至 17 歲之間，正是"逆反期"的年紀。到了這個年紀，就要求獨立自主了。溥儀要求主動放棄優待，尋求出國留洋，就是要自己的精神和行為自主，思想獨立，去擺脫遜清遺老們的控制。端康太妃是溥儀名義上的母親，溥儀頂撞端康太妃，就是在"反抗父母或有關方的控制"。

綜合以上所述，溥儀做出這兩件事，正是他逆反期的舉動。

---

2 中國心理衛生協會編寫：《心理諮詢師（基礎知識）》，民族出版社 2015 年版，頁 266。

第十章　遜帝大婚

　　"大婚"一詞在今天普遍使用。但是在帝制時代，只有皇帝結婚才能叫"大婚"，其他人也只能叫"結婚"。1922 年 12 月 1 日，在中國的紫禁城裡，舉行了最後一場皇帝"大婚"。末代皇帝溥儀迎娶了一"后"和一"妃"。"皇后"郭布羅氏，名婉容，年 17 歲。"妃子"額爾德特氏，名文繡，年 14 歲。

一、皇后人選

　　1921 年春，遜清遺老們在一起商議要給溥儀選"后"。消息傳出，很多人紛紛提親。譬如說張作霖就曾派人提親，但是被拒絕了。負責此事的是溥儀的七叔載濤，很多張女子的照片就紛紛到了載濤的府邸。載濤從眾多女子照片中，特別遴選出四張照片，送入宮裡，由太妃們挑選。（宮裡一共有三位老太妃，分別是光緒皇帝的遺孀端康老太妃、同治皇帝的遺孀敬懿老太妃和榮惠老太妃）

　　這三位老太妃就把溥儀叫了過去，把她們已經遴選好的四張照片放在溥儀的面前，讓溥儀從這四張照片中選擇一個冊立為"皇后"。溥儀看中誰了，就拿鉛筆在這個女孩兒的照片上畫一個圈，表示"圈定"之意。溥儀最初"圈定"的是誰呢？根據筆者查閱的相關史料來看，有三種說法：

第一種說法：溥儀先在文繡的照片上畫了一個圈，表示立文繡為"皇后"。溥儀覺得這四張照片長相都一樣，唯獨文繡所穿的旗袍特別一些，所以就"圈定"文繡了。這時端康老太妃提出反對，讓溥儀在婉容的照片上畫圈，溥儀又聽從了端康的意見，改"圈定"為婉容。因為文繡已經圈定過了，所以就改文繡為"淑妃"。這種說法出自於溥儀自傳《我的前半生》。

第二種說法：溥儀直接在婉容的照片上"圈定"。這種說法出自於溥佳的回憶文章《溥儀大婚紀實》。

第三種說法：這些照片裡，有文繡的照片，沒有婉容的照片。溥儀在文繡的照片上畫了一個圈，表示圈定文繡為"皇后"。端康老太妃提出反對，她堅決主張要立婉容為"皇后"，把婉容的照片加進去。而敬懿老太妃堅決主張溥儀冊立文繡為"皇后"，雙方爭執，溥儀也沒有做出決定。事情擱置了八個月。到 1922 年 2 月，溥儀冊立"中宮"之事才又被提到日程上來。在原來四張照片的基礎上，又增加了三張照片作為"皇后"的候選人，這三張照片裡有了婉容的照片。這次溥儀就按照端康太妃的意思在婉容的照片上畫了圈，表示"圈定"婉容為皇后。這種說法見於歷史學家王慶祥的《婉容文繡傳》。

　　對於上述三種說法，筆者個人認為王慶祥的《婉容文繡傳》更為可信。

　　端康太妃之所以堅持冊立婉容為"皇后"是因為婉容的出身高貴，而文繡跟婉容比起來要遜色很多了。

二、婉容的家族背景及經歷

　　婉容生於 1906 年 11 月 15 日，與溥儀同年出生，但是要比溥儀小 9 個月。婉容是達斡爾族人，達斡爾族是契丹人的後裔，契丹族曾在中國歷史上建立了大遼王朝（916—1125）。婉容的母親是愛新覺羅氏，為乾隆皇帝的直系後裔。僅從婉容母親一系就可以看出其高貴的出身，婉容的父親榮源在光緒朝任兵部行走。

　　婉容在她兩歲的時候，生母去世了。兩歲的年紀正是在母親的懷裡撒嬌的時候，而婉容卻嘗到了人生中的第一杯苦水。7 歲那年，婉容隨全家遷往天津。1922 年 3 月 17 日，婉容從天津回到北京，目的就是為了與遜帝溥儀完婚。但是由於時局動盪，爆發了直奉戰爭，溥儀的大婚典禮不得不擱置。10 月，溥儀的大婚典禮才又被提到日程上來。

三、大婚過程

　　10 月 21 日舉行了"納彩禮"，這天，婉容得到了彩禮，而文繡卻沒有份。11 月 30 日，文繡被接入宮中。按照清朝的慣例，妃嬪是要先入宮的，皇后則後入宮，其目的是要在皇后入宮時，作為妃嬪要跪迎皇后的。文繡入宮的當天，溥儀正式下"諭旨"，冊封婉容為"皇后"。而此時的文繡還沒有正式被"冊封"。12 月 1 日凌晨，溥儀坐在乾清宮的寶座上下令，迎接"皇后"婉容入宮。婉容坐在鳳輿中，離開出生地帽兒胡同，轎夫從東華門將婉容抬入紫禁城。

　　按照清朝的慣例，"皇后"應該從午門進入紫禁城的。但是因為此時的清王朝已經覆滅，遜清皇室已不能走午門了，所以婉容的鳳輿只能從東華門進入。婉容入宮了，文繡本應該跪迎婉容的，但是溥儀下旨免去了文繡要給婉容跪拜請安的禮節。12 月 2、3、4 日，升平署戲班在紫禁城內連續演了三天戲。溥儀根據莊士敦的建議，又在乾清宮為外國來賓召開了酒會。

　　1923 年 1 月 4 日，溥儀才在正式下"諭旨"，冊立文繡為"淑妃"。

四、大婚之夜

　　按照慣例，皇帝大婚之夜，要與皇后吃"子孫餑餑"，所謂的子孫餑餑就是餃子。皇帝結婚為什麼要吃餃子呢？

吃餃子吃一個兩個是不能吃飽的，要吃很多個餃子。吃很多餃子就寓意多子多孫。旁邊的人就問溥儀："生的熟的？"

餃子當然是熟的，生的餃子怎麼能吃呢？但是按照慣例要回答"生的"，這就是寓意生孩子之意。

但是溥儀的回答是："是熟的。"

溥儀的回答讓很多人尷尬不已。認為"皇上"的話不吉利。

值得一提的是，大婚當夜，溥儀既沒有同婉容住在一起，也沒有同文繡住在一起。而是回到了自己的寢宮——養心殿。這是為什麼呢？很多研究溥儀的學者認為，原因在於溥儀的生理機能的毛病。然而，筆者不這麼認為。筆者認為溥儀當夜沒有與婉容同居，是因為溥儀的興趣沒有在結婚上，而在復辟上。在 1921 年在太妃與遜清遺老們商談"皇上春秋已盛，宜早定中宮"之際時，溥儀所表現的是並不想成親，而是經過了莊士敦的一番勸導之後，才同意成親的。

溥儀在《我的前半生》中回憶大婚當夜說：

被孤零零地扔在坤甯宮的婉容是什麼心情？那個不滿十四歲的文繡在想些什麼？我連想也沒有想到這些。我想的只是：

"如果不是革命，我就開始親政了……我要恢復我的祖業！"

通過以上分析以及溥儀本人的回憶可以得出，溥儀大婚當夜沒有與婉容同居的原因並不是因為生理機能遭到破壞，而是他的"復辟思想"所導致的當夜不與婉容或者文繡同居。

五、末代皇后

著名清史學家閻崇年在中央電視臺《百家講壇》欄目《清十二帝疑案》講座中提及婉容時說道"溥儀跟她結婚的時候，已經不是宣統皇帝了，已是民國的國民了，所以婉容也不能叫做皇后了"。

也有研究者反對說"1912 年 2 月 12 日至 1924 年 11 月 5 日間的溥儀雖然已經退位，但溥儀仍然擁有民國政府認可的皇帝尊號，在此期間溥儀與婉容結婚，婉容應該可以稱為皇后，所以中國的末代皇后應該是婉容"。[1]此論據是根據了《清室優待條件》中的第一條"大清皇帝辭位之後，尊號仍存不廢，中華民國以待各外國君主之禮相待"。站在當時的角度來看，婉容的"皇后"身份也的確是被民國大總統所承認的。

為此，筆者要分析一下個人的觀點。要弄清楚這個問題，應當從歷史潮流的角度來看。

溥儀的"皇帝"尊號被廢除是在 1924 年，但是我們

---

1 張臨平著：《婉容的悲劇人生》，載《漂泊沉浮多少事 —— 解讀溥儀》中國文史出版社，2008 年版。

要注意，中國的帝制時代結束是在 1911 年，而不是在1924 年。1911 年，帝王紀年徹底被廢除，從此以後中國不再有皇帝，這已是歷史的定論。婉容嫁給溥儀是在1922 年，此時帝制時代的中國已經退出歷史舞臺 11 年之久了，皇帝都沒有了，怎麼還能出來一個 "皇后" 呢？嚴格意義上講，婉容不能算做中國的末代皇后。真正意義上的中國末代皇后應該是光緒皇帝的皇后隆裕。

第十一章　驅逐太監

　　1923 年 6 月 27 日晚，紫禁城突發大火。溥儀懷疑縱火者是太監，隨後溥儀便下令驅逐太監出宮。那麼，這場大火與太監有無關係？溥儀驅逐太監還有哪些背後人所罕知的原因呢？

一、紫禁城大火與太監

　　1923 年 6 月 27 日晚 9 點多，紫禁城建福宮突然發生火災。民國的軍警來到紫禁城中進行救火，但因宮中缺水而無法將火撲滅。次日凌晨二時許，義大利公使館聞知宮中起火，便派出了三十多名士兵去進行撲救。他們拆除房屋，隔斷火路。到早晨七點多才把這場大火撲滅，共有三、四百間房屋被燒毀。

　　溥儀懷疑是太監縱火，便拘押了幾名太監進行詢問。最終因沒有證據能夠證明太監縱火，便只好作罷。根據內務府向溥儀匯報起火的原因是由於電線短路造成的火災。

　　但是溥儀堅信這場大火就是太監所放，從此不再相信太監，甚至懷疑太監會謀害自己。所以溥儀將宮中的大部分太監驅逐出宮，這才解除了他對太監的猜疑。

那麼這場大火真的是太監所為嗎？有學者舉出論據，認為在建福宮起火之前，溥儀下令要清查宮中的珍寶，太監們是為了銷毀罪證才放了一把火。

建福宮原本是溥儀的先祖乾隆皇帝收藏珍寶、玩物的地方。後來乾隆皇帝的兒子嘉慶皇帝把父親收藏珍寶、玩物的建福宮貼上封條。從此，任何人都無法接觸建福宮的珍寶了。後來道光、咸豐、同治、光緒、宣統年間都無人打開建福宮。溥儀退位之後，無意中發現了建福宮貼著嘉慶年間的封條，由於好奇心的驅使，才打開了這座建福宮，發現了裡面的眾多珍寶。

建福宮被溥儀打開後，太監們紛紛對建福宮的珍寶進行下手。甚至有的太監在宮外開了古玩店。

之後，溥儀確實下令要對宮中的珍寶進行逐一清點。也就在清點工作進行時，建福宮著了大火。

這場大火真的是太監所為嗎？筆者認為不是。我們應該仔細分析溥儀在《我的前半生》一書中，回憶大火過後的一件事情：

> 我能想出來的辦法，不過是找身邊小太監來打聽，再有就是自己去偷聽太監們的談話。後來我在東西夾道太監住房的窗外，發現了他們對我的背後議論，說我脾氣越來越壞。我聽到了這類議論就更犯猜疑。在無逸齋發現火警這天晚上，我再到太監窗下去偷聽，不料竟聽到他們這樣的

話：

　　"這把火沒準就是皇上自己放的！"

　　"真可怕極了！"我回到養心殿東暖閣，心裡撲撲地跳，"他們犯罪，還想給我栽贓，真太可怕了！"

仔細來分析一下溥儀的這段回憶。

首先可以肯定溥儀沒有證據能夠證明這場大火是太監所為，如果有直接的證據能夠證明太監縱火，溥儀就不用去偷聽太監們談話了。

再者，太監們根本不知道溥儀在偷聽他們談話。如果知道，太監們就不會說出溥儀的 "脾氣越來越壞"、"這把火沒準就是皇上自己放的"，這樣的話了。既然太監們不知道溥儀在偷聽，也就沒有必要說假話，嫁禍於溥儀了。所以，筆者認為紫禁城中的這場大火應與太監無關，僅僅是溥儀個人的敏感多疑而已。

雖然太監盜取建福宮裡的珍寶是事實，但是溥儀也沒有確鑿的證據能夠證明太監偷盜。所以，太監也沒有必要在建福宮放火，進行所謂的銷毀證據。

二、溥儀驅逐太監出宮的原因

在紫禁城建福宮大火過後，緊接著又發生了太監行兇事件，一個太監用刀劃破了另一個太監的臉。溥儀堅定的認為紫禁城的大火為太監所為，在加上事後的太監行兇事件。溥儀生性多疑，又開始了對太監的疑神疑鬼，總是認為太監會對自己加以謀害，弄得溥儀都不能安心的睡覺。所以就叫來他的"皇后"婉容為其守夜，為其觀察"風吹草動"，又給婉容準備了一根棍子應事。溥儀為了自己的人身安全，所以要下令將太監驅逐出宮。

這種原因僅僅是根據《我的前半生》看到的一個表面原因。而實際上，還有背後兩點人所罕知的原因。

（一）遜清皇室經濟問題

根據《清室優待條件》的規定"大清皇帝辭位之後，歲用四百萬兩，俟改鑄新幣後，改為四百萬元，此款由中華民國撥用"。也就是說，遜帝溥儀、宮中太妃、遜清遺老、太監、宮女等所有人一年的生活費加在一起是四百萬元。但是民國政府，幾乎是沒有兌現過。根據檔案記載，各年遜清皇室經費實領情況如下：

民國元年：應領不欠。

民國二年：領二百八十八萬一千八百六十七兩四錢六分二厘。

民國三年：領二百四十八萬九千六百八十四兩八錢。

民國四年：領二百六十六萬四千兩。

民國五年：領一百五十三萬三千五百九十九兩六錢四分四厘。

民國六年：領二百萬三千九百九十七兩六錢六分。

民國七年：領一百八十七萬二千兩。

民國八年：領一百六十五萬六千兩。

根據上述檔案記載來看，民國政府拖欠遜清小朝廷的經費是越來越多。小朝廷的財政方面，也在慢慢的陷入枯竭狀態。溥儀為了彌補這些經費，甚至是租房賣地。

1914 年遜清小朝廷為了節省開支，就剪裁了內務府的官員。此次共裁減內務府官員 272 人。1922 年 7 月，溥儀又下令把內務府的官員再裁減一半，此次共裁減官員 308 人。溥儀不但裁減內務府官員，而且還裁減了宮女。根據《遜清皇室軼事》一書中說"由於經費日益困難，又不斷受到輿論的壓力，清室於 1923 年 9 月決定釋放大批宮女"。那麼，溥儀在 1923 年 7 月下令驅逐太監也一定與遜清小朝廷的經濟問題有著密不可分的關係。

溥儀在《我的前半生》一書中說：到 1922 年，還有 1137 名太監。《遜清皇室軼事》中說"據民國二年七月鑲黃、正黃、正白上三旗造報的表冊記載，三旗共有太監一千五百一十七名"。這些數字未必是精準的，但是從相關材料的記述可以得出，從 1913 年到 1922 年期間，也就是溥儀正式下令驅逐太監之前，太監已經再慢慢的減少了。太監縮減的原因就是因為遜清皇室的經費不足。通過以上所述，可以得出一個結論：溥儀因為皇室經費不足，已經多次剪裁宮內的各種人員。1923 年 7 月，溥儀以太監縱火為藉口，將太監驅逐出宮，這是溥儀為節省經費支出找了一個很好的理由。

（二）驅逐太監與"洋師傅"莊士敦的影響 密不可分

　　自從莊士敦入宮做了溥儀的老師後，師生二人的情誼是越來越濃厚。可以說，溥儀是事事聽從莊士敦師傅的。溥儀在莊士敦的影響下，減掉辮子、穿上西裝、皮鞋、系上領帶、帶上眼鏡、安裝電話。溥儀的這些舉動，每一樣都遭到了遜清遺老、太妃們的堅決反對，但是溥儀還是做了。是莊士敦讓溥儀成為了一名與時俱進的青年。當遜清皇室與莊士敦的合同即將期滿時，溥儀又讓莊士敦續簽。可見，莊士敦對溥儀的重要性，對溥儀的成長與生活密不可分的影響。

　　莊士敦剛進宮時，太監們直接找到莊士敦要"賞錢"。莊士敦對這種風氣是非常反感的，對太監們說："給錢可以，但是你們要給我拿收據。"莊士敦剛進宮，就對太監這種群體產生了反感。莊士敦對溥儀說："太監制度是落後和不人道的，在當今的世界各國，大概也就只有中國的紫禁城裡還保留著太監，這種制度在西方文明國家已被視作野蠻和荒謬的行為。"可見，莊士敦對太監群體的厭惡。

　　既然溥儀對莊士敦的話是言聽計從，那麼莊士敦對太監制度的厭惡，溥儀也身受其影響，所以溥儀自然而然的也厭惡太監。溥儀在生活上，處處都要模仿西方人，而太監制度，在西方各國都是不存在的。1911 年的辛亥革命成功後，根據《清室優待條件》的規定"以後不得再招閹人"，雖然將太監制度廢除了，但是遜清小朝廷內務府還是暗地裡接收被閹割的。可見，太監制度並沒有徹底的根除。溥儀本身就是一個能夠順應時代潮流變化的青年，與時俱進，喜歡西方文化的青年。所以，溥儀要將太監制度徹底根除。

　　遜清皇室經費問題以及身受西方文明思想的影響，是溥儀驅逐太監的根本原因。而紫禁城大火以及太監行兇事件，只不過是驅逐太監的一個導火索。溥儀驅逐太監出宮，在社會上也獲得了廣泛的讚揚之聲。

　　在溥儀驅逐太監出宮的一年之後，自己也被驅逐出宮。

第十二章　北京政變

　　第二次直奉戰爭爆發，馮玉祥倒戈回京，發動北京政變。城門失火，殃及池魚，溥儀被驅逐出宮，事在西元 1924 年。

一、直奉戰爭

　　"直系"是統治河北的軍閥，"奉系"是統治遼寧的軍閥，奉系軍閥的老大是張作霖。第一次直奉戰爭是 1922 年，就是吳佩孚與張作霖的戰爭。結果是奉系的張作霖戰敗，直系獲勝，曹錕掌握了實際權利。首先曹錕扶持黎元洪複職大總統，黎元洪實際為曹錕的傀儡。隨後在 1923 年 10 月，曹錕通過賄選成為了中華民國的大總統。

　　第一次直奉戰爭張作霖失敗了，但是張並不甘心就這麼失敗。於是在 1924 年 9 月，再次對直系宣戰，第二次直奉戰爭因此爆發。曹錕任命吳佩孚為前線總指揮，馮玉祥為第三軍總司令。但是馮玉祥在前線突然倒戈，於 10 月 23 日回到北京，發動政變，史稱"北京政變"，將賄選總統曹錕囚禁起來。馮玉祥派人向曹錕提出幾項條件，曹錕都一一答應了馮玉祥。馮玉祥在解決了曹錕的問題之後，又決定將清廢帝溥儀驅逐出宮。

二、驅逐溥儀

　　馮玉祥要驅逐溥儀的消息應該說是走漏了。根據《紫禁城的黃昏》一書記述，11月2日，溥儀召見榮源、鄭孝胥、莊士敦三人商議對策。最終決定要將溥儀送至外國使館區，尋求外國人的庇護。但是這個對策還沒有來得及實施，馮玉祥就派鹿鐘麟對紫禁城下手了。

　　11月5日早，馮玉祥派鹿鐘麟將溥儀驅逐出宮。馮問鹿："你需要多少軍隊？"鹿伸出了兩個手指，沒有作答。馮玉祥問："兩萬人？"鹿笑而搖頭，沒有作答。馮玉祥又問："需要兩千人？"鹿還是笑而搖頭不作答。馮玉祥驚奇的說："難道你需要二百人嗎？"鹿笑著對馮說："只需要20人就足夠了。"馮玉祥覺得很不可思議，難道二十人就能把溥儀驅逐出宮了嗎？馮玉祥就給了鹿鐘麟二十名軍警。

　　跟隨鹿鐘麟而來的有警察總監張壁，還有社會名流李煜瀛。內務府大臣邵英接見了鹿鐘麟。鹿鐘麟與邵英有一段對話，根據《愛新覺羅・溥儀傳》的記載如下：

　　　　當紹英知道要修正優待條件並令溥儀立即出宮時，嚇得驚慌失措。但他仍故作鎮靜地指著李煜瀛說："你不是故相李鴻藻的兒子嗎？何忍如此？"李笑而不答。

紹英又對鹿鐘麟說："你不是故相鹿傳霖一家的嗎？為什麼這樣逼迫我們？"

鹿鐘麟說："你要知道，我們來是執行國務院命令，是為了民國，同時也是為了清室。如果不是我們，那就休想這樣從容了。"

紹英又說："優待條件尚在，你們怎麼能夠這樣辦呢？"

鹿回答："你少說閒話。張勳復辟，顛覆民國，優待條件早為清室所毀棄。當時全國軍民群情激憤，就要採取不利於清室的行動。現在宮內外已佈滿軍警，如果不是我們勸阻稍停片刻，現在就出亂子了。"

紹英從鹿鐘麟手裡接過《修正清室優待條件》，急急忙忙地去找溥儀："皇上，不好了，馮玉祥派軍隊來了，還有李鴻藻的兒子李煜瀛！要讓我們全部搬出去，拿來了這個，叫簽字。"

此時的溥儀正在儲秀宮裡跟婉容正吃著蘋果聊天，溥儀聽後大驚失色，手裡還沒有吃完的蘋果滾落到地上，並將《修正清室優待條件》接過。

："快打電話找王爺，找莊士敦師傅。"

婉容的父親榮源剛將電話拿起，就告訴溥儀："電話線被切斷了。"

最終，溥儀只好在《修正清室優待條件》上簽字。《修正清室優待條件》內容一共五條：

第一條　大清皇帝從即日起永遠廢除皇帝尊號，與中華民國國民在法律上享有同等一切之權利。

第二條　自本條件修正後，民國政府每年補助清室家用五十萬元，並特支出二百萬元開辦北京貧民工廠，儘先收容旗籍貧民。

第三條　清室應按照原優待條件第三條，即日移出宮禁，以後得自由選擇住居，但民國政府仍負保護責任。

第四條　清室之宗廟陵寢永遠奉祀，由民國酌設衛兵妥為保護。

第五條　清室私產歸清室完全享有，民國政府當為特別保護，其一切公產應歸民國政府所有。

三、溥儀出宮

溥儀簽字了，鹿鐘麟問溥儀："去哪裡？"溥儀回答說："去北府。"當天下午 4 點 10 分，從紫禁城開出了五輛汽車。鹿鐘麟乘第一輛，溥儀乘第二輛，婉容、文繡及其親屬乘第三、四輛。警察總監張璧乘第五輛。

汽車到了醇親王北府停了下來，鹿鐘麟問溥儀：

"你今後打算怎麼辦？是要繼續當皇帝，還是願意做一個平民？"

："我願意從今天起做一個平民。"

"既然你願意做個公民，我們就保護你。"

此時，張璧插話說：

"既然願意做公民，就有了選舉權和被選舉權，將來說不定能被選作大總統呢！"

溥儀說："我本來就不想要那個優待條件，當皇帝並不自由，這回你們把它廢止了，正和我意了。現在我自由了！"

溥儀說完這話，周圍的民國士兵都鼓起掌來。

溥儀在《我的前半生》裡回憶此事說"我最後的一句話也並非完全是假話。我確實厭惡王公大臣們對我的限制和阻礙"。

那麼，應當如何看待馮玉祥廢除《清室優待條件》呢？

第十三章　歷史思考

近年來有學者提出，馮玉祥廢除《清室優待條件》是"為淵驅魚，為叢驅雀"。這句話出自於《孟子・離婁章句上》。意思是說，為政不善，人心渙散，使百姓投向敵方。有學者在文章中明確指出"1924年優待清室條件的單方廢止，在中華民國史上開了一個'權大於法'和'槍桿子就是一切'的典型惡例"。認為溥儀後來投靠了日本侵略者，完全是民國政府一手造成的。

《清室優待條件》真的不應該廢除嗎？要想評論此問題，還是應該先弄清馮玉祥廢除《清室優待條件》的背後原因吧！

一、民國政府與遜清皇室相互勾結利用

袁世凱當政時期，對遜清皇室採取的是限制與拉攏兩種策略並存。1913年，袁世凱讓遜清皇室遵照《清室優待條件》中的第三條遷居頤和園。但是遜清皇室以頤和園城牆低矮為由，拒絕袁世凱的要求。1914年，民國政府對遜清皇室制定了《善後辦法》，《善後辦法》規定：

遜清皇室文書要用民國紀年，不得用舊時年號及舊曆；遜清皇室不能對官民賜諡及其他榮典；不能對人民使用公文告示；裁撤慎刑司（宮中懲罰太監、宮女的機構），宮中執事人員及太監犯罪應送司法官廳處理等。這就是袁世凱對遜清皇室的限制。

　　再說說袁世凱對遜清小朝廷的拉攏。1913 年 2 月 22 日隆裕太后去世，袁世凱下令全國降半旗致哀三日，官員穿孝服二十七天。隨後又在太和殿前廣場，召開全國國民哀悼大會。以此來表示對遜清小朝廷仍然很尊重，達到拉攏的目的。在 1915 年袁世凱準備稱帝時，提出要把三女兒袁靜雪嫁給溥儀，另外又提出要將《清室優待條件》列入憲法，永遠保存。這就是袁世凱對遜清皇室的拉攏。但是在 1916 年 6 月袁世凱去世後，遜清小朝廷不再把《善後辦法》當成一回事，民國政府與遜清皇室開始了相互勾結利用。

　　1917 年的張勳復辟，起初段祺瑞的態度是默認的。等到張勳把溥儀扶上皇位後，段祺瑞立即自任討逆軍總司令，開始討伐張勳。其目的是段祺瑞為了壯大自己的勢力。張勳雖想復辟清朝，但是卻被段祺瑞利用了。所以，張勳復辟失敗後，張勳逃到了荷蘭公使館，段祺瑞政府並沒有追究責任。段祺瑞不是為了民國，而是為了個人的利益利用了一次張勳。

　　1918 年徐世昌競選民國大總統時，遜清皇室給徐世昌提供了 300 多萬元的活動經費幫助他競選。徐世昌利用遜清皇室競選總統，而遜清皇室則是為了能夠永遠在紫禁城中住下去。

　　從以上的敘述可以得知，袁世凱當政時，對遜清皇室有一定的限制與拉攏。但是在袁世凱去世以後，民國政府與遜清皇室之間開始相互勾結與利用。也正是因為馮玉祥看清了這一點，所以要將《清室優待條件》廢除，驅逐溥儀出宮。防止了民國政府利用遜清皇室、勾結遜清皇室。因為鹿鐘麟在回憶文章《驅逐溥儀出宮始末》中，回憶了馮玉祥對他說過的一句話：在中華民國的領土裡，甚至在首都所在地，居然還存在著一個廢清小朝廷，這不僅是中華民國的恥辱，也是中外政治陰謀家隨時企圖利用的孽根。

　　從鹿鐘麟的回憶文章裡可以看出，馮玉祥的確是看到了民國要員與遜清小朝廷之間的相互勾結與利用。

二、遜清皇室不遵守《清室優待條件》

　　因為民國政府要利用遜清皇室，所以對遜清皇室是縱容的態度。遜清皇室完全不顧《清室優待條件》與《善後辦法》的要求，公開賜諡、繼續招收太監，在公文中仍然用"宣統"年號紀年。到 1924 年，遜清皇室的文書中時間寫的是"宣統十六年"。太監或宮女犯罪，並沒有按照《善後辦法》的規定交由司法官廳，而是交給慎刑司處理。莊士敦任溥儀的英文教師後，多次提醒溥儀要注意《清室優待條件》中的"移居頤和園"這一點。但是莊士敦的提議，卻遭到了很多大臣的反感。由於民國政府的縱容，使遜清皇室成為了民國政府的"國中之國"。這種公然違背《清室優待條件》與《善後辦法》的行為，是馮玉祥不能容忍的。所以要將溥儀驅逐出宮。

通過以上對此事件的分析來看，馮玉祥把溥儀驅逐出宮一方面是遜清皇室咎由自取的結果，另一方面馮玉祥也是整治了一下民國政府的腐敗，有種"殺雞給猴看"的做法。所以筆者認為，馮玉祥驅逐溥儀出宮並不是民國政府開了一個"'權大於法'和'槍桿子就是一切'的典型惡例"。而是一次整頓吏治、一件進步的行為。

溥儀被驅逐出宮，結束了 16 年的紫禁城生活。我們回過頭來，應該如何看待溥儀 16 年的紫禁城生活呢？

溥儀在紫禁城生活可以分成兩個階段。從 1908 年 11 月 13 日被慈禧擁立為清朝皇帝，到 1912 年 2 月 12 日退位為止，這三年多的時間是做真正的中國清朝皇帝。這三年，是溥儀 3 歲到 6 歲階段，因年幼而沒有獨立的政治能力，只是作為清朝末代皇帝的歷史符號，存於史冊之中。所以，這一時期的溥儀，沒有任何功過是非，無需承擔歷史責任。

溥儀從退位，到 1924 年 11 月 5 日被驅逐出宮，這是溥儀在紫禁城生活的第二個階段，可稱為"關門皇帝"時期。這一時期，則可用利與弊兩個方面看待溥儀。

這期間，溥儀的視野被打開，接觸了許多新鮮的文明思想，拋掉了保守的生活，沒有被"千年的禮教"所束縛，這對他的一生都產生了重要影響，這便是利的一面。

　　溥儀自從 6 歲開始讀書以來，所學到的都是"帝王之學"。他的老師陳寶琛、陸潤庠等人都是頑固派的清朝遺老，時時刻刻都在給溥儀灌輸著 "唯我獨尊"的封建帝王思想。而 1917 年的張勳復辟，使溥儀重溫了十二天皇帝的舊夢，真正體驗到了當皇帝的威嚴。這把溥儀的復辟思想推向了一個新高峰。所以，溥儀在這種思想的影響下，把復辟大清朝，重登皇帝寶座做為了自己追求的目標，形成了反動思想，為後來的投敵叛國埋下了伏筆，這便是弊端所在。這種不好的影響用溥儀本人的話說是："人類進入了二十世紀，而我仍然過著原封未動的帝王生活，呼吸著十九世紀遺下的灰塵。"

　　應當如何看待 13 年的遜清小朝廷？溥儀研究專家王慶祥提出一個觀點"清史不應缺少尾聲"。王慶祥認為，民國時期出版的《清史稿》寫到宣統退位為止，還不能算是一部完整的清史。溥儀退位以後，繼續在紫禁城生活了 13 年，這 13 年是清朝 300 年歷史的尾聲。紫禁城裡繼續使用著宣統年號，一切典章制度都延續著，還有很多宮女、太監。"這裡還名副其實地擺設著朝廷，它是中華民國內部的清代王朝，是個奇特的國中之國"。（參見王慶祥論文：《關於遜清史的幾個問題》）

　　筆者對於王慶祥先生的觀點稍有不同意見。13 年的遜清小朝廷不應是清朝歷史的尾聲，而應是清宮史的尾聲。研究清朝宮廷史是清史研究學科的一個分支。溥儀在 1912 年 2 月 12 日退位之後，做為政權、國家的清朝已經結束了。遜清小朝廷不是"清朝"，而是"清朝的宮

廷"。這 13 年不是清朝的延續，所以不應該稱為"清史尾
聲"。而是清朝宮廷的延續，所以應是"清朝宮廷的尾聲"。

第二篇　寓公生涯

　　"寓公"是指舊官僚、貴族失去權利後，在別國或者他鄉仍然過著富裕的生活。溥儀在 1924 年 11 月 5 日被驅逐出宮，"皇帝"尊號被廢除後，先回到了自己的出生地醇親王府，在醇親王府生活 20 多天后，又到了日本公使館住了三個月，最終於 1925 年 2 月 23 日離開北京，到了天津居住。溥儀在天津一直住到了 1931 年 11 月 10 日出關為止。這是溥儀人生的第三個階段：寓公生涯。溥儀在天津期間，他可以自己想、自己做，過著非常富裕的生活，故本篇取名為寓公生涯。

第一章　醇親王府

一、王府軼事

　　一位清朝的宗室叫溥儒，他到醇王府裡見溥儀，給溥儀下跪磕頭，痛哭流涕的對溥儀說："看到皇上受到這樣的奇恥大辱，我實在不甘心，我要刺殺馮玉祥，為皇上報仇雪恨。"說著，從懷裡掏出了一把匕首。溥儀連忙對溥儒說：

　　"你的忠心固然可嘉，但是你現在萬萬不可這樣做，因為我正在患難當中，你這樣做對我有百害而無一利。"

　　說著，溥儀把溥儒的刀奪了下來。溥儀一看，哪是什麼匕首，原來是一把裁紙刀。溥儀時常引以為笑談。

　　11 月 8 日，驅逐溥儀出宮的鹿鐘麟和張璧到了醇親王府。

　　"對於廢除《清室優待條件》有什麼樣看法呀？"張璧問。

　　"對我已經非常優待了，我完全贊同廢除《清室優待條件》。"溥儀回答說。

　　然後就進入了正題。

　　張璧向溥儀提出兩點：第一，交出傳國玉璽。第二，把皇室的私產交出來，經過民國政府查清後，認為哪些是應該歸你所有的，政府還要發還給你們。

　　溥儀說：“我出來，沒有帶玉璽，如果我真帶了，留著也無用，肯定會交出的。至於皇室的私產的問題，我從來沒有管理過，也不清楚，都是由內務府掌管的。紹英也在這裡，可以叫他把所有的皇室私產全部交出來。”

　　張璧又說：“既然願意把皇室的私產都交出來，為什麼要留著那塊玉璽呢？”

　　溥儀的七叔載濤忙插話說：

　　“我們確實沒有什麼玉璽。”

　　“就是那塊金鑲玉璽。”張璧肯定的說。

　　實際上，中國歷史上從來沒有“傳國玉璽”，這些都是民間傳說而已。每位皇帝上臺之後，都是自己刻一塊玉璽。所謂的“金鑲玉璽”是怎麼回事呢？

　　西漢末年，王莽（新朝皇帝）要篡奪皇位，就去向他的姑姑王政君要玉璽。王政君非常氣憤，一下子把玉璽摔了，摔壞了一個角兒。王莽就讓人用黃金鑲了一塊損壞的角兒，所以這塊玉璽又叫“金鑲玉璽”。傳說就是“金鑲玉璽”一直在流傳，實際“金鑲玉璽”不知在何時已經失傳了。這就是張璧口中的“金鑲玉璽”。

　　一個叫載澤的說：“清朝確實沒有見過這塊“金鑲玉璽”，不但清朝沒有見過，在清朝很久之前就失傳了。"

鹿鐘麟問溥儀："溥儀先生還有什麼事情嗎？"

此時載濤急忙對鹿提出了幾個請求，要回到宮裡取一些生活用品。鹿表示，回去商議後再做答覆。

9 日，鹿派人到醇親王府做答覆："回到宮裡取些東西是可以的，但是只能取日常生活所需的用品、衣服，其他的東西不能拿。"

溥儀派人到宮裡取衣物，鹿鐘麟也派人進行監視。但是溥儀派去的人除了拿些衣物以外，還偷偷的把皇冠上的珠子拽了下來。

二、離開王府

1924 年 11 月 24 日，時局發生了變化。張作霖進京，扶持段祺瑞執政。馮玉祥率軍撤離北京，原來把守醇親王北府的馮玉祥的士兵，也換成了張作霖的士兵，對溥儀沒有那麼嚴格的監視了，這就讓溥儀有了離開醇王府的機會。關於溥儀離開醇親王府的經過，溥儀的堂弟溥佳和隨侍李國雄都有非常詳細的回憶。

溥佳在回憶文章《溥儀出宮的前前後後》回憶了 26 日晚上發生的一件事情：

> 二十六日傍晚，我和溥儀正在"樹滋堂"閒談，忽然有人進來說鄭孝胥陪同大夫來了。我當時感到非常驚奇，知道溥儀並沒有生病。此時，

鄭和他的兒子鄭垂陪同兩個身著西裝呢帽戴到眉上的人進來，與溥儀一同到室內去了。我因一時好奇，在室外偷聽了半天，由於他們談話聲音很低，什麼也沒有聽到。時間並不太久，仍由鄭氏父子陪同這兩人匆匆告辭而去。這次回見是否與溥儀預先約定，我始終不得而知。飯後無人時，溥儀才對我說："剛才來的是日本使館武官（或許是參贊，已記不清楚）和一個翻譯，他們對我住在北府也感到很不安全，最好是先到交民巷，他們一定幫忙再給我找一個安全地方居住。"

根據溥儀的貼身隨侍李國雄在口述回憶錄《隨侍溥儀紀實》（王慶祥撰寫）一書中，對溥儀從醇親王府到日本公使館的過程有如下回憶：

據溥儀跟我講，他潛入日本公使館的一幕也是富有戲劇性的，為了不使看守北府的政府軍警生疑，事先故意與之聯繫說溥儀要前往東交民巷德國醫院治病，軍警們便也跟了過去。溥儀遂空走一趟醫院，當天返回北府，目的是從心理上麻痺那些看守北府的軍警們。隔日溥儀又上德國醫院，就只剩下一名軍警和張文治（筆者按：為醇親王北府的管家）跟著了，汽車在德國醫院前門停穩後，軍警和張文治都懶得下車，溥儀走進醫院便看見了等在那裡的陳寶琛和鄭孝胥，他們裝得互不相識，在樓內瞎轉一氣，就從醫院後門溜出。

　　溥儀在德國醫院後門溜出後，先到烏利文洋行買了一塊懷錶，然後就到日本公使館了。關於溥儀先到德國醫院，再從德國醫院進入日本公使館一事，溥佳在《溥儀出宮的前前後後》一文中，也可以得到證實：

　　　　傍晚。給溥儀開車的回來說，他把溥儀送到交民巷德國醫院（即今 北京醫院）之後，等鄭孝胥和莊士敦出去接洽了許久，後來就把溥儀送到日本公使館裡邊去了。

　　鄭孝胥接洽是為了把溥儀送到日本公使館，而莊士敦出去接洽，是想讓英國公使館把溥儀收留，結果是英國公使館方面認為溥儀帝號已廢，收留沒有任何意義，因此拒絕接納溥儀。而日本公使館方面同意接納溥儀，所以溥儀就被鄭孝胥帶到了日本公使館。溥儀到日本公使館不久，便把婉容、文繡接了過去。溥儀在日本公使館期間過了他的二十整壽。溥儀在這裡住了三個月，於1925 年 2 月 3 日動身前往天津。

第二章　寓居天津

　　1925 年 2 月 23 日晚，溥儀身穿西裝，頭戴禮帽在日本公使館書記官和兩名便衣警察的陪同下到了北京前門火車站。次日凌晨三點，溥儀到達天津，住進大和旅館。27 日，溥儀住進日租界張園。

　　張園的主人名叫張彪，是前清的一名武將，辛亥革命打響的第一槍是在武昌，張彪也就駐守武昌，但是因為革命黨人的猛烈進攻，張彪逃跑了。溥儀到了張園，這使得張彪非常高興，把溥儀安頓了下來，不收取溥儀的房租。

　　溥儀在張園裡，又過起了他的 "關門皇帝" 的生活。3 月 8 日，在張園的大門上掛起了一個牌子，上面刻著 "清室駐津辦事處"。"清室駐津辦事處" 下設總務處、收支處、交涉處、庶務處四個機構。也繼續在張園裡使用著他那個早已不存在的 "宣統" 年號。

一、取消東渡日本計畫

　　溥儀為什麼要從北京到天津居住呢？根據溥儀本人的說法是：

　　　我在北京日本公使館住了幾個月之後，羅振

玉又來建議說，這裡不是我久居之地，主張我應該挪到天津去住，以便將來能赴日本留學。我遂同意了他的這一建議。[1]

溥儀到天津張園後，日本外相宣稱，如果溥儀到日本來，當然應該給予優待，但是如果是帝王般的待遇，那實在是困難了。3 月 9 日，段祺瑞執政回答日本記者提問時，談及到溥儀：如果溥儀以個人資格赴日，遊歷歐美，或者久留日本，都不加以束縛。[2]

溥儀的父親載灃得知溥儀有想去日本的打算，馬上寫信給溥儀，進行勸阻。並囑咐不要出日本的租界。隨後，載灃又同溥儀的岳父榮源到天津去見溥儀，當面勸阻其東渡。3 月 14 日，溥儀在天津張園召開了會議，討論自己要東渡日本的問題。會議上遇到了分歧，溥儀傾向赴日，但是有很多清朝遺老都站在載灃這一邊，反對溥儀出洋。因為這個時候，很多清朝遺老為溥儀的"複號還宮"在努力奔走。

二、"複號還宮"的破滅

遜清遺老希望民國政府能夠恢復《清室優待條件》，讓溥儀重新回到紫禁城裡，過著"關門皇帝"的生活。遜清遺老們是想有個"鐵飯碗"。所以，他們就在 1924

---

1 愛新覺羅・溥儀：《我的前半生（灰皮本）》，群眾出版社 2011 年版，頁 171。
2 王慶祥編著：《溥儀年譜》，群眾出版社 2017 年版，頁 64。

年 12 月以溥儀的名義給孫中山寫信,提出民國政府不守
承諾,要求恢復《清室優待條件》。孫中山給回復一封,
說道不守承諾的是清皇室,舉出了張勳復辟一事。並且
勸溥儀不要抱著一個"皇帝"的虛名,希望溥儀深造自
己。

溥儀到天津後,遜清遺老康有為也追隨溥儀到了天
津。康有為開始為溥儀能夠"複號還宮"極力的奔走。
康有為給吳佩孚發電文,提出恢復《清室優待條件》,結
果遭到了吳佩孚的拒絕。

1925 年 10 月 10 日,北京故宮博物院成立,紫禁城
正式對遊客開放。有一種說法,成立北京故宮博物院就
是為了防止溥儀以及遜清遺老們"複號還宮"的舉動。
對此筆者認為,北京故宮博物院的成立對遊人開放與溥
儀要"複號還宮"無關,但是遜清遺老為溥儀積極奔
走,企圖"複號還宮",這也確實加速了故宮博物院
的成立,所以才能在溥儀出宮不足一年就對外開放了。

三、聯絡軍閥

溥儀在天津開始聯絡軍閥,目的是想要借助這些軍
閥勢力來復辟清朝,恢復自己的皇位寶座。溥儀聯絡的
軍閥有張作霖、張宗昌、白俄羅斯的逃亡軍閥謝米諾夫
等。

1925 年 6 月,"東北王"張作霖派親信閣澤溥到張

園給溥儀送銀幣十萬元，閻澤溥向溥儀提出張大帥要見。溥儀的老師陳寶琛得知了，就反對溥儀與張作霖見面，溥儀也沒有去見張作霖。次日，溥儀的岳父榮源又把張的親信閻澤溥帶去見溥儀，閻對溥儀說：

"張大帥在曹家花園等著你呢。"

這次，溥儀就瞞過了他的老師陳寶琛，前去曹家花園與張作霖見面。

張作霖一看到溥儀來了，立即給溥儀跪下磕頭：

"皇上好。"

溥儀坐了下來，回應一句：

"上將軍好。"

張作霖開始了大罵馮玉祥："馮玉祥幹的這事兒太不地道了，馮玉祥把皇上驅逐出宮，就是為了宮裡的珍寶。"

溥儀聽到張大罵馮玉祥，心裡很痛快。

張繼續說道："皇上可以到瀋陽去，那是我老張的地盤兒，在瀋陽的皇宮裡當皇帝，有我老張怎麼的都行。如果有日本人欺負你了，就跟我說，我就收拾他們。如果缺什麼了，也可以跟我老張說。"

我缺什麼？我缺的是一個皇帝寶座。

溥儀想說這句話，但是沒有說出口。

二人正交談著呢，張作霖手下的一個副官告訴他："楊宇庭參謀長求見。"

"上將軍很忙，我就告辭了。"溥儀提出要走。

"不著急，不著急。"張作霖挽留溥儀。

不一會，溥儀發現屏風後有一個女人閃了一下，溥儀便再度告辭，這次張沒有挽留。

這次張作霖與溥儀見面，使溥儀把復辟的希望寄託在了張作霖的身上。1928 年 6 月張作霖退出北京返回瀋陽，途中經過皇姑屯被炸成重傷，被抬回帥府之後，當天就去世了。"皇姑屯事件"使溥儀感到很絕望，他寄託于張作霖復辟的希望破滅了。

溥儀對軍閥張宗昌也很是拉攏，張宗昌在張園見了溥儀，立即向溥儀表示支持他的復辟。他向溥儀提出需要財力支援，溥儀非常慷慨。每次張宗昌打了敗仗，他首先想到的就是溥儀，而溥儀每次都慷慨解囊。鄭孝胥還給溥儀推薦了一位白俄羅斯的逃亡軍閥謝米諾夫，謝米諾夫也表示有軍隊可以支持溥儀的復辟。溥儀也開始用金錢拉攏，甚至給謝米諾夫在銀行裡辦了一個存摺供他使用。溥儀在《我的前半生》中回憶說"我在拉攏、收買軍人方面，花了多少錢，送了多少珠寶玉器，都記不起來了"。他認為這樣就可以讓軍閥們幫助他復辟清朝了，可見溥儀的思想是多幼稚！

四、悠閒生活

從溥儀在天津時期流傳下來的照片可以看到，溥儀經常是穿著西裝，系領帶的，腳上穿著皮鞋。而且溥儀的頭髮上經常打髮蠟，可見溥儀的時髦。溥儀在天津的生活還是非常自在的，這裡著重講述一下溥儀在天津的閒居生活。

　　溥儀開汽車，他是什麼時候學會的開車？歷史上沒有記載。可以肯定的是，溥儀在天津張園居住的時候就已經會開車了。溥儀的隨侍張挺在他的長篇回憶文章《我伴溥儀二十年》裡說"溥儀在張園前後共買了四輛汽車……別看溥儀買汽車，開汽車，可都是為了玩，在院子裡越開越高興，外出時卻從來不自己開車"。

　　溥儀有一次買車的時候，卻來了他的"皇帝脾氣"。張挺在《我伴溥儀二十年》裡說：

　　　　有一次，我們到德國中街吃西餐，他看到一家汽車行正擺著一輛 1926 年的新型美國"別克"（Buick）牌汽車，正是我曾向他介紹的最新型汽車，他特別高興，就非要買下不可。當時已是晚上七點多鐘了，老闆已經下班回家，看門的夥計說自己實在不能做主，要我們明天再來買。想不到這時溥儀那"萬歲爺"的脾氣來了，對那夥計說："我就是當今宣統皇帝，買一輛汽車怎麼還要通過你們的老闆？"那夥計一聽，連連道歉說自己有眼不識泰山，不知皇上駕到，並答應立即送貨上門。我們告訴他地址後就走了。回到張園不久，汽車也就送到了。

1927 年 9 月，張園的主人張彪病逝。張彪的幾個兒子鬧分家，分割父親的財產，這就給溥儀的居住帶來了影響，他們為了把溥儀趕走，就管溥儀要房租。溥儀給了一些錢。

在天津的溥儀

後來，日本人方面也看中的張園這塊地方，為了得到張園，把溥儀從張園趕走，就給張園斷水、斷電。溥儀就在 1929 年 7 月，從張園搬到了不遠處的乾園，張園與乾園都在一條街上。

乾園是陸宗輿的故居，溥儀搬到乾園後，就給乾園改了名字叫靜園。溥儀為什麼要改名字？改名字是什麼寓意呢？他在《我的前半生》裡說：

> 我把新居取名"靜園"的意思，並非是求清淨，而是要在這裡"靜觀變化，靜待時機。

靜靜的觀察時局的變化，靜靜的等待他復辟時機的到來。溥儀在靜園一直居住到了 1931 年 11 月他離開天津，出關東北為止。

五、溥儀與婉容在天津

溥儀的前半生有四個女人，1922 年在紫禁城中的遜帝溥儀大婚，迎娶了"皇后"婉容和"淑妃"文繡。在偽滿時期，溥儀又娶了兩位"貴人"，分別是譚玉齡和李玉琴。但這四個女人與溥儀的關係不能全算做夫妻關係。

在封建帝制時代，男人確實可以娶多個女人，但是"妻"只能有一位的，其他的只能叫做"妾"，而不能叫做"妻"。現在常說過去的婚姻是"一夫多妻制"是錯誤的說法，正確的說法則是"一夫一妻多妾制"。所以，在溥儀的前半生中，只有婉容與溥儀才能叫夫妻關係，溥儀與文繡、譚玉齡、李玉琴則不是夫妻關係，只有夫妻關係，才能叫婚姻，與其他的妾，則不屬於婚姻。後來在偽滿時期，溥儀與婉容的夫妻關係最終是走向破裂的，溥儀曾要"廢后"，也就是離異，這卻遭到了日本關東軍的反對，婉容也有了"出軌"的舉動。那麼，到底是什麼導致了溥儀與婉容的關係破裂呢？本文結合婚姻心理學來分析此問題。

婚姻心理學中，將離婚的原因歸結為：需求不滿；興趣的差別；價值觀念不一致；"自我"的遠離；夫妻的性差異。[3]

從上面的敘述可以看到，夫妻關係破裂的其中一個原因是"興趣的差別"。溥儀和婉容曾經有一段非常和睦的時期，筆者認為其原因就是"興趣的一致"

---

3 中國心理衛生協會編寫：《心理諮詢師(基礎知識)》，民族出版社2015年版，頁189。

（1）溥儀與婉容感情基礎

在天津時期，溥儀曾在商店給婉容買了一塊手錶，並且讓人在手錶的背面刻上一行英文"I LOVE YOU"送給婉容。現存一張溥儀與婉容在天津時期的照片。照片上的溥儀與婉容坐在一起，溥儀一個胳膊摟著婉容的肩膀，另一隻手僅僅地握住婉容的手。這張照片足可以證明了二人關係的親密度。另外，筆者查閱書籍資料，看到過婉容在 1931 年寫給溥儀的一封信件，或者是婉容的一段日記，內容是這樣寫的"臣妾生病之時，若不是親愛的細心呵護，恐怕早已經在九泉之下了。再者，臣妾生病並非只這一次，大病已經三次了，我知道親愛的對我不但不淡漠，而且情義甚重"。從這段婉容自白的文字可以看出，婉容每次生病之時，溥儀都會細心照顧。

通過以上的事例可以看出，溥儀和婉容有過很深厚的感情。那麼是什麼原因能讓夫妻二人的感情如此深厚呢？筆者認為，他們二人的關係融洽是因為有著共同的興趣愛好。溥儀與婉容的共同興趣就是對新鮮事物的喜好，二人都能夠順應時代潮流的發展。

溥儀年幼的時代，正是西方文化思想、科學技術大規模流入中國的時代。溥儀打破常規，將頭上的辮子剪掉，隨後穿上西裝，系上領帶，騎上自行車。在他"大婚"之際，溥儀為外國來賓在紫禁城中召開了一個酒會。在"洋師傅"莊士敦的教授之下，能說一口流利的英文。由此可見，溥儀對新鮮事物的濃厚興趣。

　　婉容對待新鮮事物的濃厚興趣，並不次於溥儀。婉容在天津長大，並在天津的一所美國教會學校讀書。所以，婉容自然而然的就接觸了許多西方的新鮮事物。嫁給溥儀後，溥儀也為婉容請了一位“洋師傅”教授英文。溥儀喜歡騎自行車，為了騎自行車把宮裡的門檻都鋸掉了。婉容也非常喜歡騎自行車。今天我們可以看到一張當年婉容在紫禁城中騎自行車的照片。溥儀與婉容離開紫禁城第二年到達天津後，夫妻二人的裝扮發生了很大的變化。溥儀的穿著經常是西裝和皮鞋，頭髮上都要打上髮蠟。婉容也燙了頭髮，穿上了高跟鞋。在 20 世紀的 20 年代，這種穿著打扮是非常時髦的。

　　20 世紀 20 年代，距離帝制時代的終結不過 10 多年的時間。大部分人的思想還是處於保守階段。溥儀和婉容這種穿著打扮，也不是能被很多人接受，少之又少。夫妻二人都喜愛西方新鮮事物的，則更不多見。所以，溥儀與婉容有共同的話題，關係又怎能不融洽呢？

　　相比較而言，溥儀的“淑妃”文繡對於西方的新鮮事物，就不是很敏感。文繡在紫禁城中的大部分時間都是用來讀書的，與溥儀和婉容二人的想法是格格不入的。所以，溥儀自然與婉容走的近，與文繡之間就比較疏遠。

　　溥儀與婉容的共同的喜好是二人感情融洽的基礎。但是眾所周知，偽滿洲國期間溥儀與婉容關係破裂，婉容與溥儀隨侍私通，最終婉容精神失常。那麼又是什麼原因讓溥儀與婉容之間的關係破裂，造成了婉容的人生悲劇呢？

（2）溥儀與婉容婚姻關係破裂

溥儀一直把自己當成"皇帝"，追求的是復辟，有著很嚴重的"階級"觀念。而婉容則主張與人為善，追求感情生活。我們通過史實來看一下！

根據婉容同父異母的弟弟潤麒回憶："記得小時候有一次在宮裡吃西餐，我發現太監在給每個人上菜的時候都是放在左邊，唯獨把我的放在右邊。我心裡感到很不舒服，就對太監說：'應該在左邊上！'太監聽到後馬上就換了個位置。這時姐姐提示我說：'您就湊合著點兒吧。'她覺得我這個弟弟太挑剔了，這點小事不應該為難太監。"還有："那時，在宮裡最忌諱說'打'字。因宮裡有規矩，只要說一聲打，馬上就會有人拿來板子和家什準備打太監和宮女。一次，我到姐姐那玩兒，指著旁邊的太監跟姐姐逗著玩兒說：'你說打他。'姐姐一反常態，當時就沖我瞪眼睛：'不是跟你說過嗎？不許說這個字，這是忌諱！'姐姐經常通過這些小事來教育我，讓我對待下人要有禮貌，要尊重他們。"[4]

根據溥儀的隨侍李國雄在一本口述回憶錄中，回憶了這樣一件事，很能說明二人性格本質的差別：有一次，婉容陪溥儀進餐，正巧我值日上菜，當我端著一碗日本醬湯經過溥儀身後剛擺到桌上時，溥儀急了："你怎麼

4　沈燕著：《偽滿皇宮》，吉林人民出版社 2011 年版，頁 104-105。

不言語一聲？我若回身用胳膊碰灑了醬湯，豈不要把衣服弄髒了嗎？"一句話問得我張口結舌，我真沒想到這事。這時，婉容搭茬了："不要緊呀，怕什麼呢？他一個小孩子懂得什麼？倘真把衣服弄髒，換一件穿也無妨，何必生氣！"真是好心辦壞事，婉容完全幫倒忙。在溥儀看來，"皇后"護著一個下人說話，更是他絕對不能容忍的，遂不問青紅皂白，起身給了我一通嘴巴子。[5]

　　通過以上的敘述可以得出，婉容性格溫順，心地善良，沒有架子，很平等的與人交往，從來不把自己當成"皇后主子"，所以才會呵護下人。而溥儀的性格很暴躁，又一直把自己當成別人的"主子"、中國的"皇帝"，認為自己應該是中國的主宰，所以對待下人就是非打即罵。李國雄被打的背後，所隱藏的就是溥儀與婉容不同的價值觀念。正是因為不同的價值觀念產生了碰撞，造成了二人婚姻關係的破裂。

　　此外，婉容一直追求的是與溥儀的感情生活，而溥儀追求的則是復辟，恢復自己的皇位。

　　在溥儀離開天津到東北去不久，婉容也在"男裝麗人"川島芳子的誘騙之下到了東北。

　　婉容先到了大連住在清朝遺臣王季烈的家中後，便聽到了兩個關於溥儀的謠言。一種說溥儀被日本人軟禁起來了；另一種說溥儀被日本人殺害了。婉容聽到後，就開始瘋狂的鬧了起來，並嚷著說："我為什麼見不到

5　李國雄口述、王慶祥撰寫：《他者眼裡的溥儀》，團結出版社 2007年版，頁 90。

皇上？"川島芳子被婉容鬧得無法應付，只得到旅順去
找日本人工藤忠，工藤忠買通了日本憲兵，才允許婉容
到旅順和溥儀見上一面。這件事情被工藤忠詳細的記錄
到了他於 1952 年在日本出版的《皇帝溥儀》一書中。

　　通過以上的敘述可以看出，無論溥儀走到哪裡，婉
容都會不離不棄的跟隨，永遠為丈夫擔憂。

　　1931 年 12 月，婉容和溥儀一同移居旅順肅親王府。
在此期間，溥儀和婉容曾一同到大連星海公園遊玩。跟
隨溥儀的隨侍李國雄在後來的口述回憶錄中有如下的回
憶：

> 　　婉容顯得更愉快，她東問西問跟溥儀說個不
> 停，嘰嘰嘎嘎地笑個不停。她從沙灘的這頭遛到
> 那頭，撿這個，拾那個，她當寶貝搜集起來的東
> 西是貝殼、石子之類，不大功夫就拿不動了，於
> 是，撒嬌似的讓溥儀想辦法，溥儀一招手，我們
> 便走過去，把她那些"寶貝"接過來，使她騰下
> 手來再去撿。

　　通過李國雄的回憶可以看到婉容與溥儀在一起是多
麼的歡快啊！這也是婉容追求感情生活的具體體現。對
於"國家大事"，婉容根本不懂，也不想懂。她只知道
自己的丈夫是溥儀，她愛自己的丈夫。婉容把溥儀看成
是自己的丈夫，而溥儀則是把婉容看成"皇后"，他這
個"皇帝"身邊應有的擺設。

　　以上的敘述可以看出，婉容追求的是感情生活，而
他的丈夫溥儀追求的是復辟自己的皇位。溥儀在"皇
位"和妻子面前，選擇了"皇位"而放棄了妻子。對溥
儀來說，婉容這個"皇后"有沒有還真是無所謂。但是

他的"皇位"絕對不能沒有。所以，二人不同的追求是造成婚姻關係破裂的原因。

婉容在性方面的需要得不到滿足，這是溥儀與婉容婚姻關係最終破裂的第二個原因。

婚姻心理學上認為，夫妻在性慾及其滿足方式方面的差異較大，這可能是引起夫妻衝突的深層原因。

在天津張園時，溥儀經常會在晚上到婉容的臥室裡坐著，與婉容聊天。然而一到深夜，溥儀就離開了。溥儀走後，婉容就會在房間裡大發脾氣，摔東西。

溥儀的隨侍李國雄曾回憶說：

> 有一天半夜，我在張園二樓約一米寬的夾道上來回踱步（筆者注：一步步的慢走），給溥儀坐更。當我走到另一頭時，忽見一個年輕女人身穿睡衣、披頭散髮，從左側一房間走出，越過夾道來到溥儀房門前'嘭嘭嘭'地敲起來。我細看正是婉容，既不能阻止，又不便靠近，只好在遠處瞧著。婉容敲了一通、又敲一通，室內吭也不吭一聲。婉容小聲叫'皇上！皇上！'還是沒人回答，婉容氣衝衝地返回自己房間，哐啷一聲把門關上了。

婉容是多麼希望能與溥儀共寢啊！多希望能夠從溥儀那裡得到"性"上的滿足。但是溥儀生理存在問題，不能滿足婉容這小小的願望，這也是二人婚姻關係破裂的原因。後來婉容在偽滿期間，與溥儀的隨侍發生了私通，從婚姻心理學這個角度來看，也是溥儀的生理疾病造成的。

第三章　東陵大盜

　　清朝皇家陵寢是世界文化遺產，在關外瀋陽有兩處：一處位於瀋陽市東陵區的努爾哈赤的福陵；另一處是位於瀋陽市皇姑區的皇太極的昭陵。清朝入關後，也有兩處皇家陵寢：一處位於河北唐山遵化的清東陵；另一處位於河北易縣的清西陵。關內的兩處，經常被盜。但是最有名的盜陵案件就是 1928 年 7 月的孫殿英大盜案。

一、孫殿英盜陵經過

　　孫殿英，原名孫魁元，因臉上長滿了麻子，所以外號叫孫大麻子。幼年時遊手好閒，喜好賭博。又販過毒，當過土匪。後來從軍了，靠鑽營當上了軍官。1928 年春被蔣介石收編，孫任國民革命軍第十二軍軍長。

　　被奉軍收編的馬福田在奉命從保定調往灤縣時，中途得知東陵無人看守，一片混亂，所以就把軍隊開進遵化的馬蘭峪，準備盜陵。孫殿英得知此事後，派第八師師長譚溫江率部到馬蘭峪與馬福田激戰，馬福田被迫撤退。馬撤退後，譚溫江張貼告示，聲稱要進行軍事演習，請馬蘭峪一帶的老百姓呆在家裡，不要外出。實際上，軍事演習是假，盜陵是真。

與此同時，孫殿英又派第七旅旅長韓大保率兵到馬蘭峪，與譚溫江共同盜清東陵。孫的兩夥匪徒從 7 月 4 日開始，到 7 月 10 日結束，7 天 7 夜的時間先盜取了慈禧的定陵然後又盜取了乾隆皇帝的裕陵。

孫的匪徒先盜取了慈禧陵的地面建築 —— 隆恩殿。慈禧隆恩殿的天花板都是用黃金鑲成的。孫的匪徒將天花板上的黃金都拆了下來，只剩下了五塊半的黃金還留在上面，今天到清東陵慈禧的隆恩殿裡可以清楚的看到那剩餘的五塊半。

接下來，匪徒們又要盜取慈禧的地宮。但是這幫匪徒找不到慈禧地宮的入口。根據清陵研究專家徐廣源先生在《清東陵史話》裡說 "傳說最後他們從村裡抓來了一個老旗人，用刺刀威逼恐嚇，找到了地宮入口的所在"。在打開慈禧地宮的兩道石門後，就發現了慈禧的棺槨。

匪徒們打開棺槨蓋，發現了棺槨裡的奇珍異寶發出耀眼的光芒，慈禧的遺體保存完好，猶如活著的人睡著了一般。這是匪徒非常害怕，真的認為慈禧會詐屍。嚇的都大叫起來，又用手中的槍對準慈禧的遺體。

因為棺槨蓋被打開，接觸了外界的空氣，慈禧遺體的皮膚就坍了下去，匪徒們也就不害怕了，把慈禧的遺體抬到棺槨蓋上，匪徒們開始抓取棺槨裡的珍寶。然後又把慈禧的衣服、鞋子扒下，把上面鑲的珍珠、寶石一併掠走。又發現慈禧遺體的嘴裡發出亮光，就把慈禧遺體的嘴扣開，將夜明珠取走。

韓大保盜取了乾隆皇帝的裕陵。乾隆的地宮有四道石門，前三道石門很順利的就打開了，唯獨打不開第四道石門，便動用了炸藥，將其炸開。六口棺槨全部被拋棺揚屍，乾隆皇帝的屍骨身首異處。五口棺槨內的遺體都成了一堆白骨，只有一具遺體完好未爛。

7 月 10 日夜，孫殿英來到馬蘭峪，同時調來了 20 輛大車，裝滿了珍寶。

11 日，匪徒們全部離開了馬蘭峪。

二、消息傳出

譚溫江盜陵後，帶到北京的古玩店去賣，因為所賣的物品為世上罕見之物，及其珍貴，引起了北京警方的注意，譚被拘捕，經過審訊，供出了盜陵的實情。

8 月 4 日，青島警方在從天津開往青島的輪船上，逮捕了兩名形跡可疑的人，從其中一個人身上搜出大小珍珠 36 顆。經審訊，供出了孫殿英盜陵的實情。

8 月 13 日，《中央日報》報導了清東陵被盜的事件。從此，東陵大盜案轟動全國。

在天津張園的溥儀得知此消息是什麼樣的反應呢？《我的前半生》裡說"我聽到守護大臣報告了孫殿英盜

掘東陵的消息，當時所受到的刺激，比我自己被驅逐出宮時還嚴重＂。甚至還有的書上說，溥儀聽到消息後，是號啕大哭的。

溥儀在張園擺上了乾隆和慈禧的靈位，在靈位前發誓說：

＂不報此仇，就不是愛新覺羅的子孫！＂

＂有我在，大清就不會亡！＂

溥儀決定每天要進行三次祭奠，直到陵寢修復為止。

溥儀讓遜清遺老通電民國政府，要求嚴懲孫殿英，修復陵寢。遜清遺老通電蔣介石和閻錫山，但是此事最終卻是不了了之。

三、溥儀的態度及其善後

對於此事，有人指出，溥儀是借題發揮，他在觀察著國民黨對他的態度，尤其是蔣介石對他的態度。

筆者非常贊同這種觀點。溥儀在《我的前半生》中對此事的回憶有些誇大，溥儀面對祖陵被盜掘，其實並沒有多大刺激，他確實是在借題發揮。筆者多年來研究溥儀，從眾多的歷史資料裡發現，這並不是東陵第一次被盜，也並不是溥儀第一次得到東陵被盜的消息。據中國第一歷史檔案館《清廢帝溥儀檔》記載了，在 1928年清東陵的守護大臣毓彭給溥儀上了一份奏摺，內容如下：

　　　　　1928 年 2 月 28 日（農曆二月初八日）夜裡，
數名匪徒盜掘了淑慎皇貴妃（筆者按：同治皇帝
的妃子）地宮。值班的兵丁發現後，立即報告了
馬蘭峪的東陵守護大臣毓彭。毓彭又將此事通知
給馬蘭鎮總兵署。代理馬蘭鎮總兵的科長薛文林
聞知此事後，馬上帶著翼長恩華、印務章京成林
等趕赴淑慎皇貴妃墓，進入地宮查看。他們發現
盜匪是由正面石門掘入的，棺槨已被鋸壞，所有
隨葬品被盜掘一空。

　　這是東陵第一次被盜，當時溥儀得知祖陵被盜是怎
樣的心情表現呢？《清廢帝溥儀檔》中沒有交代，溥儀
在自傳《我的前半生》中也沒有提及淑慎皇貴妃地宮被
盜一事。可見，對溥儀是一點感情上的傷害也沒有。所
以，溥儀對於孫殿英盜掘東陵一事，應是借題發揮。

　　近年來，溥儀的七叔載濤的兒子在接受訪談節目時
提到，溥儀出關東北投靠日本人，完全是因為孫殿英盜
掘清東陵。這種言論，完全是在為溥儀開脫。溥儀出關
東北與孫殿英盜掘東陵沒有任何關係。

　　試問，假設說孫殿英沒有盜掘過東陵，溥儀就不會
出關投靠日本嗎？溥儀被驅逐出宮後，成立的"清室善
後委員會"發現了溥儀與外界聯絡復辟的文件有二十一
封。這說明了，1924 年溥儀就與外界聯絡準備再搞一次
復辟，但因為被驅逐出宮而復辟未遂。溥儀到天津之後，
賄賂軍閥，目的就是想借助軍閥的勢力復辟清朝，恢復
自己的皇位。日本人哄騙溥儀到東北恢復祖業，做皇帝，

溥儀當然不願意放棄這個機會。這與孫殿英盜陵又有何關聯呢？

民國政府不追究此事，善後的工作也只有溥儀去做了。在溥儀召開的會議中決定了重新安葬乾隆和慈禧。8月18日，由清朝宗室和遺老帶著工匠、法院和軍方的人士，一共70多人，分成15輛汽車到達馬蘭峪開始善後清理工作。乾隆、慈禧以及乾隆皇帝後妃的遺骨得到重新安葬。一直到9月9日，東陵善後的一行人才回到天津，向溥儀彙報善後的情況。

乾隆皇帝的朝珠有108顆珠子，其中最大的兩顆朱紅的，孫殿英送給了戴笠。陪葬乾隆皇帝的一柄九龍寶劍，孫殿英委託戴笠送給蔣介石。慈禧口中的所含的夜明珠，孫殿英送給了蔣介石的妻子宋美齡，成為了宋美齡鞋上的裝飾物。此外，孫殿英還給孔祥熙送了禮。盜墓賊孫殿英也為此逃脫了法律的制裁，他的師長譚溫江也被釋放。從中也可以看出國民政府腐敗的一面。

孫殿英東陵大盜案，民國政府對於此事不管的態度，甚至接受孫殿英的贓物，的確是違背了承諾。無論是1912年的《清室優待條件》還是1924年的《修正清室優待條件》，都有“民國政府保護清室宗廟陵寢”的這一條，當時的民國政府不但沒有保護，沒有懲罰盜陵的罪魁禍首，反而去同盜陵案的罪魁禍首分贓，實在另人心寒。在古今中外，最為喪盡天良之事莫過於掘人祖墳。這是一件任何人都無法接受的事情。同樣，東陵大盜案也是中華文明史上的一次文物浩劫。

第四章　溥傑赴日

一、"投筆從戎"的願望

溥傑結識了張學良之後，使他的想法大有改變，用溥傑自己的話說是"我已經認識到我真要恢復過去的家世地位，光憑空想是沒有用的，還得掌握槍桿子"。其實，溥傑要學習軍事的真實想法，他的哥哥溥儀所講的更貼近溥傑的真實想法。溥儀在他的自傳《我的前半生》裡回憶此事時說到"與其說是受到母親遺囑的影響，立志要恢復清朝，還不如說是由於他羨慕那些手握虎符的青年將帥，自己也想當軍官，出出風頭"。

筆者認為，溥儀所講的更符合當時溥傑本人的真實想法。自從溥傑認識了張學良之後，跟張學良走的非常近。他看到了張學良所出的風頭，眾多女子都非常喜歡這位風流倜儻的少帥。就是自己的妻子唐怡瑩也愛慕這位少帥。所以，在溥傑的內心深處也希望自己有朝一日能像張學良一樣出風頭，所以溥傑要學習軍事。

溥傑多次向張學良表示了要投筆從戎的願望，要做張學良的部下，到奉天講武堂學習軍事。起初，張學良並不贊同溥傑的想法。

「我們現在是朋友，如果這樣，那我們就是上下級的關係了。你的哥哥很講究君臣名分，你給我當手下，他能同意嗎？」張學良繼續對溥傑講：「再說，我的父帥一直視你哥哥為君主，他會怎麼想？」

這些都是溥傑不想聽到的，不耐煩的對張學良說：「你同意不同意吧？不同意就不夠朋友，你同意什麼都好辦。」

「那好吧！」張學良同意了。

張學良決定讓溥傑到奉天（瀋陽）講武堂學習軍事。

1927年，溥傑全家從北京遷到天津居住。溥傑和唐怡瑩住在張學良姨太太谷瑞玉掌管的張公館。

幾個月後，谷瑞玉要回瀋陽，溥傑決定跟隨谷瑞玉一同到瀋陽，這樣就可以進入講武堂學習軍事了。溥傑就給父親載灃和哥哥溥儀各留了一封信，訴說了他要投軍的志向。然後就跟隨谷瑞玉一同登上了日本貨船「天潮丸」號到大連去了。

載灃看到溥傑的信後，非常著急，哭哭啼啼地去找溥儀，讓溥儀趕緊想辦法把溥傑找回去。溥儀找到了日本駐天津總領事，日本駐天津總領事通電大連日本警察。溥傑和谷瑞玉剛到大連下船，溥傑就被日本警察給扣住了。

「您是從天津來的前皇帝溥儀的弟弟嗎？」日本警察問。

「是的。」

“那就請您先到星浦大和旅館休息一下吧！”

谷瑞玉不知溥傑要出什麼問題了，有些驚慌失色，就對溥傑說：“今天晚上，我們也到星浦去吧！”

溥傑就跟隨日本警察走了。

溥傑到了星浦大和旅館後，日本翻譯把一份電報拿給溥傑看。這份電報就是日本駐天津總領事發來的，大概的內容是：前皇帝的弟弟溥傑到大連後妥為監視，暫時在大連安排居住，會有人接他回去的。

當天晚上，谷瑞玉等人到了星浦大和旅館看望溥傑，與溥傑共進晚餐，溥傑就把情況對谷瑞玉講了。

谷瑞玉勸溥傑：“你不要著急，等我們到瀋陽以後，一定為你想辦法的。”

溥儀派康有為的弟子徐良去大連接溥傑。

徐良見了溥傑，先是恭維了一番。最後對溥傑講：

“何必要給張學良當部下呢？到日本陸軍士官學校多好啊！”想讓溥傑到日本陸軍士官學校是溥儀的想法。

於是，溥傑跟徐良一起回了天津。

二、溥儀派溥傑到日本學習軍事

回到天津以後，溥儀見了溥傑說：“想當軍人用不著給張學良做事，我可以送你到日本軍士官學校去學習。”

溥儀為何要決定送溥傑到日本學習軍事呢？溥儀在

自傳《我的前半生》中直言不諱地講了：

> 我自己幾年來的閱歷，特別是蔣介石的發家
> 史，給了我一條重要的信念，這就是若求成事必
> 須手握兵權，有了兵權實力，洋人自然會來幫
> 助。像我這樣一個正統的"大清皇帝"，倘若有
> 了軍隊，自然要比一個紅鬍子或者一個流氓出身
> 的將帥更會受到洋人的重視。因此，我決定派我
> 身邊最親信的親族子弟去日本學陸軍，我覺得這
> 比我自己出洋更有必要"。

通過以上的敘述、分析可以看出，溥儀比溥傑更熱衷於復辟清朝。溥儀是真正的希望自己的親信掌握兵權，以便有朝一日能夠為他復辟清朝所用。如果溥傑當時到瀋陽講武堂學習軍事的願望可以實現，或許他的人生經歷能改寫。

三、東渡的準備

溥儀又選中了另一個"親族子弟"和溥傑一同到日本留學，這個"親族子弟"叫郭布羅·潤麒。潤麒就是溥儀"皇后"婉容同父異母的弟弟。

溥傑與潤麒要去日本留學，首先要懂日語。溥儀請了一位日本人擔任溥傑與潤麒的日文教師，這個日本人叫遠山猛雄。是日本駐天津總領事吉田茂介紹給溥儀的。溥傑在自傳《溥傑自傳》中對這位家庭教師有一段

描寫 "遠山在天津日僑學校教華語，身材矮小，口蓄短鬚，看上去完全是個典型的日本人。他很健談，一開口就是日本的‘武士道’與‘大和魂’如何如何"。

遠山猛雄做了溥傑、潤麒的家庭教師後，就想拉攏他的這兩位 "學生"。經常請溥傑、潤麒到他的家裡去吃日本飯，而且還不許其他日本人接近他們。

溥傑與潤麒同遠山猛雄學習日語達半年之久後，遠山猛雄就帶著溥傑、潤麒東渡日本了。在溥傑、潤麒東渡之前，溥儀各給二人起了一個假名。

："現在中國各地赴日本留學的人很多，人多混雜，如果別人知道他們二人與皇上的關係，這是很危險的。"遠山猛雄對溥儀講。

所以，溥儀給溥傑、潤麒各起了一個假名。

溥傑叫 "金秉藩"，意為秉承曾國藩之志，學成歸來恢復清朝。

潤麒叫 "郭繼英"，意為繼承明朝開國將領沐英之意，忠於舊朝。

溥傑留學日本後，與溥儀的每次信件往來，落款都是用 "金秉藩" 這個假名。

實際上，這個假名毫無意義，也起不到任何作用。

22 歲的溥傑和 17 歲的潤麒隨著遠山猛雄一起東渡，到了日本。

四、溥傑留學日本

　　要描述溥傑在日本留學六年期間的情況，就必須要弄清楚溥傑是在哪一年東渡日本的？以及溥傑在日本學習院與日本陸軍士官學校入學是哪一年。

　　溥傑究竟是在哪一年東渡到日本去的？《溥傑自傳》中沒有詳細的說明。但是根據《溥傑自傳》中，溥傑到日本留學以後關於入學時間的描述，可以做一個推測。下面就摘抄一段《溥傑自傳》關於溥傑與潤麒入學時間描述的文字：

> 　　（到日本以後）我們在武田家學習了一年日語，才投考學習院。我們到日本的目的本來是為了在日本陸軍士官學校學習陸軍。赴日之前，也和日本陸軍當局聯繫過。但在我們到日本之後，日本陸軍方面突然變卦，提出 "凡考士官學校的，都得由本國的政府保送 —— 最低限度也須由各地的政權保送。" 我們是溥儀保送去的，而溥儀已經不掌握政權，他只代表他個人，這樣我們就喪失了投考的資格，只能改入學習院學習。要入學習院，也得有個資格。學習院歸日本宮內省管轄，學習院的成員必須是日本的皇族或華族（即日本的公侯伯子男貴族）的子弟。我們由於大倉的斡旋，進入學習院學習。這樣就與日本的宮內省發生了關係。

四年的學習院生活是緊張的。我先學了一年
中等科，一年後即 1930 年 4 月，我升入高等科。

根據《溥傑自傳》我們可以得知，溥傑進入日本學
習院學習的時間是 1929 年，學習了一年的中等科，1930
年 4 月升入學習院的高等科。

"在武田家學習了一年日語，才投考學習院"。1929
年投考的學習院，先是在武田家學習了一年的日語，因
此根據《溥傑自傳》的說法可以推測出，溥傑東渡日本
的時間是在 1928 年。那麼，溥傑的"1928 年說"準確
嗎？再來翻看一下其他資料。

溥儀在他的自傳《我的前半生》中說：

"一九二九年三月，即'東陵事件'發生後
七個月，我這兩個未來的武將就和遠山一起到日
本去了"。

溥儀的是"1929 年 3 月說"。到底哪個準確呢？還
有材料證明嗎？有！

由潤麒做序的《國舅‧駙馬‧學者——郭布羅‧潤
麒傳》（錢立言　著）一書中說：

一九二九年三月，在塘沽港。一艘日本客輪
啟碇遠航，船頭上並肩立著精神煥發，神采飛揚
的溥傑和潤麒。看著碼上揮手送行的家人逐漸穩
入水天一色的蒼茫之中，二人心中不禁感慨萬
千。

《末代皇弟溥傑——昭和風雲錄》一書中說：

1929 年 3 月，即東陵失盜事件後第七個月，

> 溥傑同潤麒一起，在遠山陪同下，東渡日本。溥
> 傑時年 22 歲。

眾多資料都認定溥傑東渡日本的時間是 1929 年 3
月。所以，溥傑在自傳中的說法是有誤的。

如果按照 1929 年 3 月東渡日本說，那麼，溥傑進入
學習院的時間應該是 1930 年，升入高等科就應該是 1931
年了。因為有一年在武田家學習日語了。溥傑和潤麒正
式進入日本陸軍士官學校是在 1933 年春，這個時間是沒
有爭議的。所以，溥傑在日本學習院學習的時間應該是
三年（1930—1933）。1929 年到 1930 年期間是 "在武田
家學習了一年日語"。如果是四年，那麼就是在武田家
學習日語的同時就進入了學習院。

五、初到日本

遠山猛雄帶著溥傑、潤麒到日本後，並沒有立即安
排二人上學，而是帶著他們遊山玩水、揮霍浪費。沒過
多久，二人的生活費就所剩無幾了。

怎麼辦呢？送他們二人回中國去嗎？不行，沒辦法
向溥儀交代了。要找一個經濟上能承擔二人生活的人。
遠山猛雄就找到了一個叫大倉喜七郎的人，根據大倉的
介紹認識了一個叫武田秀三的日本教師，武田秀三承擔
起了溥傑、潤麒的一切生活費用，二人就住在武田的家
裡。隨後，大倉喜七郎打通了關節，使二人進入了日本

的學習院學習，並沒有直接進入日本的陸軍學校。前文引用的《溥傑自傳》中交代的很清楚"凡考士官學校的，都得由本國的政府保送——最低限度也須由各地的政權保送"。所以，溥傑與潤麒暫時是沒有資格進入日本陸軍士官學校的。

在日本學習院學習期間，溥傑接觸了數理化等自然學科，因為之前沒有基礎，所以學習起來比較吃力，要下苦功夫學習。而且溥傑還選學了一門德語。

1931 年夏，溥傑正準備回國度暑假。突然，收到了來自日本鹿兒島的一封信。這封信讓溥傑在日本就見證了"九一八"事變的爆發。

六、溥傑見證"九一八"事變的爆發

給溥傑去信的人叫吉岡安直，是日本鹿兒島人，當時吉岡安直在擔任鹿兒島步兵第四十五連大隊長。溥傑為什麼會突然接到這個人的來信呢？因為溥傑還沒有到日本留學時，就與吉岡安直認識了。

在溥傑去日本留學之前，吉岡安直作為中國屯軍少佐參謀，從參謀本部赴天津任職。在天津，吉岡安直遇到了溥儀。溥儀在《我的前半生》中說：

其實在天津時，他不過有一段時間常給我講時事。

溥傑就是通過溥儀認識的吉岡。

1931 年夏，溥傑要回國度暑假了，接到了吉岡安直的來信，信中邀請溥傑利用放暑假回國的歸途中到他的家裡做客。溥傑也接受了他的邀請，在與潤麒回國度假之前，一起到了鹿兒島的吉岡安直的家中，吉岡安直熱情的接待了溥傑、潤麒。

溥傑與潤麒在鹿兒島的吉岡安直家中住了一個星期左右，在吉岡的陪伴下，愉快的遊覽了鹿兒島，又是泡溫泉，又是參拜霧島神宮。溥傑與潤麒要回國了，在臨行之前，吉岡對溥傑講了這樣一番話：

"回到天津去，請轉告令兄，現在張學良在東北鬧得不像話，為所欲為。不久，東北就會發生點事情，請令兄多保重，等待時機到來，他不是沒有希望的。"

溥傑聽了吉岡的話非常替哥哥高興，認為自己哥哥重新出山的機會來到了。所以溥傑就毫無顧忌的對同學講了這樣一番話：

"東北可能會脫離民國政府獨立，說不定就會成立一個新國家，我的哥哥溥儀這次肯定能出來。你如不信，請往後看好了。"溥傑說的洋洋自得："我是皇上的弟弟呀！"

7月10日，溥傑回到了天津，把吉岡的話如實的轉達給了溥儀。溥儀聽了也非常高興，認為自己復辟清朝，恢復自己皇位寶座的時機就要來臨了。

溥傑的這一經歷足可以證明，"九一八"事變是日本關東軍早已策劃好的一個陰謀，在日本軍部已經是公開的秘密。

第五章　文繡離異

一、矛盾過程

　　文繡在天津的靜園裡，吐了一口唾沫，而婉容就在跟前。婉容就把文繡吐唾沫的舉動告訴了溥儀，認為文繡在吐她。溥儀派他的隨侍李國雄去斥責文繡。

　　"皇上問你，你為什麼要吐皇后？"李國雄大聲斥責。

　　"我沒有吐皇后啊！"文繡覺得很冤。

　　"皇上說了，你今天不認錯，就別想過關。"李國雄繼續呵斥。

　　此時，文繡流淚說道："求皇上開天高地厚之恩，赦免我的死罪吧！"也只好認錯。

　　李國雄回去向溥儀彙報，但是溥儀對文繡的話並不滿意，又幾次派人去呵斥文繡。

　　為此，文繡天天鬧情緒，天天哭泣，甚至有自殺的舉動。文繡給妹妹文珊寫了遺書，然後拿起剪刀就要往自己的肚子上捅，被身旁的太監奪了下來。

　　文繡已經不是第一次鬧自殺了。在溥儀被驅逐出宮的當天，拿起剪刀就要自殺，也被身旁的太監奪了下來。當時文繡鬧自殺讓溥儀很感動，而此次鬧自殺，卻讓溥儀很厭惡。

太監趙長安跑到了溥儀面前："皇上，皇上，不好了。淑妃正在自己的房中大哭大鬧，還在床上打滾，揚言明年的今天就是她的忌日。拿起剪刀要捅自己的肚子，讓奴才給奪下來了。"

溥儀卻不以為然："不用搭理她，這是她慣用的伎倆來嚇唬人。都不許搭理她。"

此時的婉容也在溥儀的身旁。婉容聽到後感到害怕了。

"皇上，等吃晚飯的時候，把文繡也一起叫來吃晚餐吧，希望能緩和一步。萬一真出了點什麼事，可怎麼辦啊？"

"不行，你如果叫她出來，我就不吃了。"溥儀強硬的表示。

此後，太監趙長安半步也不敢離開文繡，就怕文繡出事。

事後的一天，文繡招呼太監開飯，侍膳的太監對文繡愛答不理，文繡很氣惱，便隨口說道："討厭！討厭！"

可不巧的很 —— 也可以說是巧的很 —— 溥儀在文繡的門口經過。

溥儀聽到了，認為文繡一定是在指桑罵槐，對著自己。便命太監"傳諭"說：

“欺君之罪，朕將賜你死矣！”

此時的文繡本來就是要死要活的，溥儀卻還拿這些話激她。文繡氣憤之下，拿起剪刀要向喉嚨刺去，太監趙長安又將剪刀奪下，卻在自己的手上留下了一道口子。

文繡的哭鬧也越來越厲害了！好在文繡還有一個妹妹叫文珊，經常來勸文繡。就是這個妹妹跟文繡一同策劃了轟動津門的“皇家離婚案”。

二、離婚經過

1931 年 8 月 25 日下午 3 點，在靜園的文珊去見了溥儀：

“皇上，我姐姐天天哭泣，心情很鬱悶，我想陪我的姐姐外出散散心，也許能好些。”文珊對溥儀提出。

溥儀答應了文珊的請求。

文繡和文珊在太監趙長安的陪同下，乘坐轎車來到國民飯店。下車後，進入飯店的 37 號房間。

文珊對太監趙長安說：“趙太監，你回去吧。我姐姐就留在這裡不走了，還要向法庭控告皇上呢！”

趙太監聽說後被嚇得魂不附體，撲通一聲跪在了文繡姐妹二人面前：“還是求淑妃跟奴才回去吧，要不然皇上會怪罪我的，我沒有辦法交代呀。先回園子稟報一聲再回來，也就不關老奴才的事了。”

趙太監又一面哀求一面磕頭不止。

這時，文繡拿出了三封信函，並告訴趙太監：“今天的事情與你沒有關係，你可以拿著這三封信件回去告訴皇上。”

趙太監接過了三封信件，還想繼續哀求。此時，有三位西裝革履的男士走進了民國飯店 37 號房間。

這三位男士是文珊早已為姐姐文繡聘好的三位律師。

“我們在這裡恭候你們已經有兩天的時間了，非常高興為你們服務。”其中的一位律師說道。

此時的趙太監才明白，文繡和文珊二人是早已謀劃好的了。知道再哀求也是無濟於事了，所以只好起身返回靜園。

“皇上，皇上，不好啦！”趙太監氣喘吁吁的跑到了溥儀面前。

“怎麼了慌慌張張的？文繡和她的妹妹怎麼沒跟你一起回來呢？”溥儀問。

“淑妃和她的妹妹留在民國飯店，不準備回來了。已經請好了三個律師，說還要向法庭控告皇上！”

“什麼？真是反了他了。”溥儀氣憤的說道。

“皇上您看，這是信函。”趙太監把三封信函交給溥儀。

溥儀拆開看信件，真是越看越氣憤。三封信函都是文繡的三位律師所寫，信中提到了文繡出走的原因和要求。信中提到了文繡的三個條件：

第一，搬出靜園獨居。

　　第二，溥儀每個月定期前往我的住處同居。

　　第三，溥儀要向我支付生活費。

　　附加條件：如不答應，法庭上見。

　　「好啊文繡，她真是反了。」溥儀越看就越生氣：「大清朝三百年了，還沒有夜不歸宿的妃子呢。我們皇家的臉面都被她丟盡了。」溥儀的痱子都要氣炸了。

　　「趙長安，你帶著幾個人趕緊把淑妃找回來。」溥儀告訴太監趙長安：「務必要在天黑之前。」

　　太監們到了民國飯店，可是文繡姐妹二人早已不知去向。只看到了那三個律師：「你們是找不到她們的，還是回園子去吧。」太監們只好沮喪而歸。

　　「一個女子還能跑到天邊去不成嗎？去文珊的慶王府找去，天黑之前必須給我找回來。趕緊去。」溥儀是越來越著急了。

　　當當當，慶王府的大門被敲響了。文珊的婆婆開了門。

　　太監們說：「我們是皇上派來的，來這裡找淑妃。」

　　文珊的婆婆一聽，便氣不打一處來：「你們來這裡找妃子，我還管你們要兒媳呢。」

　　領頭的太監趙長安說：「你不要包庇淑妃，進去找找看。」

　　找了半天也一無所獲，便只好又回靜園了。

　　此時的溥儀急得像熱鍋上的螞蟻，滿地亂轉，不知如何是好。溥儀又想用婉轉的方式派人把文繡找回來。

　　「趙長安，你再帶人到民國飯店和文繡的三位律師好好商量一下。說我們之間的感情不錯，不要有什麼誤會。」

太監趙長安又帶人到民國飯店去找文繡的三位律師了。

「皇上與淑妃之間的感情還是不錯的，請不要誤會。希望你們勸勸淑妃回到靜園去吧。」

律師笑著答覆：「現在事情已經到了這個地步了，文繡女士是絕對不會回到靜園的。如果溥儀先生要和解，那麼只有答應文繡女士的要求。否則，只有向法庭起訴。」

「那就請讓我見見淑妃的面好不？還有沒有可能回到靜園與皇上言歸於好？」

「現在文繡女士除我們律師以外，不會見任何人。」任憑太監們的乞求也無濟於事。

溥儀想要在天黑之前找到文繡的想法落空了，天也漸漸的黑了下來。溥儀只有氣憤的大喊一句：「文繡，你跑到哪裡去了？」除此之外，溥儀還能做些什麼呢？

文繡出走的第二天，這條消息在社會上不脛而走，各大報刊上報導了此事。看到新聞報導的溥儀更加怒不可遏。急忙找遺老胡嗣瑗和鄭孝胥商量對策。

「文繡出走的事情想必你們也都知道了，各大新聞報刊也都刊登了這條消息。你們說如何是好啊？」

鄭孝胥先發言：「淑妃此舉已觸犯家法，請皇上廢掉淑妃名號，不至於有其他影響。」

「使不得呀！使不得！」胡嗣瑗急忙說道：「這樣

會助長淑妃的氣焰，如了她的願。這會對我們有害而無利。」

「那依你的意見呢？」溥儀問胡嗣瑗。

「我們也要請出律師與淑妃的律師進行交談，最好能當面問問淑妃的真實意圖才好著手辦。」

最終溥儀決定聽取胡嗣瑗的意見，派出了律師和文繡的律師進行了交談。文繡和文珊也在個人律師張士駿的陪同下，見到了溥儀派來的二位律師。

溥儀的律師問到文繡：「淑妃，能否與我們一起返回靜園，與皇上言歸於好嗎？」

「我嫁給皇上九年了，從來沒有得到過一次寵愛。（侍帝九年，未蒙一幸）在日本公使館過年期間，皇上還動手打了我。當時我就已經想離開他了。這些年以來，皇上對我是越來越疏遠。上個月，我在皇后面前吐了一口吐沫，皇后就向皇上告狀，說我在辱罵她。婉容實在太欺負我了，我不想回靜園，我不想看到婉容。」文繡越說越激動。

「淑妃今後有什麼打算呢？還能否與皇上和平相處？」

「我的條件是，第一，離開靜園，自由選擇居住地點。第二，給我贍養費 50 萬元。第三，我的行動，不能受到皇上的干涉。第四，皇上每個星期要過來一、二次與我同住，不得攜帶男僕。第五，不能損害我的名譽。只有答應我這幾個條件才能和平相處。如果不能答應，那麼我只有向法庭起訴皇上了。希望你們回去轉告皇上，三天內給我個答覆。」

「你的條件實在有些苛刻，皇上是不會答應的。」

溥儀得知後，暫時沒有答應文繡。而文繡的態度也很強硬，雙方就這樣對峙著：

如果這樣繼續堅持下去，也不是個辦法呀，我會更加丟人的。溥儀開始考慮文繡的要求了。於是，溥儀找到了個人律師：

「如果長期這樣對峙下去，我的臉面更加蕩然無存。所以，我準備答應文繡的條件。就是瞻養費有些多，你們在去和文繡的律師們商量一下，看看有沒有退讓的餘地。」

婉容一直關心文繡與溥儀的問題。她好想讓文繡永遠離開溥儀呀！此時的婉容覺得這是讓文繡永遠離開溥儀的一個好機會：不行，我絕對不能讓文繡再次回到皇上的身邊。我現在就去找皇上去。

「聽說皇上要答應文繡的條件了？」

「聽誰說的？純屬謠言。」溥儀不承認。

「皇上，現在文繡這麼對待你，我都看不下去了。你怎麼還能答應文繡的無理要求呢？」

「我不會答應她的。」

「皇上，如果你還要文繡，那我就成全你們二人，我只好離開了。」婉容在逼溥儀做出「二選一」的抉擇。

「皇后的意思是讓我和文繡脫離關係嗎？」

婉容果斷的回答：「是。」

溥儀又開始仔細考慮婉容的話：婉容也不讓我消停

啊！但是婉容讓我與文繡直接脫離關係，這樣對我也不是沒有好處的。至少我可以挽回一些面子。

於是，溥儀終於下定了決心：與文繡離婚。

溥儀的律師將溥儀的想法告訴了文繡。

"如果皇上同意與我徹底脫離關係，我也可以贊成。" 文繡也做了表態。

1931 年 10 月 22 日，文繡與 "清皇室代表" 胡嗣瑗簽署了與溥儀的離婚協議書。當時在場的還有雙方的律師，但是溥儀沒有到場。溥儀轉交文繡 5 萬 5 仟元，雙方就這樣脫離了關係。

離婚協定簽署後，溥儀發佈 "廢淑妃為庶人" 的 "諭旨"，花錢刊登在報紙上，無非是為了給自己挽回一些顏面罷了！

三、離異後的文繡

文繡與溥儀離婚以後，是什麼情況呢？溥儀在《我的前半生》中有這樣一段描述：

> 文繡後來的情形不詳，只聽說她在天津當了小學教師，歿于 1950 年，終身未再結婚。

溥儀的這段話透漏了文繡與他離婚以後的三個信息：第一，文繡與溥儀離婚以後，在天津做了小學教師；第二，文繡死於 1950 年；第三，文繡與溥儀離婚以後，沒有再婚。

　　溥儀只是"聽說"，他在自傳《我的前半生》裡透漏文繡與他離婚以後的這三個信息全部是錯誤的。那麼，真實的情況是怎樣的呢？筆者參考著名溥儀研究學者王慶祥先生的研究成果，將真實的情況撰寫如下：

　　（一）文繡沒有在天津做小學教師，而是回到了北京去。

　　（二）文繡並不是死於 1950 年，而是因心肌梗塞死於 1953 年 9 月 18 日。

　　（三）文繡與溥儀離婚後，並非終身未婚。1947 年與國民黨軍官劉振東結婚。

　　在此，筆者要說一件罕為人知的秘聞。在偽滿期間，文繡因生活困頓潦倒曾到長春找過溥儀，提出要與溥儀複合。但被溥儀拒絕了，只給了文繡一些錢，就把文繡打發走了。

第六章　事變爆發

　　1931 年 9 月 18 日夜 10 時 20 分，駐紮在瀋陽的日本關東軍炸毀了柳條湖附近自營的南滿鐵路，並且製造一個假現場，將三具身穿東北軍制服的中國人屍體擺放在現場，將此作為被擊斃的炸毀鐵路的兇犯，來反誣中國人所為。隨後，日本關東軍向瀋陽北大營發起進攻。當夜，瀋陽淪陷。這便是震驚中外的"九一八"事變。至 1932 年初，東北四省全部淪陷。3 月 1 日，日本關東軍扶持的偽滿洲國傀儡政權在長春成立。9 日，溥儀粉墨登場，就任偽滿洲國"執政"。成為了這個"國家"名義上的"元首"。那麼，偽滿洲國傀儡政權是如何一步一步建立起來的？這一切都要從爆發"九一八"事變開始敘述。

一、日本的侵略政策

　　沒有"九一八"事變，就沒有偽滿洲國的建立。"九一八"事變的爆發不是偶然的，而是日本關東軍經過了長期蓄謀的結果。

　　早在日本明治維新時期，便確定了走軍國主義的道路，明確了對外擴張的政策。將對外擴張分為四個步驟。第一步，征服臺灣；第二步，征服朝鮮；第三步，佔領中國東北；第四步，征服全中國。歷史證明了，日本軍國主義的擴張道路的確是按照這個擴張政策去實施的。

　　1894 年，中日"甲午海戰"爆發，中國戰敗，日本取得勝利，簽訂了不平等的《馬關條約》，清朝政府將臺灣割讓給日本。這樣，日本軍國主義便完成了擴張政策的第一個步驟。

　　1910 年 8 月 22 日，日本強迫朝鮮政府簽訂《日韓合併條約》（1896 年，朝鮮改稱為"大韓帝國"），這便是日本軍國主義完成了擴張政策的第二個步驟。接來下，就要實施第三個步驟了。

　　早在 1904 年，在旅順一帶，爆發了日俄戰爭，日俄兩國爭奪在中國東北的權益。結果是日本戰勝，與俄國簽訂了《朴茨茅斯條約》，奪得了在中國東北的權益。隨後，便成立了一支負責侵略我國東北的軍隊——日本關東軍。為實現第三個步驟做好了充足的準備。

　　清朝滅亡後，日本人為了更好的控制我國東北，便扶持張作霖成為了"東北王"。其目的就是為了日後可以從張作霖的手中不費一兵一卒的奪得中國東北。但是張作霖"不聽話"，表明了與日本人不合作的態度。所以日本人就在 1928 年 6 月 4 日，實施了"皇姑屯事件"，將張作霖炸死。

　　張作霖死後，張學良繼任東北軍總司令。日本人同樣想拉攏張學良，想要從張學良的手中不費一兵一卒的奪得中國東北。張學良拒絕日本人的拉攏，所以就在繼任東北軍總司令的當年的 12 月 29 日，宣佈 "東北易幟"，升起青天白日旗，歸順國民黨政府。

1929 年，土肥原賢二又給張學良上了一篇《王道論》，企圖以 "東北皇帝" 來誘騙張學良，被張學良斷然拒絕，從此張學良不再見土肥原賢二。日本關東軍想要用 "和平" 的方式來佔領中國東北的目標落空了。所以，日本關東軍不得不用武力來佔領東北，實現日本政府的第三個目標。

二、"九一八" 事變與傀儡政權

日本關東軍計畫要在 1931 年 9 月 28 日製造一起事件，企圖用武力來佔領中國東北。日本關東軍的計畫被日本政府得知了。日本裕仁天皇便召開首腦緊急會議來商討，商討的結果是不支持關東軍的行動，要進行阻止。日本軍部作戰部長建川美次前往中國瀋陽，轉達日本軍部的意見。

得知此情的橋本欣五郎在 9 月 15 日這天，連續發送三封電報給關東軍：

消息已走漏，必須立即堅決執行；

必須在建川到達奉天之前，開始行動；

不必擔心國內，應堅決執行。

　　隨後，橋本欣五郎又打去電話："計畫已經暴漏，軍部決定派建川前來滿洲，請你們不要猶豫，要儘快行動，即使建川到來也來得及，要趕在尚未聽到建川傳達中央命令前開始行動。"

　　三天后，即事變爆發。

　　通過以上的史實敘述可以看出，策劃"九一八"事變是日本關東軍的擅自行動，並不是日本政府所為。那麼，日本關東軍應該如何處理侵略得來的領土呢？

　　9月19日晚到22日，在瀋陽的飯店裡，召開了關東軍參謀的會議，在會議上，建川認為"首先要樹立一個親日政權，來取代現在在中國主權之下的張學良政權"。隨後，關東軍又出臺了一份《滿蒙問題解決方案》。在《滿蒙問題解決方案》中說：

> 　　九月十九日提出的佔領滿蒙這一意見，中央完全不作考慮，而且因為連建川少將也不同意，所以知道絕對不可能實施，只得忍痛退讓，暫且同意建立滿蒙獨立國這一方案，期待機會到來，佔領滿蒙這一方案最終付諸實施。

　　從《滿蒙問題解決方案》的這段文字中不難看出，將滿洲以及蒙古地區直接納入日本版圖的時機還不成熟。其主要原因還是日本"中央完全不作考慮"，就是日本政府並不贊同關東軍的這次行為，所以不可能納入日本版圖。東北地區實際上已經成為了關東軍的"燙手山芋"。那麼，應當如何解決這塊"燙手山芋"呢？《滿蒙問題解決方案》接著說：

由我國支持宣統帝為首領，在東北四省及蒙古領域樹立支那政權，使之成為在滿各民族的樂土。首領及我帝國所需國防外交等諸費用由新政權承擔。

"支那"就是日本人對中國的貶稱。這句話解決了應當如何處置關東軍侵略得來的領土問題。就是扶持清朝末代皇帝溥儀為首領，達到"以華制華"的目的，等到時機成熟之後，再將侵略的中國東北領土納入日本版圖。

1931 年 11 月 2 日，日本陸軍大將土肥原賢二到天津靜園誘騙溥儀出關到東北，重整滿洲基業。

1931 年 11 月 10 日，溥儀偷偷的離開天津靜園，潛往東北。

1932 年 2 月 23 日，板垣征四郎到旅順見溥儀，正式告知了溥儀就任"執政"，國號叫"滿洲國"，定都于長春。

1932 年 3 月 1 日，關東軍發佈《獨立宣言》，偽滿洲國正式建立。9 日，溥儀在長春就任偽滿洲國"執政"。12 日，中華民國政府對溥儀發佈通緝令。溥儀徹底與侵略者站到了一起。

日本關東軍在"九一八"事變後，如何處置東北地區已經處於尷尬的局面，東北已經成為關東軍的"燙手山芋"。而將溥儀成功誘騙出關，就是解決了這塊"燙手山芋"，為日本關東軍的侵略行為打了圓場。

三、溥儀做傀儡元首

雖然在"九一八"事變"爆發之後出臺的《滿蒙問題解決方案》中，確立了溥儀為"首領"。但是從溥儀的經歷來看，《滿蒙問題解決方案》並不是首次確立溥儀為傀儡元首，在"九一八"爆發之前，日本關東軍就已經選擇了溥儀為傀儡元首。

1931 年 7 月，時任溥傑戰史教官的吉岡安直對溥傑說："請轉達令兄，不久就可能在東北發生點事情，請宣統帝做好準備，他不是沒有希望的。"當月 23 日溥傑回國度假，就把吉岡安直對他說的話轉達了溥儀。

1931 年 7 月 29 日，有位日本人到天津訪問溥儀，並贈送溥儀一把扇子。在扇子上有一句話"天莫空勾踐，時非無范蠡"。這是在對溥儀的一種暗示。春秋末期，越王勾踐在范蠡的輔佐下滅掉吳國，成為霸主。這是將溥儀比喻勾踐，把日本人比喻范蠡。越王勾踐成就霸業離不開范蠡，溥儀想要復辟皇位，離不開日本人。

這兩件事足可證明了，在"九一八事變"爆發之前，日本關東軍已經想到了，日本政府不會支持關東軍的這次軍事暴動，只有擁立溥儀為傀儡元首，才是處理東北這塊"燙手山芋"最好做法，給自己找了一個最好的臺階下。擁立溥儀為傀儡元首是日本關東軍的一個公開的秘密。

四、溥儀與日本關東軍

　　日本關東軍在決定擁立傀儡的問題上，限定了四個條件：第一，出身名門而又德高望重；第二，家世屬於滿洲系統；第三，同張學良、蔣介石都不能合作；第四，可以同日本合作。這四個條件，溥儀都非常符合。

　　溥儀出生帝王之家，是清朝的末代皇帝。這符合"出身名門而又德高望重"。清朝的發祥地是東北，也就是日本人所稱的滿洲。這符合"家世屬於滿洲系統"。因為這次日本侵略者侵佔了我國東北地區，所以要找一個滿洲系統的人。溥儀是滿洲人，來治理滿洲地區，達到了"以滿治滿"的效果。

　　建川美次在會議上所提出的"首先要樹立一個親日政權，來取代現在中國主權之下的張學良政權"。只有不與張學良、蔣介石合作，就能扶持這個傀儡建立政權，這應當是首要條件。

　　1928年孫殿英盜墓清東陵，溥儀發誓說："不報此仇，就不是愛新覺羅的子孫。"蔣介石又採取了不管的態度。這是溥儀與蔣介石政府決裂的最好理由，溥儀是堅決不會與蔣介石的民國政府合作的。那麼，溥儀就一定是"親日派"嗎？

　　1924年11月29日，鄭孝胥將溥儀帶到日本公使館，開始了與日本人的長期接觸。

　　溥儀到日本公使館後，曾給當時還是攝政皇太子的裕仁寫信，表示要"辭謝優待經費，遊歷世界各邦"，"決欲以私人資格早日東渡"，表達了到日本的願望。

　　溥儀到天津後，與日本軍政人員的往來不斷，在1929 年又派他的弟弟溥傑和婉容的弟弟潤麒一起到日本留學，學習軍事。

　　通過以上的敘述來看，溥儀屬於親日派。只要找一個親日派，才可以實現"樹立一個親日政權"。所以，溥儀是關東軍的最佳人選。

　　而日本關東軍之所以把"國號"確定為"滿洲國"應該與東北是滿洲人發祥地，溥儀又是滿洲人有很大關係。

　　溥儀想復辟清朝，恢復自己的皇位。而關東軍要找個傀儡"以華制華"，處理這塊"燙手山芋"。二者一拍即合，偽滿洲國也就這樣橫空出世了。

參考資料

紀錄片　《揭秘日本關東軍》；
中田整一著　《溥儀的另一種真相》
解學詩著　《偽滿洲國史新編》
王慶祥著　《愛新覺羅‧溥儀畫傳》

第七章　溥儀何去何從

　　"九一八事變"讓溥儀非常高興，溥儀認為是自己的復辟時機到來了。在天津靜園的溥儀就派出了三批人進行聯絡活動。一批在天津市內進行聯絡活動；一批到東北進行聯絡活動；還有一批人到日本去，與日本政界、軍界的要員聯絡。

　　"九一八事變"過後十二天，也就是 1931 年 9 月 30 日，日本翻譯官吉田忠太郎到了靜園，邀請溥儀晚上到天津海光寺日本駐屯軍司令部去一趟。當晚溥儀如約前往。

　　在海光寺日本屯軍司令部，溥儀見到了一個人，就是原來的清朝遺老羅振玉。羅給溥儀帶了一封信，這封信是清朝宗室熙恰所寫。熙恰的信就是讓溥儀抓住這個機會，到東北去，光復祖業。等溥儀看完熙恰的信後，羅振玉對溥儀誇誇其談的說：

　　"東北三千萬子民就等待著皇上你去呢！"待羅振玉說完後，屯軍司令官也站了出來勸說溥儀到東北恢復皇位。

　　此時，溥儀心裡已經樂開了花，急不可耐的要到東北去。而溥儀的嘴上卻說："等我回去後，商議一下，再做答覆。”溥儀心想：我先在東北復辟清朝，然後再進關，我的祖先也是這樣。

　　溥儀到屯軍司令部一事被傳開了，傳到了日本駐天津領事館那裡，總領事後藤副親自到靜園見溥儀，對溥儀說：

　　“你不要動身到東北去，我們對你有保護的責任，不要去冒險。”後藤副的話給溥儀澆了一盆涼水。

　　一時，溥儀也沒了主意。

　　溥儀派到東北去進行聯絡活動的人，回到了天津，告訴了溥儀日本關東軍在東北的真實情況，日本關東軍尚未完全掌控東北，等關東軍把東北完全掌控後，再到瀋陽登極當皇帝。溥儀又開始了焦急的等待。這期間，溥儀根據鄭孝胥的建議，就給日本首相南次郎和日本黑龍會首領頭山滿寫信，請求幫助他儘快的到東北去復辟清朝。

　　11 月 2 日，日本陸軍大將土肥原賢二到天津靜園見溥儀。

　　“日軍此次的軍事行動，對東北的領土沒有任何野心，完全是針對張學良一個人。現在你要抓住這個時機，到東北重整滿洲基業。”

　　土肥原賢二的話裡說的“針對張學良一個人”，指的是張學良“東北易幟”一事。

　　溥儀問：“在東北建立的這個國家，是一個什麼樣的國家啊？”

　　“這是由你宣統帝全權做主的一個國家。”土肥原回答。

「我問的不是這個。」溥儀繼續問道：「我想知道這個國家是不是帝制？」

「等到了東北後，這個問題會解決的。」

溥儀明確地告訴土肥原：「是帝制，我就去，不是帝制，我就不去。」

土肥原信誓旦旦地對溥儀說：「當然是帝制，這是絕對沒有問題的。」

「那好，既然是帝制，我就去。」

土肥原告訴溥儀：「那麼，就請宣統帝早日動身，無論如何要在 16 日之前到達滿洲。」

第二天，溥儀和土肥原賢二見面的消息就見報了，而且揭露了土肥原賢二此行的真實目的。溥儀的老師陳寶琛立即動身到天津靜園，勸阻溥儀不要到東北。而鄭孝胥堅決主張溥儀要去東北。所以就在靜園裡，陳寶琛與鄭孝胥爭辯起來了。當場，溥儀雖沒表態，但是溥儀的心裡已經拿定了注意，堅決要去東北。陳寶琛走後，溥儀對鄭孝胥說：「陳寶琛這個人，忠心可嘉，迂腐不堪。」

1931 年 11 月 8 日，蔣介石派監察院委員高友唐到天津靜園勸說溥儀，不要出關東北與日本人合作。願意對溥儀恢復優待，每年照付優待費。希望溥儀到上海居住，或者出洋都可以，就是不要去東北和日本人合作。在溥儀與高友唐的談話中，溥儀就憤怒地提起了東陵大盜一事，溥儀說：「孫殿英瀆犯了我的祖陵，連管也沒有管。"溥儀拒絕了高友唐，說："現在蔣介石是怕我出去丟他們的人吧！我這個人是不受什麼優待的，我哪也不去。"臨走時，高對溥儀說："請你考慮考慮，我會再來的。"

日本人方面對於溥儀會不會到東北去，也沒有十足的把握。如果溥儀不去東北，日本關東軍將處於一種尷尬的局面，不知該如何處置靠武裝侵略得來的中國東北領土，所以日本人也是很焦急的。為了讓溥儀儘快到東北去，首先製造混亂。日本人方面招募一些地痞、流氓、土匪、吸毒者等，組成一支軍事力量，向河北省政府、天津市政府和公安局等機關發動攻擊。其目的就是為了讓溥儀感覺到天津的混亂，使溥儀儘快離開天津到東北去。

然後又製造起了流言，說張學良已經派刺客到天津了，準備把溥儀暗殺掉。為了讓溥儀相信這是真實的，就讓溥儀每天接到恐嚇信與恐嚇電話。

"如果你不走，當心你的腦袋"。這是一封給溥儀的恐嚇信裡的內容。

有一天，溥儀接到了經常去吃飯的一家西餐飯店的服務員打來的電話，飯店的服務員對溥儀說："今後就不要再到這裡來吃飯了，最近有人到飯店裡來打聽，溥儀到這裡來了沒有，而且還帶有手槍和短刀等兇器。"並斬釘截鐵地告訴溥儀："這個人就是從張學良那裡來的。"

還有一天，溥儀在靜園裡接到了一籃水果，水果籃裡藏了兩顆炸彈，這可把溥儀嚇壞了。日本人急忙把炸彈取走，拿去檢驗。第二天向溥儀彙報說，這是張學良兵工廠製造的。其實，這兩顆炸彈還真的是張學良送的。溥儀出獄以後，見到過張學良的弟弟張學銘，張學銘告訴溥儀，炸彈是他的哥哥張學良送的，但是用意是要警醒溥儀，去東北跟日本人合作，就猶如炸彈一樣，隨時會爆炸。

不料，張學良的這一舉動更加讓溥儀失去了安全感，加速了溥儀出關東北投靠侵略者的步伐。溥儀做好了出關東北的準備，於 11 月 10 日晚動身。

11 月 10 日這天上午，溥儀對隨侍李國雄講："今天晚上我就動身，但是你不要告訴任何人。"當晚，溥儀讓他的另一位隨侍佟功永開車，溥儀藏在了這輛車的後備箱裡，離開了天津靜園，開始了他投遞叛國的罪惡道路。

溥儀為了復辟清朝，恢復自己的皇位，就去投靠侵略者一方，這種行為自然為人民所不齒。但是從溥儀的童年經歷來看，也是必然事件。下面，筆者就從心理學角度來分析溥儀投敵叛國的原因：

在以華生為代表的行為主義心理學中對於兒童的成長有個"環境決定論"， 認為兒童心理的發展完全是由環境決定的。華生曾說"給我 12 個健康的嬰兒，一個由我支配的特殊的環境，讓我在這個環境裡養育他們，不論他們父母的才幹、愛好、傾向、能力和種族如何，我保證能把其中任何一個人訓練成為任何一種人物──

醫生、律師、美術家、大商人，以至於乞丐或強盜"。

　　溥儀不足 3 周歲就被擁立為皇帝，6 歲雖然退位，但是仍然居住在紫禁城，保留"皇帝"尊號，被遜清遺老尊捧著，有著"賞賜"、"加官進爵"的權利，很多人仍然以得到遜帝溥儀的賞賜為榮，他在紫禁城中說一不二。以及長期在"復辟思想"的薰陶之下，這種環境自然為溥儀日後投靠侵略者埋下了伏筆。

第三篇　傀儡偽帝

溥儀從 1931 年 11 月 10 日離津出關，到 1945 年 8 月 19 日在瀋陽機場被蘇聯紅軍抓獲為止，這是溥儀人生的第四個階段：傀儡生涯。因為這期間，溥儀被日本關東軍掌控，一切都要聽從日本關東軍的安排，是日本關東軍的傀儡。1934 年 3 月 1 日，溥儀被日本關東軍扶持為偽滿洲國皇帝。一直到 1945 年 "八一五" 光復為止。因為這期間溥儀不僅僅是傀儡，還是偽皇帝，本篇故取名為傀儡偽帝。

第一章　出關東北

一、溥儀離津出關

　　溥儀的隨侍佟功永開車的技術水準很差，車剛離開靜園，就撞到了一根電線杆上，溥儀的頭被狠狠的磕了一下。

　　汽車開到了一個日本飯店——敷島料理店停了下來。溥儀從後備箱裡出來了，換上日本人為他準備好的日本軍大衣和軍帽，就坐上司令部的汽車，汽車暢行無阻地在白河岸上行駛，然後到了法租界碼頭。鄭孝胥和他的兒子鄭垂等候在那裡，一同坐上日本的商船"比治山丸"號。在離溥儀的座位不過三米遠的地方，放了一個油桶，準備萬一被中國人發現的時候，就引爆油桶，同歸於盡。此行沒有被中國人發現，溥儀也就撿了一條命。

　　"比治山丸"號抵達大沽口，然後又換乘"淡路丸"號於 11 月 13 日早晨抵達營口碼頭，溥儀正式踏上了東北的土地。13 日晚，溥儀又被帶到了鞍山，住進鞍山的溫泉旅館——湯崗子對翠閣旅館，溥儀住在二樓。

溥儀住進對翠閣旅館後，就失去了自由。第二天，溥儀的一個隨侍要下樓，也遭到了日本人的拒絕，說是為了溥儀的安全。實際上，是怕溥儀到東北的消息走漏，關東軍已經封鎖了一切關於溥儀的消息。18日，溥儀又從鞍山被帶到了大連的旅順。先在旅順的大和旅館居住，又搬到旅順的肅親王府居住。

二、婉容離津出關

溥儀到旅順以後，日本關東軍為了安撫住溥儀，就派肅親王的十四格格到天津把溥儀的"皇后"婉容接來。

肅親王的十四格格，本名叫愛新覺羅・顯玗，她還有一個漢名叫金璧輝，另外她還有一個人盡皆知的日本名字——川島芳子，她為清太宗皇太極長子豪格之後。

川島芳子在1931年11月下旬，到了天津靜園，見婉容。婉容在川島芳子一番誘騙之下，同意到東北，與她的丈夫溥儀團聚。在路上，婉容遭遇了一件非常不幸的事情，根據2007年初出版的《我的前半生（全本）》裡說：

> 直到很晚我才知道，早在她那次離津去大連的路上，她的哥哥就由於換取某種利益，把自己的妹妹賣給一個同行的日本軍官了。

如果溥儀的說法屬實，婉容則是遭到了日本軍官的強姦，這給婉容造成了很大的刺激。

　　婉容就被川島芳子帶到了大連，在大連的清朝遺老王季烈的別墅裡住下。到達大連後的婉容，聽說了關於溥儀的兩個消息，一種說溥儀被日本人囚禁了，一種說溥儀已經被日本人殺害了。她不知道兩種消息哪個是真的，所以就哭鬧著要見溥儀。最後在川島芳子同日本人的溝通下，同意了婉容和溥儀的見面。見了面之後，婉容又回到了大連。12月下旬，溥儀從旅順的大和旅館搬到肅親王府居住時，婉容才正式和他的丈夫溥儀團聚。

三、溥儀在旅順

　　溥儀在旅順一住就是三個月，為什麼溥儀被擱置了三個月的時間呢？1931年11月15日，也就是溥儀到達鞍山湯崗子的第二天，日本陸軍大將南次郎在日本政府的壓力下通電關東軍司令官本莊繁，要求停止擁立溥儀。所以，溥儀就被擱置在旅順三個月，一直到1932年2月才有了消息。

　　1932年2月，板垣征四郎打來電話，通知鄭孝胥到瀋陽開會。在鄭孝胥臨行前，溥儀寫下了八條必須復辟清朝，恢復帝制的理由。溥儀的老臣陳增壽又增加了四條，這樣一共是十二條必須復辟清朝，恢復帝制的理由讓鄭孝胥帶給日本關東軍。溥儀並讓鄭孝胥轉達一句話："如果不答應我的要求，我就回天津去。"

　　鄭孝胥在瀋陽開會期間，關東軍說什麼，鄭孝胥都不敢做任何反駁，更沒有把溥儀的“十二條”拿出來。最後，鄭孝胥對關東軍參謀板垣征四郎說：“皇上的事情由我包辦，皇上就像一張白紙，你們軍部怎麼畫都行。”

　　2月23日，鄭孝胥回到旅順，告訴溥儀，“國號”叫“滿洲國”，採用共和制，溥儀做“滿洲國”的“元首”，叫“執政”。溥儀怒氣衝衝的對鄭孝胥說：“為什麼不說不滿足我的要求我就回天津去？”鄭孝胥告訴溥儀：“下午板垣征四郎來見。”溥儀怒氣衝衝地喊了三個字：“讓他來。”

　　板垣征四郎見溥儀，並把已經草擬好的《滿蒙人民宣言書》和偽滿洲國的“五色旗”放到溥儀面前。溥儀堅決主張要復辟清朝的統治，自己做皇帝。而板垣征四郎對溥儀說：“做‘執政’只不過是過渡而已，以後會恢復帝制的。”板垣決口不談清朝復辟之事。

　　雙方爭論了三個多小時。次日，板垣征四郎通過鄭孝胥告訴溥儀：“軍部的要求再不能有所更改。如果不接受，只能被看做是敵對的態度，只有用對待敵人的手段做答覆。這是軍部最後的話！”[1]

　　溥儀聽到這強硬的態度是什麼反應呢？

　　“我的腿一軟，跌坐在沙發上，半響說不出話來”。[2]

　　鄭孝胥和他的兒子鄭垂又開始勸阻溥儀，表示眼前的虧不能吃。羅振玉建議溥儀這樣答覆板垣征四郎：以一年為期限，到期不實行帝制，就辭職。溥儀同意了，他派鄭孝胥去答覆板垣，板垣也表示同意。

1　愛新覺羅‧溥儀：《我的前半生》，群眾出版社 1984 年版，頁 307。
2　同上

第二章　粉墨登場

一、勸　進

　　根據《偽滿宮廷秘錄》記載，1932 年 3 月 1 日，日本關東軍指示"東北行政委員會"發表《建國宣言》，宣告"滿洲國"成立。偽滿洲國政府發佈公告，定國號為"滿洲國"，年號自 1932 年 3 月 1 日起為大同元年。國旗為紅、藍、白、黑、黃五色旗。

　　當日，"東北行政委員會"的六個人到旅順"勸進"溥儀，請溥儀出山，溥儀委婉拒絕。3 月 4 日，"勸進團"增加到 32 人，再度到旅順請溥儀出山，此次溥儀表示"暫任執政一年"，一年後"敬避賢路"。3 月 6日，溥儀返回鞍山湯崗子。當天，板垣征四郎給溥儀拿出了一份文件——《溥儀‧本莊交換公文》，讓溥儀在上面簽字。此文件又稱為"日滿密曰"，該文件的主要內容是："滿洲國"的治安委託給日本國管理，所需要的經費由"滿洲國"承擔；國防、鐵路委託日本國管理；日本軍隊所需要的各種設施，"滿洲國"援助；日本人可以任職"滿洲國"的官吏，解職應得到關東軍司令官的同意。

溥儀簽上了自己的名字，右下方的日期寫的是 "3月10日"。3月6日簽署的文件，日期卻被寫成 "3月10日"，這是為何？因為溥儀要在3月9日正式任 "執政" 一職，所以要寫成 "3月10日"，否則不能生效。5月，日本關東軍才給了溥儀回復。

二、任職典禮

3月8日，溥儀攜婉容從鞍山湯崗子動身，乘專列前往長春。途經瀋陽，列車停車三分鐘，溥儀向昭陵方向叩拜。15點，列車抵達長春。溥儀剛剛踏上長春土地時，他見到 "月臺一側扯起一面大旗，上面寫著'吉林八旗舊臣迎大清宣統陛下'幾個大字，旗下跪了黑壓壓一大片穿著長袍馬褂的人，他們中間竟然有許多口喊'皇上萬歲'的人幾乎是淚流滿面"。這場面真把溥儀感動了，他哭了。溥儀流淚說明了他完全相信了這種虛假的場面，天真地認為自己是受東北人民擁戴的。一小時後，溥儀住進原清朝衙門——吉長道尹公署。次日，在這裡舉行了執政任職典禮。

1932年3月9日，在吉長道尹公署裡舉行溥儀就任執政儀式。下午3時，溥儀入場，全體人員向溥儀三鞠躬。然後，張景惠與藏式毅向溥儀進呈國璽，鄭孝胥代讀《執政宣言》。鄭讀完後，溥儀從典禮臺上下來，接見外國來賓。溥儀回到臺上，外國來賓祝詞。祝詞結束，羅振玉代溥儀致答詞。

羅的答詞完畢後，參加典禮的全體人員到院中合影，最後由溥儀親自升起偽滿洲國的"五色旗"，整個的任職典禮也就結束了。最後就是慶祝宴會。

因為溥儀做的是"執政"，而不是"皇帝"，所以對溥儀的稱呼也不再是"陛下"了，而是改為"閣下"。

三、"大同"年號的含義

溥儀就任偽滿執政期間的年號叫"大同"，溥儀的心中當然是希望用曾經的"宣統"年號，但是這可由不得他了。1956 年 12 月，香港《大公報》記者潘際烱到撫順戰犯管理所採訪溥儀時，便提到了關於偽滿年號的問題，記錄在了他的《末代皇帝傳奇》一書中：

"偽執政時期，那所謂年號'大同'兩個字，是誰給起的？"我問。

"鄭孝胥。"（溥儀回答）

"後來的'康德'呢？"

"是我自己。是敬仰康熙的意思。"

鄭孝胥是偽滿洲國成立後的首位總理。那麼他為什麼要給溥儀定年號為"大同"呢？這與鄭孝胥的政治思想是有關聯的。

（一）"大同"年號暗含了鄭孝胥的政治思想

鄭孝胥的政治理念是"王道治國"。鄭孝胥堅持認為王道政治是偽滿洲國的唯一出路。[1]偽滿洲國成立之後，鄭孝胥出版了多種"王道學"論著。如 1932 年的《王道演講集》、《王道主義研究資料》、《王道救世之要義》，1934 年的《王道管窺》、1935 年的《王道學》等。[2]可見，鄭孝胥"王道"政治理念的濃厚情結。

那麼何為"王道"？"王道"是先秦儒家提出的一種以仁義治理天下的政治主張，與霸道針鋒相對。

何為"大同"？大同是中國古代人的一種思想，指人類最終可達到的理想世界，代表著人類對未來社會的美好憧憬。基本特徵即為人人友愛互助，家家安居樂業，沒有差異，沒有戰爭。這種狀態被稱之為"大同世界"。

所以，只有以"王道"治理天下才能形成"大同世界"。"王道"與"大同"二者是相輔相成的關係，無法分割。這也就是鄭孝胥給溥儀定年號為"大同"的原因。

事實上，偽滿洲國對東北人民的高壓統治，與鄭孝胥的"王道"思想，與"大同"年號的含義有著天壤之別。

（二）"大同"年號又符合了日本侵略者的愚民政策

日本侵略者靠武力侵佔了我國東北，並對東北人民

---

1 彭超：《鄭孝胥"王道思想"演變考》，載《溥儀研究》2012 年
　第一期。
2 同上

實行高壓統治政策，卻不知羞恥的對外宣揚建立了一個
"王道樂土"、"五族協和"的"國家"。早在 1929
年，日本人想讓張學良將軍做"東北皇帝"時，土肥原
賢二給張學良的上書就叫《王道論》。可見，"王道"
二字是日本侵略者早就制定好的愚民政策。所以，"王
道"既是鄭孝胥的一直以來的政治思想，也是日本侵略
者用來給東北人民洗腦的工具。所以，鄭孝胥給溥儀定
年號"大同"，是非常符合日本侵略者愚民的政治需要。

　　另外，筆者在這裡透漏一個信息，也不知與論證溥
儀的"大同"年號是否有關聯。"大同"這個年號還是
日本的第五十一代天皇平城天皇和第五十二代天皇嵯峨
天皇共同使用過的一個年號，而鄭孝胥又是一個對日本
歷史文化及其瞭解的一個人。

第三章　執政軼事

　　溥儀做了偽滿洲國的“元首”，雖然是傀儡，但是溥儀的心理還是非常高興的，他認為這是恢復祖宗基業的開始。根據《偽滿宮廷秘錄》記載，溥儀在 3 月 11 日晚，對老臣陳曾壽表達了自己的三個願望：其一，改掉過去的一切毛病，永不再犯；其二，忍耐一切困苦，兢兢業業的恢復祖業，不達目的，誓不甘休；其三，求上天賜一位皇子，以繼承大清基業。實現這三個願望，死亦瞑目。然而，溥儀的興奮很快就被日本關東軍打破了。

　　1932 年 3 月 12 日，民國政府對溥儀發佈了“通緝令”。溥儀成為了民國政府通緝的要犯，但是民國政府的通緝令卻無法執行。3 月 14 日，偽滿國務院發佈公告，長春改名“新京”。因日本首都叫東京，“兩都”名稱要並列，所以要改稱“新京”。

　　就任“執政”不久後，溥儀便帶著婉容和兩個妹妹到公園遊玩，還沒等玩到盡興，日本關東軍便將公園團團包圍，讓溥儀等人馬上回“執政府”，說這是為了保護“執政閣下”的安全。

一、會見國聯調查團

在中國的東北，成立了一個"滿洲國"政權，而這個所謂的滿洲國還是在日本人的扶持下成立的，真實的情況到底是怎樣的？國聯於1932年4月派出了調查團到東北調查實際情況，東北的百姓從側面以及不同的渠道向國聯調查團提供真實的信息。而溥儀則於5月4日在執政府會見了以李頓為首的國聯調查團。

"為什麼'滿洲國'的成立要借助日本國的力量呢？"李頓問溥儀。

溥儀卻反問道："為什麼美國的獨立要借助法國的力量呢？"

"'滿洲國'是怎麼建立起來的呢？"李頓繼續問溥儀。

"'滿洲國'是滿洲人民自願建立起來的。"溥儀回答。

"閣下是怎麼來到滿洲的呢？"

"我是受到滿洲人民的擁戴才來到滿洲的。"

李頓在溥儀這裡吃了閉門羹。

總務廳次長駒井德三在李頓走後，非常高興的對溥儀說：

"閣下的回答真是太好了，太好了！"

雖然溥儀不會對李頓調查團講實情，國聯調查團還是以各種渠道瞭解到了真實情況。國聯調查團完成了70

萬字的《報告書》，於 1933 年 2 月 14 日國聯在日內瓦召
開會議，針對"滿洲國"一事提出，不能證明"滿洲事
變"（中國稱"九一八事變"，日本方面稱為"滿洲事
變"）是日本關東軍的自衛行為；"滿洲"地區要國際
共管。中國在大會上提出不承認"滿洲國"，大會以 42
票贊成，日本 1 票反對，泰國一票棄權。還沒等大會開
完，日本代表憤然離開會議現場。3 月 27 日，日本政府
宣佈退出國聯。

二、簽訂《日滿議定書》

1932 年 9 月 15 日，日本政府正式發表聲明：承認
"滿洲國"，並與"滿洲國"建立"外交"關係。當天，
偽滿洲國國務院"總理"鄭孝胥與日本關東軍司令官本
莊繁在偽滿洲國執政府"勤民樓"二樓正式簽訂了當初
溥儀在湯崗子時與本莊繁的交換公文——《溥儀·本莊
交換公文》。當初僅僅是一份交換公文而已，而這次簽訂
的就是把當初的交換公文公開化、法律化。而且還有了
一個新的名字——《日滿議定書》。

溥儀在《我的前半生》裡是這樣敘述此事的：

一九三二年八月十八日，鄭孝胥來到勤民
樓，拿出一堆文件對我說：

"這是臣跟本莊司令官辦的一項協定，請上
頭認可。"

我一看這個協定，就火了。

"這是誰叫你簽訂的？"

"這都是板垣在旅順談好的條件，"他冷冷地回答，"板垣跟上頭也早說過。"

"板垣跟誰說過？我就沒聽他說過。就算他說過，你簽字之先也要告訴我呀！"

"這也是板垣囑咐的，說恐怕胡嗣瑗他們不識大局，早拿來反而添麻煩。"

"究竟是誰當家？是你，是我？"

……。

我腦的是鄭孝胥過於擅自專斷，竟敢任意拿"我的"江山去跟日本人做交易，我也腦日本人的過分訛詐，"皇帝寶座"沒給我，反而要去了這麼多的東西。

《我的前半生》中的這段文字內容完全是溥儀虛構的。上文已經敘述，在鞍山湯崗子時，溥儀已同日本關東軍簽訂了此協議，溥儀簽訂的日期是 3 月 6 日，下面寫的時間卻是 3 月 10 日。至於溥儀在《我的前半生》裡寫的時間"8 月 18 日"完全是溥儀本人隨意編造的時間。所以，既然是溥儀本人簽訂的，就與鄭孝胥無關，內容溥儀完全知道。溥儀隱瞞了歷史的真實情況，也就是為了隱瞞自己的罪行。

三、關東軍對溥儀的讓步

溥儀雖然是日本關東軍的傀儡，但是日本關東軍在一定程度上還是對溥儀有所退讓的。

1932 年 7 月，鄭孝胥告訴溥儀，國務院通過了一項建立"協和黨"的議案。

溥儀一聽"黨"字，就覺得非常刺耳："我不要這個'黨'，要'黨'幹什麼？大清亡國就是因為'黨'鬧的。"接下來，溥儀又引用了孔子的話："孔子說君子矜而不爭，群而不黨，難道都忘了嗎？"

鄭孝胥被迫向日本關東軍轉達了"執政"溥儀的意思，關東軍的一位參謀找到了溥儀，向溥儀解釋了成立"協和黨"的必要性。然而溥儀堅持不同用意，最終把"協和黨"的名字改為"協和會"。關東軍對溥儀做了讓步，溥儀也認為自己"勝利"了。

1932 年 8 月，板垣征四郎讓川島芳子在偽滿執政府任"女官長"，此任命遭到了溥儀的反對，最終不到一個月，川島芳子就不得不離任"女官長"職務，而到了上海。

第四章 偽帝登極

　　溥儀曾這樣答覆板垣征四郎：以一年為期限，到期不實行帝制，就辭職。那麼，也就是說，如果在 1933 年 3 月，日本關東軍還不允許溥儀做"皇帝"，溥儀就應當辭職不幹的。但是在 1933 年 3 月，日本關東軍方面沒有任何要讓溥儀做"皇帝"的動靜，但是溥儀也不敢辭職不幹。

　　一年的時間到了，關東軍在實行"帝制"上沒有任何動靜，溥儀已經安捺不住了，就派偽滿警衛官工藤忠到日本東京打探消息。據其回報，已見到日本首相南次郎和黑龍會首領頭山滿，確定了軍部同意"滿洲國"實行"帝制"。

一、服飾爭執

　　1933 年 10 月，日本關東軍司令官菱刈隆告知溥儀，日本政府準備承認他為 "滿洲帝國皇帝"。這個消息另溥儀非常振奮。溥儀想要在登極大典之時身穿大清皇帝的龍袍，以表明自己是正統的清朝皇帝。於是，溥儀派人到北京榮惠太妃那裡取來了一件保存二十二年之久，曾經光緒皇帝穿過的龍袍。

龍袍穿在身了，溥儀的心中異常興奮。沒想到，日本關東軍卻給了溥儀當頭一棒。關東軍司令官說，日本政府承認的是"滿洲國皇帝"，不是"大清皇帝"，不能穿清朝的龍袍，只能穿"滿洲國陸海軍大元帥正裝"。

得知此消息的溥儀極為氣憤，於是溥儀派出了鄭孝胥與關東軍交涉。最終，板垣征四郎同意溥儀在祭天時穿清朝皇帝的龍袍，但登極大典時必須穿大元帥正裝。溥儀也只好同意。但是，這件事情讓溥儀對日本關東軍產生了怨恨。

二、偽帝登極

1934 年初，熙恰組織一批人向溥儀遞呈"請願書"，請"執政"溥儀"早正帝號"。溥儀做出批復，表示應將"請願書"交給"國務院詳細討論"。

1934 年 3 月 1 日，"滿洲國"改稱"滿洲帝國"。當天早上，溥儀身穿清朝皇帝龍袍，乘車到長春郊外杏花村的順天廣場舉行祭天。正午 12 點，溥儀又身穿"滿洲國陸海軍大元帥正裝"在偽滿帝宮"勤民樓"裡舉行"登極典禮"。全體人員向溥儀行三鞠躬，溥儀半鞠躬做答禮。最後宣讀《即位詔書》。

因為改了"國號"，溥儀也從"執政"改稱為"皇帝"，所以他的"年號"就必須要改一個，不能用之前的"大同"年號了。溥儀的"年號"改了什麼呢？叫"康德"。那麼，"康德"年號是什麼寓意呢？

三、"康德"年號之含義

　　筆者在 2013 年發表的一篇名為《溥儀年號解讀》的論文，關於"康德"年號的解釋，大致內容如下：

　　根據《末代皇帝傳奇》一書的記載，溥儀給自己起年號為"康德"。"康德"年號並不只是如溥儀所說的敬仰康熙之意。這兩個字的背後，還暗藏了溥儀與日本關東軍之間的矛盾。"康德"年號的"康"字確實指康熙皇帝之意，是為了表達對先祖康熙皇帝的崇敬。但是"德"字，指的是光緒皇帝。因為光緒皇帝駕崩後，上廟號為德宗。溥儀與日本關東軍之間的矛盾也就是上文所說的溥儀要在"登極"時身穿清朝皇帝的龍袍而遭到關東軍的拒絕一事。既然日本關東軍不承認溥儀是"大清皇帝"，不讓溥儀穿清朝皇帝龍袍，那麼溥儀只好取"康德"這個年號來向世人表明自己是繼承清德宗光緒皇帝的正統的大清皇帝。因為在 1908 年溥儀入宮之時，根據慈禧太后的旨意，繼承同治皇帝為嗣，並兼祧光緒皇帝為嗣的。

　　偽滿皇宮博物院的研究人員彭超在他的論文《偽滿洲國年號、國旗、國花考辯》中，用了最原始的檔案資料，對溥儀"康德"年號做了更精準的解讀：

在《建國精神常識問答》一書裡，關於"康德"含義亦有明確解釋："康濟下民必須道之以德，使兆民康樂于德政之下"。

在 1943 年出版的，為紀念偽滿洲國建國十周年所編寫的《建國十周年史》一書中，對"康德"的含義解釋的更加詳細：兆民康樂，始於德澤首被，康濟下民必須道之以德，使兆民康樂于德政之下，以王道行於天下，使民安於至德。"

兩相對比，《建國十周年》的解釋更加詳細，並且將偽滿洲國所奉行的"王道主義"加入年號的闡釋當中，但含義明顯是一致的。[1]

四、穿元帥裝的溥儀

溥儀身穿"滿洲國陸海軍大元帥正裝"（下頁左圖）。日本裕仁天皇身穿正裝（下頁右圖）。從以下兩張照片的對比，可看出二人的正裝幾乎是一模一樣的。這就是日本關東軍為什麼一定讓溥儀身穿"大元帥正裝"的原因了。下面進行詳細分析。

溥儀在 1964 年寫的一份手稿裡寫到"偽滿軍隊約有八九萬人，我的當時名義是'滿洲國陸海軍大元

1　彭超：《偽滿洲國年號、國旗、國花考辯》，載　長春溥儀研究會主辦《溥儀研究》2015 年第一期。

帥'"。[2]也就是說，從 1934 年 3 月 1 日溥儀"登極"
之日起，他有兩個身份，一個是"皇帝"；另一個就是
"陸海軍大元帥"。在日本"明治憲法規定天皇總攬陸
海軍大元帥"。[3]也就是說，從明治天皇開始，日本天皇
的身份有兩個，一個是天皇；另一個是陸海軍大元帥。
到裕仁天皇時期，日本已經有了空軍，所以裕仁天皇的
另一個身份是陸海空軍大元帥。照片右圖就是裕仁天皇
身穿陸海空軍大元帥正裝。所以，日本關東軍是要將偽
滿洲國日本化，日本的天皇要兼任陸海空軍大元帥，溥
儀也必須要兼任陸海軍大元帥（偽滿沒有空軍），"滿洲
國"要與日本一致。這就是關東軍為什麼非要讓溥儀必

左圖：溥儀身穿陸海軍大元帥正裝

右圖：裕仁身穿陸海空軍大元帥正裝

---

2 王慶祥：《溥儀的懺悔》，載 偽滿皇宮博物院主辦《溥儀研究》
  2015 年第一期。
3 王天平：《日本三代天皇侵華內幕》，遼寧教育出版社 2007 年版，
  頁 51。

須穿"陸海軍大元帥正裝"的原因。

從以上二張照片對比來看,唯一的不同處是綬帶的佩戴不同。一個是從左至右;另一個是從右至左。這或許是為了突出地位等級的不同吧!

五、載灃來訪

7月,載灃帶著四子溥任及四女、五女到長春探望溥儀。溥儀特意派出護軍到長春火車站迎接載灃。

當溥儀為父親載灃舉行宴會喝香檳之際,日本關東軍司令部派來人嚴厲的指責溥儀說,有協議規定,除日軍外,任何武裝勢力都不得接近鐵路兩側。而此時的溥儀只好致歉,並表示今後不犯。載灃親眼目睹了這一過程,知道了他的兒子是處在一個傀儡的尷尬角色當中。所以他私下對兒女們說:"日本人又不是傻子,為什麼花那麼大的人力物力給你打天下呢?今天的情況就像古代的石敬瑭一樣,是個兒皇帝罷了!"

鄭孝胥提出讓載灃做"日滿文化協會"的總裁。載灃當即提出:"我辭去監國攝政王以後,再也沒有參與過政治。所以,'日滿文化協會'總裁之職萬難應允。"被載灃給斷然回絕了。因為載灃看清了日軍的行為是在侵略中國,溥儀是身陷囹圄,處在傀儡的尷尬角色當中。自己絕不能為侵略者做事,回到天津才是對自己最大的保障。而此時的溥儀卻尚未看清日本人的真實意圖。這件事足以證明載灃對政治有著敏銳的覺察力。

六、尷尬祭祖

1934 年 10 月 19 日，溥儀做為偽滿洲國的"康德皇帝"到瀋陽東陵祭拜他的先祖努爾哈赤。身穿"滿洲國陸海空軍大元帥正裝"的溥儀不想讓先祖看到自己的這身打扮，所以在進入陵區之前，先把"元帥裝"脫掉，換上清朝的袍褂。等到祭祀完畢離開陵區的時候，在把"元帥裝"穿上。因為溥儀不敢違背日本主子。溥儀自 1932 年 3 月 9 日就任偽滿洲國"執政"以來，就已經是日本人的傀儡了。這是溥儀人生中第一次到達先祖的發祥地——瀋陽。瀋陽就見證了溥儀的傀儡身份，如此滑稽的一幕！

10 月 20 日，溥儀先到瀋陽故宮附近的太廟，祭拜列祖列宗。下午，溥儀又到了瀋陽北陵，祭祀清太宗皇太極。

第五章　偽滿宮廷

　　溥儀的偽滿皇宮遺址位於今天吉林省長春市寬城區光復北路 5 號，遺址的名字叫「偽滿皇宮博物院」，今天習慣稱它為「偽皇宮」。這裡從 1932 年 4 月 3 日起，到 1945 年 8 月 11 日止，在這 13 年 4 個月的時間裡是末代皇帝溥儀的「家」。溥儀的這個「家」前後有兩個名字。從 1932 年 4 月 3 日起到 1934 年 2 月 28 日，這裡叫「執政府」，因為溥儀就任的職位叫「執政」。1934 年 3 月 1 日起，到 1945 年 8 月 11 日止，這裡叫「帝宮」。因為溥儀做「皇帝」了。但又因日本天皇的住處叫皇宮，而偽滿洲國的傀儡皇帝溥儀的住處就不能叫皇宮了，不能與日本天皇的住處同名，要比日本天皇低一級，只能叫「帝宮」。

　　偽滿宮廷的主要建築有：緝熙樓、勤民樓、同德殿、嘉樂殿、懷遠樓、書畫樓等。1932 年溥儀入主偽宮時，只有兩處建築，一處是緝熙樓，另一處是勤民樓。

　　偽滿宮廷最早的名字叫「吉黑榷運局」，是吉林與黑龍江兩省存放鹽的倉庫。做為偽滿宮廷的勤民樓與緝熙樓原是吉黑榷運局的辦公樓。

　　1932 年初，由吉林省省長熙恰給偽滿的「執政府」

選址。熙恰，愛新覺羅氏，但並非皇族一支。根據一些書上所說，熙恰是努爾哈赤的弟弟舒爾哈齊的後人。但是根據熙恰族譜的記載，熙恰為穆爾哈齊的後人。最終，熙恰將吉黑榷運局定為偽滿政權的“執政府”。

溥儀在 1932 年 3 月 9 日正式宣告就任偽滿洲國“執政”的時候，任職的地點是在前清的一座衙門裡，名叫吉長道尹公署，又叫吉長道尹衙門。而此時的“吉黑榷運局”正在修繕。20 多天後，即 4 月 3 日溥儀搬遷到那裡，並改名叫“執政府”。

先說偽滿皇宮的兩座大門 —— 萊熏門與保康門。今天我們到長春參觀偽滿皇宮，從保康門進入檢票，是參觀的起點。當時的保康門修建於 1935 年，也就是溥儀就任偽滿洲國皇帝，改元康德的第二年。取名保康門的寓意為“保衛康德皇帝”、“保佑康健”之意。

萊熏門是偽滿帝宮的正門，1932 年 12 月 20 日開始動工，用兩個月的時間修建完成。溥儀以及日本關東軍司令官，每次進入偽滿帝宮時，都要從此門進入。但是今天，萊熏門是參觀完偽滿皇宮後，離開時要走的門。今天的萊熏門上掛有兩個牌子，一側寫著“偽滿皇宮博物院”，另一側寫著“長春溥儀研究會”。長春溥儀研究會是偽滿皇宮博物院下屬的社會組織團體。

敘述完偽滿皇宮博物院的兩座大門，在敘述偽滿宮廷裡的建築。

緝熙樓是溥儀的寢宮，名字是溥儀親自命的，溥儀取自《詩經‧大雅‧文王》中的一句“於緝熙靜止”。

溥儀住在緝熙樓二樓的西側，二樓西側有溥儀的臥室、理髮間、佛堂、衛生間、中藥房等。二樓東側有一扇大門，門裡有四個房間，為婉容的生活區域。1935年溥儀將婉容在偽滿宮廷中囚禁起來，從此，婉容的活動範圍只能在這四個房間裡，不能逾越半步。

　　緝熙樓一樓的西側為溥儀在1937年4月冊封的"慶貴人"譚玉齡的臥室。溥儀之所以將譚玉齡安排在一樓西側，目的是為了防止譚玉齡與婉容見面。譚玉齡在偽滿宮廷生活了5年多的時間，從未與婉容見過一次面。1984年推出的由陳家林指導，根據王慶祥著作改編的電影《末代皇后》裡，有譚玉齡照顧已經生病的婉容，甚至二人相擁的情節，這是不符合史實的。1942年8月，譚玉齡在此病逝，年僅22歲。從此以後，譚玉齡的臥室就空了出來，溥儀不允許任何人使用。或許是溥儀保留著一份對譚玉齡的懷念！

　　勤民樓是溥儀的"辦公樓"，是溥儀親自命名的，取"勤政愛民"之意。一樓有四個候見室，另有一個是"帝室御用掛"吉岡安直的辦公室。二樓有幾個房間，分別叫正殿、東便殿、西便殿等。

長春偽滿皇宮的"勤民樓"

　　1932 年 9 月 15 日，偽滿洲國國務院總理鄭孝胥在勤民樓正殿中，代表溥儀與日本關東軍司令官武藤信義簽訂了出賣東北主權的《日滿議定書》，將東北主權全部拱手讓于日本侵略者。1934 年 3 月 1 日，溥儀在結束祭天典禮後，回到偽滿宮廷裡舉行登極大典，進行典禮的地方也是在勤民樓的正殿所舉行。

　　同德殿，是在 1938 年完工的。名字是日本關東軍所命，取“同德同心”之意。本來是應該做為溥儀的寢宮的。但是同德殿落成之後，溥儀懷疑日本人在這裡安裝了竊聽器。溥儀就讓他身邊的隨侍李國雄去檢查一翻，結果李國雄是一無所獲，但是也沒有打消溥儀的疑慮。所以，溥儀堅決不住在同德殿。1943 年，溥儀在偽滿帝宮中冊封了第二位貴人——“福貴人”李玉琴。溥儀將“福貴人”李玉琴安排在同德殿中居住。從此，同德殿就成為了李玉琴的寢宮。

作者於長春偽滿皇宮”同德殿“

嘉樂殿，這是偽滿帝宮中建成時間最晚的建築。1941年初冬竣工，同年 12 月 26 日啟用。做為偽滿皇帝溥儀"賜宴"日偽官吏的場所。1942 年 5 月 8 日，汪精衛在日本關東軍的安排下訪問偽滿洲國。當天，溥儀就在嘉樂殿"賜宴"汪精衛一行。今天的嘉樂殿已經面目全非了，偽滿皇宮博物院將嘉樂殿改造為專門展覽溥儀生平的一個館，名字叫"從皇帝到公民"。

懷遠樓，建成於 1934 年。是溥儀根據《禮記》中"柔遠人則四方歸之，懷諸侯則天下畏之"命名。懷遠樓二樓的奉先殿是供奉著清朝入關後九位皇帝的畫像。

最後說偽滿宮廷裡的一座大門 —— 興運門。

前面說到了，今天到長春參觀偽滿皇宮，從保康門進入檢票，是參觀的起點。過了保康門之後，經過一個廣場，就到了第二道大門，就是興運門。過了興運門也就正式到了偽滿的宮廷。此門建於 1934 年 1 月，根據王慶祥所著的《偽帝宮內幕》一書中說：

> 興運門（筆者按：偽滿皇宮裡的一扇大門）的門內右側有兩所瓦房，一所是警衛室，日夜有人值班；另一所是奏事處兼消毒室，來人經此傳達，而且無論誰都必須在這裡消毒。溥儀最怕細菌，這是他獨出心裁的創設。

1934 年 5 月 7 日，溥儀在興運門前，對一批 400 多人的青少年進行演講，這批青少年被稱為"童子團"。溥儀對這批青少年說："你們都是幼年英發，正是教育的好時候，所以都應當奮勉，將來成為棟樑之才，不要辜負了朕的厚望。"溥儀幫助了日本侵略者毒害了青少年！

　　興運門後面的上方掛著一個鐘錶，鐘錶的時間指向9點10分。1945年8月11日晚9點10分，溥儀就是從興運門逃離的偽滿帝宮，到火車站乘坐逃往大栗溝的火車。為了紀念這一時刻，所以將鐘錶定格在了 9 點 10 分。半夜，溥儀到達了長春東站。

第六章　偽宮穢聞

　　1986 年由李翰祥指導，梁家輝主要的有關溥儀的電影《火龍》上映；同年由姜文、潘虹主演的電影《末代皇后》上映。1988 年，陳道明主演的電視劇《末代皇帝》上映。進入 21 世紀以來，有關溥儀的影視劇也非常多。如《非常公民》、《末代皇妃》等，這些有關溥儀的影視劇都有一個共同的細節，就是 "皇后" 婉容與溥儀的隨侍私通，並且懷孕生子的事情。影視劇當然不能當做是讀歷史，但是關於婉容私通一事，歷史上也是眾說紛紜的。

　　婉容的身邊有一位宮女叫崔慧梅看到電影《火龍》演義了一段婉容私通的情節後，便寫出《我要為婉容皇后呼冤》一文，發表在刊物《海外文摘》上，全文駁斥了電影《火龍》裡演義婉容私通的情節：

　　　　電影 "火龍" 之錯誤令我氣憤莫名，歷史豈能篡改，先后哪容誣衊？我最不忍見婉容皇后被蒙上 "失德" 不白之冤，儘管時移世易，清室之江山與榮辱皆如過眼雲煙；但只要我這白頭宮女尚有一口氣在，我仍然要吶喊、仍然要呼冤！

　　　　坊間有幾本書和電影說及婉容皇后在長春

偽宮中有越軌行為，其中描述皇后因深宮寂寞，私通了一名侍衛，並且留下孽種，溥儀後來讓人將生下來之女嬰扔掉……。

有關婉容皇后失德這件事絕非事實，我在下面多項證據可支援我的論點：

1.醜聞謠傳是發生在一九三五年至一九三七年之間，這段時間內，我先姊崔慧茀一直侍候在側，先姊且是掌管宮內府內務總管，內宮中除了"皇上"及太監外，根本沒有男人可以進入，假如真的給那侍衛溜入內宮，且不說他與皇后發生甚麼曖昧關係，就是追究起責任，相信先姊亦要"丟官"兼有人頭落地之處分。

2.內宮森嚴，男人絕沒有機會進入，何況當年日本人打算長期利用溥儀爺作傀儡皇帝，他們之間諜充斥，監視凡不利於他們的人或事物，日本人承認婉容為溥儀的皇后，日夕嚴密監視她的一舉一動，故長春偽宮在日人範圍下，皇后與人苟合之說果真是天方夜譚。

3.再者，假設皇后真有越軌行為，懷下孽種，難道任由她懷孕九月，直至瓜熟蒂落……溥儀爺不知不聞？所有御醫放大假？又抑或沒人懂得"墮胎"、人工流產？所以說皇后懷孕至產下私生女，這完全是荒天下之大謬！

4.末代皇帝——溥儀爺會開殺戒，他既有下旨斬人之先例，難道會對勾引他妻子的侍衛仁慈？有書描述溥儀爺將與皇后有染的二人一律藉故開除並驅逐……就算普通丈夫亦會將姦夫揍一頓洩憤，難道貴為一國之君的人如此大量，任令對方生存，讓他有機會到處張揚散播醜事乎？

5.溥儀爺在紫禁城退位後，直至出關還赴東北做有名無實的假皇帝，他身邊的隨從侍衛全是旗人，他們世代受清皇之恩澤，跟隨"皇上"皆因要盡忠，故絕無斗膽欺君犯上。

6.皇后一生最開心是在天津做寓公的一段日子，溥儀爺在日本人遊說下重新萌起復辟念頭後，他們夫妻感情出現問題，最可憐的是婉容皇后在這個時候開始精神崩潰，對於一個終日瘋瘋癲癲的婦人，她會偷漢子？抑或又有誰會對她存不良念頭。

7.我與先姊對婉容皇后的遭遇寄予無限同情，御醫每日開方但她的病情始終沒有好轉，對於這位不幸的末代皇后，先姊雖然已過身，但我留在人間，我就是一個最好的見證人，我不僅可以證明皇后沒有"失德"這回事，而且還要設法替她伸冤。

筆者對崔慧梅的證言不做任何評論，但是也不能僅僅聽一面之詞。現在來看看其他親歷者對此事是如何敘說的。

1964年群眾出版社出版的最早版本溥儀自傳《我的

前半生》裡，溥儀是這樣說的：

> 只知道後來她染上了吸毒（鴉片）的嗜好，
> 有了我所不能容忍的行為。

2017 年 1 月群眾出版社出版的《我的前半生（全本）》裡是這樣寫到的：

> 她的吸毒是由於她的父兄給出的主意，甚至在私通問題上，也受過她哥哥的鼓勵。直到很晚我才知道，早在她那次離津去大連的路上，她的哥哥就由於換取某種利益，把自己的妹妹賣給一個同行的日本軍官了。

> 1935 年，由於她有了身孕並且將近臨產，我才發現了問題。我當時的心情是難於描述的，我又憤怒，又不願叫日本人知道，唯一的辦法就是在她身上洩憤。我除了把和她有關係的人和有嫌疑的人，一律找詞驅逐之外，還決定和她離婚，用當時我的說法，就把她"廢"掉。

2007 年出版的《我的前半生（全本）》是根據 1962 年內部發行的"二稿大字本"和 1964 年公開出版的《我的前半生》裡所刪減的內容整理而成的。溥儀本人是明確的提到了婉容私通一事。還有其他的證據嗎？有！

李國雄口述回憶錄《隨侍溥儀紀實》裡說：

> 婉容分娩的前一天晚上輪著我坐更，沒事時就站在藥庫門口，注視樓梯上下的動靜。時而從東側"皇后"寢宮傳出"哎呦哎呦"的叫喚聲，簡直就像鬼哭狼嚎。我很奇怪，但也沒敢問

問溥儀。……。

11 時許，溥儀走後才一個鐘頭，我並沒聽到什麼動靜，但婉容屋裡的張媽出來了。她走到我跟前小聲說了一句："'皇后'已經生了！"

據她說，婉容生孩子時不願張開大腿，孩子頭部開始出時，她還夾著腿。生出半截了，沒有孩子哭聲，但曾看到孩子小腿裡一半外一半地亂蹬。這時張媽離開了。過了幾十分鐘，聽說孩子死了，由婉容之兄潤良夾著屍包送到靠西院南大牆護軍宿舍附近的鍋爐房，扔進爐膛燒了。

婉容生的孩子，當然不可能是溥儀的。所以，婉容私通生子，應是真實的。

跟婉容私通生子的隨侍叫李體玉，後來溥儀得知與婉容有染之後，就叫人把李體玉遣返回北京。根據鄭孝胥之孫鄭廣源曾在 1985 年 6 月 11 日接受歷史學者王慶祥的採訪，對王慶祥說道，李體玉被驅逐出宮後，離開長春前曾在火車站前小旅館住了一夜。其間他與別人，或者就是負責押送的人談到了他與婉容之間的私情，並且有暗殺溥儀的企圖，因被婉容制止了，才未動手。[1]

綜合以上所述，筆者認為婉容私通一事，是真實存在的。對於婉容，溥儀是如何處置的？就是把婉容打入"冷宮"。實際上，中國歷史上，歷朝歷代根本沒有"冷宮"的地方。所謂的"冷宮"，只不過是帝王將后妃圈禁起來，

1　王慶祥：《溥儀與偽滿洲國》，人民出版社 2015 年版，頁 229-230

限制后妃的活動，這就是"冷宮"了。

　　婉容住在緝熙樓二樓東側，二樓東側有一扇大門，門裡有四個房間，這四個房間原本是婉容的生活區域，但因為溥儀在 1935 年因婉容的私通事件後，把婉容囚禁於此，不得離開此處，這四個房間就是婉容的活動區域了。因此，這扇大門後面的四個房間就是婉容的"冷宮"。

第七章　出訪日本

　　為慶賀溥儀再次"登極"，日本裕仁天皇派出"皇弟"秩父宮雍仁親王于 1934 年 6 月訪問偽滿，並贈送溥儀勳章。溥儀給了秩父宮雍仁熱情的接待。秩父宮雍仁離去後，溥儀與裕仁又互發電報。日本關東軍決定，讓溥儀進行一次回訪，所以就有了溥儀的第一次日本之行。

　　雍仁親王返回日本之後。一次關東軍司令官與溥儀進行了會談，根據《絕密會見錄》的記載如下：

　　　　大使："這一次派遣的特使成功完成了使命順利歸來。日本舉國上下都感到非常滿意。近來各方面都在詢問皇帝何時駕臨。皇帝陛下若能定下大致時間，我會深感榮幸。"

　　　　帝："今年所剩之日已經不多，今年秋季恐怕是來不及了，明年的春季或者是秋季怎樣？"

　　　　大使："那麼，春季較為合適。明年的這個時候，正是賞櫻花的時節，春季人的心情也會自然地感到愉悅，正是旅行好時候。"

　　這次會談中，確定了第二年（1935 年）溥儀訪日的日期，便是日本的櫻花盛開時節。安排溥儀訪日，是為了進行一次回訪，這只不過是表面上的說辭。那麼，真

實的目的是什麼呢？從武藤富男所著的《我和滿洲國》
來看，其目的有兩個。一是為了打消溥儀和鄭孝胥所抱
的復辟清朝的夢想，二是為了通過把"皇帝"溥儀和日本
天皇聯接在一起，使關東軍遠離日本政府對"滿洲國"的
政治進行干涉與指導。[1]

　　1935 年 4 月 2 日，溥儀離開"新京"抵達大連港，溥
儀乘"禦召艦"前往日本。4 月 6 日早，軍艦抵達橫濱港。
裕仁天皇派"皇弟"秩父宮雍仁親王在橫濱港迎接。中
午 11 時 30 分，溥儀抵達東京車站，裕仁天皇親自在東
京車站迎接溥儀。隨後，溥儀下榻赤阪離宮。當晚，裕
仁天皇為溥儀舉行了歡迎的晚宴。

　　溥儀在東京期間，參拜日本的明治神宮、靖國神社、
大正天皇陵墓等，會見土肥原賢二、岡村寧次等人，並
到醫院慰問侵華受傷的日軍。溥儀又與裕仁天皇一起到
代代木練兵場檢閱日軍。而且又與留學在日本的溥傑、
潤麒夫婦見面，暢敘別情。

　　4 月 15 日，溥儀離開東京到達京都，溥儀在京都參
拜了明治大帝陵墓。19 日，溥儀離開京都到達奈良。當
晚，奈良市 4000 名小學生于三笠山山腰以提燈排列出
"奉迎"二字。溥儀非常喜悅，並作詩一首。21 日，溥
儀離開奈良，又到了大阪、神戶參觀。24 日下午乘"比
睿"艦返航。

---

1 中田整一著、喜入影雪譯：《溥儀的另一種真相》，上海人民出版
　社 2009 年版，頁 75。

　　溥儀在艦上對日本首席陪同員林權助男爵說："為了日滿親善，我確信：如果日本人有不利於滿洲國者，就是不忠於日本天皇陛下，如果滿洲人不利於日本者，就是不忠於滿洲國的皇帝；如果有不忠於滿洲國皇帝的，就是不忠於日本天皇，有不忠於日本天皇的，就是不忠於滿洲國皇帝。"可見，此時的溥儀在政治上還沒有成熟。

　　26 日晚 10 時，溥儀抵達大連港。27 日下午 5 時 30 分，溥儀返還"新京"的"帝宮"。

　　30 日，溥儀未經日本關東軍允許，召見偽滿官吏，發表此次訪日之感慨。5 月 2 日，溥儀頒佈《回鑾訓民詔書》，並強制東北人民背誦。偽滿把 5 月 2 日這一天定為"訪日宣詔紀念日"，以後每年的這一天都要舉行紀念活動。

第八章　畸形傀儡

一、被害妄想　精神障礙

被害型妄想症的臨床表現是：患者堅信周圍人的或某些團夥對他進行跟蹤監視、打擊、陷害，甚至在其食物和飲水中放毒等。

被害妄想症是患者對外界事物格外敏感，並且不由自主地產生錯覺與幻覺，感到自己時時處於被迫害的情況下，於是不斷地產生疑慮與恐懼，心緒上不得安寧。很多人把被害妄想理解為是疑心重。其實，被害妄想與疑心重完全是兩種概念。舉一個例子：

我在前面走，突然被一塊磚頭絆倒了。我在想：是不是有人把磚頭故意放在這裡，讓我跌倒的？這是在有根據的情況下懷疑，而且僅僅是懷疑，而不是堅信。這就是疑心重，不是被害妄想。堅信與懷疑則是被害妄想與疑心重的分水嶺。

根據筆者查閱眾多的溥儀資料來看，溥儀的被害妄想首次發作於被驅逐出宮的當天。溥儀的隨侍李國雄在他的口述回憶錄《隨侍溥儀紀實》中，回憶了溥儀在 1924

年 11 月 5 日被馮玉祥驅逐出宮後，回到醇親王府當天的一件事：

> 下午 2 時左右，溥儀像發了神經病，他用鼻子聞聞這兒又嗅嗅那兒，發現了某種異味。因為當時我正跟著他，他便問我：「聞出什麼味兒來了嗎？好像煤油味！準是鹿鐘麟要放火燒死我們！」我聞了半天，什麼味兒都沒有，又四處查看一遍，也沒有發現一丁點兒縱火的跡象。然而，溥儀驚魂未定，還是放不下心來。

> 聽說當天晚上溥儀沒敢睡覺，怕大火燒起來。

李國雄為溥儀做了檢查，沒有任何縱火的跡象，但是溥儀不相信，晚上不敢睡覺，這就是溥儀堅信鹿鐘麟放火燒他了，而不是懷疑鹿鐘麟放火燒他。

溥儀出關後在旅順期間，有一次帶著一群人到黃金山打球，休息期間，休息室為他準備了兩杯茶水，溥儀發現一杯茶水顏色不對勁，認為有人下毒害他，便讓人送醫院化驗。在一旁的一個日本人叫工藤鐵三郎，立即把這杯茶水一飲而盡。這就符合了被害妄想症中的「甚至在其食物和飲水中放毒」的特徵。

1937 年 4 月 3 日，溥傑與日本女子嵯峨浩完婚。8 月，溥傑先行回國。10 月，嵯峨浩也到了偽滿洲國的「首都」長春。溥儀懷疑嵯峨浩是日本軍部的奸細，從此溥儀不再敢和溥傑講一句真心話，而嵯峨浩給溥儀做飯，每次溥儀都不敢先動筷子，害怕嵯峨浩下毒害他。溥傑先動筷子，然後溥儀再動。

在廚師給溥儀做菜時，溥儀都要派隨侍監督與檢查，沒有問題才可以送到溥儀餐桌上。但溥儀總會覺得飯菜不對勁，所以總會讓內廷的學生先吃，然後自己再拿起筷子。

根據王慶祥所著的《偽帝宮內幕》一書記載：溥儀身邊的“帝室御用掛“吉岡安直常常來往于東京和長春之間，而他每次從日本回來，總是要帶來日本的點心或禮品，並說是日本的皇太后叫他送給溥儀的。他這樣一說，溥儀反而起了疑心，從來不吃那些點心，自己不吃，也不許親近他的“宮廷學生”和隨侍們吃。他又知道，吉岡每次拿了點心之後，過一兩天準要來問：“皇太后的點心味道如何？”於是，溥儀便把“勤務班”的孤兒傳來幾名，讓他們吃掉，並且還必須說明，哪種是甜的，哪種是酸的，以便來搪塞吉岡。溥儀不敢吃從日本帶回來的點心，無非就是認為日本人會在點心裡下毒，要他的命而已。

1938 年，在偽滿“帝宮”內，一座新的“宮殿”——同德殿落成。溥儀本應當從緝熙樓搬到同德殿的，但是溥儀懷疑日本人在同德殿安裝了竊聽器，溥儀便讓隨侍李國雄在同德殿檢查一遍，結果一無所獲。但是溥儀仍然認為日本人在這裡安裝了竊聽器，仍然不敢住進同德殿。1943 年，溥儀迎娶了李玉琴，並冊封為“福貴人”，讓李玉琴住進了同德殿。溥儀到同德殿與李玉琴交談，但不敢暢所欲言，為防備“竊聽”，就互遞紙條或蘸水在桌子上寫字交流。[1]溥儀的這種表現就不是懷疑了，而是堅信了。這就符合了"患者堅信周圍人的或某些團夥對他進行跟蹤監視"的被害妄想特點。因為同德殿裡根本沒有竊聽器。

很多人精神疾病患病原因是不明的。但是根據精神心理學家們的分析認為，"早年失愛、後天受挫、自我苛求、處境異常等因素易誘發偏執性精神障礙"。筆者認為溥儀"早年失愛"以及在紫禁城時期的身體、人格遭受到了摧殘，使他喪失了安全感，逐漸形成了被害妄想精神疾病。至於說"後天受挫"和"處境異常"，則是溥儀本想利用日本人來復辟清朝，恢復自己的皇位，但是他沒有想到反而被日本人所利用，成為了一個傀儡。這對溥儀來說是遇到的最大挫折。偽滿時期的溥儀就是身處異常環境中，偽滿時期的異常處境只能說加重了溥儀的被害妄想精神疾病。

二、生理欠缺　心理變態

溥儀在做"關門皇帝"時期，由於太監的教唆，染上了不可收拾的自瀆行為，其生理上已經出現了問題。根據《末代皇帝傳奇》一書中記載，溥儀對作者潘際炯談到了自己手淫的問題：

1　張薇主編：《帶你走進偽滿皇宮》，吉林大學出版社 2012 年版，
　　第 83 頁。

　　我小時候喜歡手淫。特別喜歡把漂亮的小太
監叫到我的身旁，替我那樣。

　　到了偽滿洲國時期，因為溥儀生理上的欠缺，已經
導致了心靈上的扭曲。如果發現身邊的隨侍、侄子等人
與女性在一起，就會以為亂搞男女關係，會嚴厲懲罰他
們，讓他們離女性遠點。

　　隨侍李國雄一次上街購物，一個十二、三歲的小姨
子要一起跟去。李國雄只好將其帶在身邊。當溥儀知道
李國雄和小姨子一起上街時，李國雄便遭到了溥儀的大
聲斥責。

　　溥儀的侄子毓嵒、毓嶦曾一起去偽宮內府外面買東
西、理髮，然後又到毓嵒的姐姐菊英的家裡做客。菊英
有個小女兒，四五歲左右。毓嶦看了很喜歡，就抱了起
來，玩了一會。

　　回到宮裡後，毓嵒向溥儀彙報行蹤。當溥儀知道毓
嶦抱起了四五歲的小女孩後，很氣憤，把毓嶦叫過去，
大聲的斥責了一頓，又讓人把毓嶦拉下去一頓毒打。

　　溥儀之所以讓其身邊的男性遠離女性，就是因為溥
儀生理上的欠缺，每當溥儀得知身邊的男性和女性有接
觸時，溥儀自然會想到其自身生理上的欠缺，無法走出
這個陰影，生理上的障礙又形成了心理上的障礙。所以，
在溥儀身邊的男性，只要和婚姻之外的女性有接觸，都
會遭到他的責罵、毒打。

　　筆者要做一點思考。溥儀“染上這個不知後果的惡
習”，造成了男性功能障礙以及早年的性取向障礙，其原

因追根溯源，則是中國傳統觀念造成的。在中國的傳統觀念中，"性"的問題是不能說的，缺乏了對 "性 "的教育就會讓很多青少年產生 "性好奇"，再從 "性好奇" 發展為 "性心理障礙"。溥儀退位後，在紫禁城中過著與世隔絕的生活，太妃、遺老們遵循舊的傳統觀念，溥儀沒有接受到 "性" 方面的教育，導致了生理以及心理上的障礙。

如果中國人可以打破以往的傳統觀念，對兒童有一個正確的性教育，對性的問題有一個正確的觀念，那麼，在中國，就不會有那麼多 "性心理障礙" 患者了。在英國有個《兒童 10 大宣言》，其中第二條就是 "背心褲衩覆蓋的地方不許別人摸"，十分注重對兒童的 "性" 教育，在 "性" 上對兒童的保護。

三、傀儡皇帝　殘暴之君

溥儀在日本人面前是奴才，在妻子、家族、隨侍面前是主子，就得讓他們屈服自己。在日本人面前柔弱，在家族面前就是殘暴的人格。

溥儀有位侍從武官叫張海鵬，做了 "新京博濟慈善會" 的會長。張海鵬利用職權在孤兒院先後找了十多名孩子，這些孩子的年齡在十一二歲到十五六歲左右。張海鵬將這些孩子送到宮中幹粗活兒，都是伺候溥儀的。這些孩子真的很辛苦，從早晨四五點鐘一直忙到深夜，而且飯食還很不好。吃的是最壞的高粱米，穿的是殘破不堪的衣服。在此舉出兩個溥儀對待孤兒的例子。

有個孤兒叫周博仁，在"工作"時間睡了一會覺，有人向溥儀"揭發"，溥儀得知後，便讓身邊的隨侍責打孤兒周博仁，把這個孤兒打得紅腫潰爛。溥儀見傷勢不輕，讓身邊的西醫黃子正診治，溥儀又讓隨侍李國雄給他送了糕點、牛奶以示安慰。

還有一個孤兒叫孫博元，因無法忍受偽滿宮廷裡的折磨，想要逃跑。第一次逃跑被抓了回來，挨了一頓打。第二次逃跑，跑到了地下風道，找不到出口了，呆了兩天沒辦法爬出來了，也沒有離開皇宮。他到鍋爐房找水喝，結果被人抓住，交給了溥儀。溥儀便讓隨侍對孫博元"嚴加管教"，結果孫博元被打致死。在偽滿宮廷裡，溥儀的族侄毓喦有一次陪溥儀吃飯，溥儀突然覺得毓喦在想什麼？溥儀便問起來。毓喦說沒有想什麼。"你敢不說實話"？溥儀大怒，將飯桌推倒在地，對毓喦一頓毒打。溥儀毆打隨侍、侄子是家常便飯。如果溥儀讓誰打人，動作慢了或打輕了，溥儀會視為"同犯"，也一起被打。這就是溥儀殘暴的一面。

四、精神防禦 排解苦悶

偽滿時期的溥儀每天要睡到上午 10 點、11 點才能起床。起床的第一件事就是上衛生間。而溥儀有痔瘡病，蹲在馬桶上需要一個小時。在馬桶上的溥儀批閱"奏摺"，就是畫上一個"可"字，或者寫上"知道了"、"覽"。然後就往地上一扔，來發洩心中對日本人不滿的情緒，排解壓抑的心情。

此事，從心理學的角度來講，這是溥儀使用了精神防禦機制中的轉移。什麼是精神防禦機制的轉移呢？譬如說，一個員工被老闆責罵一頓，但是他的內心不被接受，有著想跟老闆幹一架的衝動，但是現實中如果跟老闆幹了一架，就會被炒魷魚了。所以不能跟老闆幹架，員工用力的去捧門，把門作為發洩的對象，或者去遷怒於別人。因為溥儀不敢向日本人發怒，所以把"奏摺"做為發洩的對象，以此來減輕對日本人不滿的情緒。

1940 年 6 月溥儀第二次訪日，目的是為了迎接日本的"天照大神"到東北來祭祀。回來的路上，溥儀哭了。因為溥儀感覺到了是一種恥辱。溥儀回宮後，在偽宮裡修建"建國神廟"來祭祀"天照大神"。按照日本人的規定，每月的初一、十五溥儀必須祭拜。在溥儀祭拜"天照大神"時，心中的卻默默念叨："我這是在叩拜我自己的祖先呢！"日本人不在場的時候，溥儀就會說："今天又去狗廟了。"這也許是一個傀儡可以聊以自慰的"精神勝利法"吧！

溥儀被日本人欺騙，使他成為了侵略者的工具，以及去日本迎接"天照大神"來當成自己的祖宗祭拜，這些都是對溥儀心靈上的一個沉重打擊。以上所述溥儀的所作所為，就是他精神防禦機制的表現。

　　而且溥儀還將裴多菲的詩改寫為："自由誠可貴，面子價更高，若為性命故，二者皆可拋"。這或許是他自己的真實寫照。偽滿時期的溥儀更是現實中魯迅筆下的"阿Q"！

五、算卦念經　迷信神佛

　　溥儀在偽滿時期，能夠信賴的人非常少，他便選擇了虛無縹緲的神佛作為他所信賴依靠的對象。溥儀每次"出巡"前，都要算卦，如果不是好卦，是絕對不會罷休的，直到搖到好卦為止。而且，溥儀每天都要在佛前做"功課"，就是念經，要持續幾個小時才算結束。根據偽滿史研究學者張輔麟在《偽皇宮中的溥儀》一文中說"他每天都要在佛前做'功課'，十分起勁地念誦《大悲咒》、《六字大明咒》、《心經》、《金剛經》等"。他在吃飯之前也要念經，又擔心自己所吃的肉是自己死去的親人變的。後來溥儀為了表示對佛祖的虔誠信仰，開始吃齋，起初一個月吃 3 至 5 天，後來又吃起長齋來。

　　在童僕孫博元被打死後，溥儀一連幾天晚上都在佛像前磕頭念經，來超度孫博元亡魂，他是怕孫博元亡魂來找他索命。可見，偽滿時期的溥儀對於算卦、神佛的迷信達到了不可自拔的程度。

第九章　更換 "總理"

　　偽滿洲國從成立到垮臺一共 13 年零五個月的時間。這期間，一共有兩人擔任偽滿洲國的總理大臣。第一位是鄭孝胥（1932—1935）；第二位是張景惠（1935—1945）。

　　鄭孝胥只任了短短三年的偽滿總理就離任了，他的離任其主要原因是不討日本主子的喜歡。

　　1932 年 9 月初，鄭孝胥與偽滿總務廳次長駒井德三鬧了矛盾，向溥儀提出要辭職。溥儀沒有批準，只讓鄭孝胥 "請假"。後來在岡村寧次的調節之下，駒井德三向鄭孝胥道歉，並且將駒井德三撤職。

　　1933 年 7 月，鄭孝胥與時任關東軍司令官的武藤信義進行了會談，談到了溥儀做 "皇帝"的問題。鄭孝胥還表示：還是盼望執政早日在北京即位。鄭孝胥向關東軍司令官提到讓溥儀到北京做"皇帝"，就是在為溥儀謀劃復辟清朝統治的一個舉動，因為北京是曾經清王朝的政治核心。

　　1934 年，鄭孝胥在自己主辦的王道書院演講，併發牢騷說："'滿洲國'已經不是小孩子了，不應該總不放手啊，應該讓他自己走。"鄭的話當然引起了日本人的不滿。

1935 年 5 月 3 日，也就是《回鑾訓民詔書》頒佈的第二日，日本關東軍司令官南次郎向溥儀提出了"內閣改造"，撤換總理一事。南次郎同溥儀會談結束後，又同鄭孝胥進行會談。根據《絕密會見錄》的記載如下：

大使：今天向皇帝層報了此事。當然提到了還將由總理正式上奏。之前所說的內閣改造也因這次人事調整，想以長岡為中心來進行。"

總理："現內閣已工作三年，自建國以來，閣僚們立下了很大的功勞，因此在讓各位退職時應給予相當的待遇。保住他們的面子，退職以後根據需要給予合適的職務，這次就當做暫時修養，關於這個問題，我與臧大臣已進行兩三次懇談，臧大臣對此也很贊同，相信新內閣成員一定會取得好成績。

關於總理大臣，我認為間島省現任省長蔡運升是很合適的人選。此人學問、閱歷、才能兼備，且沒有任何私心，相信能勝任這一職務。"

大使："具體方案慢慢再商量吧。"

5 月 18 日，溥儀召見關東軍司令官南次郎和總務廳長，談及鄭孝胥離任的問題，並說出對鄭孝胥的"不滿"：

鄭總理十多年來，作為我的親信一直跟隨左右。我非常瞭解鄭氏的性格，此人一向超然，三年來在國務會議上未曾說過一句話，默不作聲且讓自己顯得高深莫測，去年我登基後他發表感想說，日本不應一直如對待孩子般對待滿洲國，流露出某種不滿，實在是極為不妥，如對關東軍或日本的對滿政策有不滿之處，應堂堂正正地和關東軍或是日本政府當局商量，或提出建議，言盡其意才對。在應該發言的場合不發表任何言論，卻又向報紙表露內心不滿，這樣的總理大臣實在是缺乏慎重。不得不承認此人對我始終保持著忠誠，但是作為總理大臣，能力及態度稍嫌欠缺，

因此，目前可讓他暫時退職休養。

仔細分析溥儀的話，溥儀的話完全是在迎合日本關東軍，鄭孝胥表達“日本不應一直如對待孩子般對待滿洲國”實際是想讓溥儀掌握偽滿洲國的實權，按理常理來分析，溥儀應該高興才對。但是溥儀說出了以上的話，只能說明了他是在迎合關東軍。

鄭孝胥要離任了，誰來接替鄭孝胥成為偽滿洲國的第二位總理大臣呢？鄭孝胥推薦蔡運舛，關東軍司令官表示“具體方案慢慢再商量吧”，委婉的回絕了。溥儀也有一位人選，他希望由臧式毅擔任偽滿洲國的總理。這也被關東軍司令官回絕了。

1939 年 5 月 19 日晚上八點，偽滿各部大臣到國務院來開會，也就是更換總理人選的問題。通知鄭孝胥離任，由張景惠接替鄭孝胥成為偽滿洲國的第二位總理大臣。

鄭孝胥離任後，他的生活是怎樣的呢？

根據筆者看到的資料上說，偽滿洲國成立之初，鄭

孝胥得到了一筆 30 萬元的"建國功勞金"。鄭孝胥離任後，想取出這筆"建國功勞金"，但卻被關東軍凍結了。1937 年 8 月，在他的再三請求下，關東軍允許他到北京居住一個月。正當鄭孝胥準備動身前往北京之際，又被關東軍告知不得離去。1938 年 3 月 28 日，鄭孝胥因十二指腸潰瘍去世，年 78 歲。

第十章　高壓控制

一、安插貼身監控

1935 年 3 月，一個叫吉岡安直的日本人來到偽滿皇帝溥儀身邊，擔任“帝室御用掛”，意思是：皇室秘書，內廷行走。

溥儀與吉岡安直本是老相識，溥儀在天津時期，就與吉岡安直相識了。他們曾在一起打球，是“球友”。後來吉岡安直被調回日本，與溥儀仍有書信往來。

而這次吉岡安直來到溥儀身邊，就是日本關東軍安插到溥儀身邊的一個耳目，監視溥儀的一舉一動，也是控制溥儀的一舉一動，凡是吉岡要求溥儀做的，溥儀都乖乖照辦。溥儀在《我的前半生》中說道：

> 我出巡、接見賓客、行禮、訓示臣民、舉杯祝酒，以至點頭微笑，都要在吉岡的指揮下行事。我能見什麼人，不能見什麼人，見了說什麼話，以及我出席什麼會，在會上講什麼，等等，一概聽他的吩咐。

1937 年日本全面發動侵華戰爭後，每佔領一座城市

"吉岡都要向溥儀報告戰果，並讓溥儀與他一起向戰場方向鞠躬，為戰死的日軍官兵致哀"[1]。1940 年，吉岡又提出，讓溥儀到日本去迎"天照大神"回來祭祀，溥儀也只好乖乖照辦。這樣就是從思想上來控制溥儀。

　　吉岡安直每天都要去見溥儀，見面的理由都非常牽強，甚至剛出門就立即折返，說是剛才忘記了說一句話。實際上，吉岡安直是在監視溥儀的一舉一動。他起到了導線的作用，關東軍通過吉岡安直來掌握溥儀的一舉一動，也通過吉岡安直來傳達對溥儀命令。

二、將珍寶從天津運往長春

　　早在紫禁城時期，溥傑做溥儀的伴讀，溥儀就將紫禁城中的珍寶交給溥傑，通過溥傑之手偷運回王府，兄弟二人歷時 4 個多月，共盜運出的珍寶有 1300 多件。後來，這批珍寶跟隨溥儀到了天津。1932 年 3 月 9 日溥儀在長春就任偽滿洲國"執政"時，這批珍寶並沒有跟隨溥儀到長春，而是還存放在天津。吉岡安直到了溥儀身邊之後，就向溥儀傳達關東軍的指令，要將存放在天津的珍寶運往長春。

　　吉岡安直對溥儀說："務必要把那一大批書畫從天津運到'新京'的'宮內府'來，否則將有人不解，

1　宋偉宏著：《溥儀與吉岡安直》，載天津人民出版社《末代皇帝溥儀在天津》2010 年版。

'滿洲國皇帝'為什麼要把他的東西不存放在'滿洲國'內？而要放在'滿洲國'國土以外的天津？難道'皇帝'還要回到天津嗎？"

溥儀到長春後，為何不把存放在天津的珍寶運到長春不得而知。但是日本關東軍讓溥儀將珍寶運到偽滿宮廷的目的是為了便於對溥儀的控制，斷了溥儀回天津的財路，使他不在萌生回天津的念頭，將溥儀的個人財產全部運到"新京"，就是讓他安安心心的在"新京"當傀儡。溥儀雖然在 1934 年做了偽滿洲國的皇帝，但是溥儀要掌握實權，這是日本關東軍不能給的。溥儀難免會再萌生回天津的念頭，只要將存放在天津的珍寶運到"新京"，才能徹底打消溥儀回天津的念頭。

三、淩升事件

淩升是偽滿興安省省長，溥儀準備將自己的四妹嫁給淩升的兒子。然而在 1936 年，淩升被日本關東軍逮捕，理由是"通蘇反滿"。逮捕僅 12 天，淩升就被處死。關東軍司令官植田謙吉告訴溥儀，對淩升宣判了死刑，這是要"殺一儆百"。這件事讓溥儀領略到了日本人狠毒的一面。溥儀回憶此事時，說到"我越發感到植田'殺一儆百'這句話的陰森可怕"。

四、拔除溥儀私人的軍事武裝

張勳復辟失敗後，溥儀也漸漸懂得了想要復辟，必須要有屬於自己的軍事力量才行。溥儀就任偽滿洲國"執政"後，以天津帶來的霍殿閣、霍慶雲等十幾名保鏢為基礎，又從北京的皇族、滿族子弟和蒙古的王公子弟，陸續招募來兩百多名青年，編成三個隊，組建成了護軍。溥儀給每名戰鬥兵配置了三八大蓋槍、大刀片。此外，還給每對配置了輕機槍一挺。這支護軍歸屬溥儀直接領導，這是溥儀復辟道路上的一次實踐。但是這些在日本關東軍看來是溥儀不安分的表現，是會產生威脅的。所以，關東軍要找機會把這支護軍從溥儀的身邊拔除。

拔除溥儀個人的軍事武裝先後分兩步進行。首先是對武器的繳械，然後故意製造事端。根據溥儀的隨侍李國雄在口述回憶錄《隨侍溥儀紀實》中說：

> 聽說護軍肩上背著那東西，就不免膽戰心寒，怕早晚成為刀下之鬼，遂由關東軍司令部下令，通知偽滿軍政部，取消護軍的大刀片。……後來還覺得不安全，連三八大蓋槍也給繳械了，機槍當然更不許用，只准每人隨身帶一把小匣槍。

1934 年 7 月，溥儀又派護軍到火車站迎接他的父親載灃。日本關東軍對此事極為不滿，要求溥儀賠禮道歉。可見，溥儀的私人護軍已成為關東軍的心腹大患。終於在 1937 年 6 月 27 日在大同公園製造了一起事端，根據溥儀的隨侍王慶元在《隨侍"康德皇帝"紀實》中回憶，這天護軍的一支中隊到大同公園遊玩，其中有四個護軍划船，而船隻能坐三個人，管船的是日本人，便大聲叫

喊：“四個人的不行。”其中有一人指著湖中也有四個人
同劃一船的，問道：“為什麼他們行，我們就不行?”管船
的人說：“因為他們是日本人可以，你們‘滿洲人’就不
行。”四個護軍只好下船一個。三個人的船剛劃走，管船
的日本人又喊道：“再下去一個。”詢問是何緣故？管船
的日本人說：“剛才你們違反規定，就罰你們少坐一人。”
護軍就又下去了一個。兩個護軍划船結束後，按照規定
的時間超過了三分鐘，卻要罰款一元錢，而船票是 15
分鐘一角錢。這可把護軍惹急了，把這個管船的日本人
打了一頓。在大同公園幾個日本人前來干涉，最終引發
了護軍與日本人打群架。挑釁的日本人被護軍打倒在
地，受了重傷，關東軍少校的軍犬被護軍踢死，此事被
稱為“大同公園事件”。[2]

　　在“大同公園”，關東軍對護軍的故意挑釁，應當是
關東軍蓄謀已久的結果。當天，溥儀接到關東軍憲兵隊
打來的電話，要求把打架的護軍送到憲兵隊“問問經
過”。幾名護軍一到憲兵隊，就被嚴刑拷打。然後，憲兵
司令官東條英機通過“帝室御用掛”吉岡安直向溥儀提
出幾項要求，溥儀都乖乖照辦。打架的護軍被趕出了“滿
洲”。對溥儀的幾項要求中，其中一項就是“撤換護軍
領導人”，護軍的各層領導都換了日本人。隨後，關東
軍又把“護軍”改名為“皇宮近衛”，要求全部撤出
“內廷”，也就是離開溥儀的身邊。日本憲兵可以隨時

2 王慶元口述、王慶祥撰寫《隨侍“康得皇帝”紀實》，群眾出版
　社 2019 年版，第 24、25 頁。

進入"內廷"。從而瓦解了溥儀的私人軍事武裝。

　　護軍的瓦解標誌著溥儀完全受制於日本關東軍,徹底的淪為了關東軍的傀儡。溥儀的護軍剛剛瓦解,關東軍就製造了"盧溝橋事變",發動了全面侵華戰爭。因此筆者在這裡做一個大膽推測,關東軍之所以能在 1937 年 7 月 7 日發動全面侵華戰爭,正是因為已經把溥儀牢牢的控制住了,沒有了後顧之憂,才能夠把更大的精力用於全面侵華。

參考書目

(日)中田整一著,喜入影雪譯　《溥儀的另一種真相》,
　　上海人民出版社 2009 年版。

第十一章　異國聯姻

　　1937 年，溥傑與一位日本女子嵯峨浩結婚了。溥傑為什麼會和日本女子結婚呢？筆者從史料中發現了多種說法，下面筆者就將眾多說法一一列舉，做詳細分析。

一、多種說

　　1964 年出版的溥儀自傳《我的前半生》中，關於溥傑與日本女子結婚一事，是這樣描述的：

　　　　後來關東軍派到我身邊來的吉岡安直果真向我透露了關東軍的意思，說為了促進日滿親善，希望溥傑能與日本女子結婚。我當時未置可否，心裡卻十分不安，趕忙找我的二妹一起商量對策。我們一致認為，這一定是一項陰謀，日本人想要籠絡住溥傑，想要一個日本血統的孩子，必要時取我而代之。為了打消關東軍的念頭，我們決定趕快動手，搶先給溥傑辦親事。我把溥傑找來，先進行了一番訓導，警告他如果家裡有了個日本老婆，自己就會完全處於日本人監視之下，那是後患無窮的，然後告訴他我一定要給他找一個好妻子，他應該聽我的話，不要想什麼日本女人。溥傑恭恭敬敬地答應了，我便派人到北京去給他說親。後來經我岳父家的人在北京找到一位對象，溥傑也表示滿意，可是吉岡突然找到溥傑，橫加干涉地說，關東軍希望他跟日本女子結婚，以增進"日滿親善"，他既然身為"御弟"，自應做出"親善"表率，這是軍方的意思，本莊繁大將在東京將要親自為他做媒，因此他不可再去接受北京的親事，應該等著東京方面的消息。結果，溥傑只得服從了關東軍。

通過溥儀自傳《我的前半生》一書中的描述，我們可以得知，溥傑與日本女子結婚，是日本關東軍提出來的，溥儀極其反對，認為這是關東軍的陰謀，想派人到北京給溥傑說親。但是吉岡安直從中橫加干涉，最終，溥傑屈服了。

1994 年出版的溥傑回憶錄《溥傑自傳》中，是這樣回憶的：

日本關東軍開始為我挑選妻子，因為當時所謂清朝直系愛新覺羅皇族的正統繼承人，一般認為只有溥儀和我兩人。溥儀作為偽滿洲國皇帝，除了已有皇后婉容還有其他妃子，可是還沒有太子可以作為皇位的後繼者。因此，關東軍便想為我在日本婦女中物色一位對象，以便將來如果因為溥儀無嗣需要我繼任皇位的話，這種特定的婚

姻關係便可以強化"日滿一體"。那時我的正式
身份是陸軍中尉，雖沒有封王，但是因為我是偽
滿洲國皇帝的御弟，同時按照日本軍國主義者的
陰謀，這項秘密選擇配偶的工作便成了他們的當
務之急。最理想的方法是選一個日本皇族的王女
和我結婚，但這是做不到的，因為要把皇族的王
女嫁給我，必須首先修改日本皇室的法典，於是
就只好在日本的公卿華族小姐中選擇。

《溥傑自傳》的描述與《我的前半生》的描述基本
是一致的，都說是日本關東軍的陰謀。但是《溥傑自傳》
中多交代了一點，就是日本關東軍想安排溥傑與日本皇
室的女子結婚，但因日本的皇室法典行不通，所以就改
選為日本的公卿華族小姐。而且都是在說明，為溥儀的
下一位繼承人做打算。

但是日本方面公佈出來的史料與溥儀、溥傑倆兄弟
的說法是截然相反的，甚至會讓讀者大吃一驚。

日本方面公開了一部關於偽滿的史料，這部史料中
完整的記錄了溥傑與日本女子結婚的原因，這部史料叫
《絕密會見錄》，它還有另外一個名字叫《嚴密會見錄》。
《絕密會見錄》對溥傑與日本女子結婚做了如下記載：

　　　　大使："接下來想商量的是，溥傑已很明確
地斷絕了和前任妻子的關係，應儘快再婚。有過
一次成家經歷的人又變成孤身一人，確實會很寂
寞，實在值得同情，儘早建立一個溫暖的家庭才
好。"

帝：“確實如此。溥傑在操持一天軍務疲憊
回家後，家中沒有一個能安慰他的人。誠如大使
所說，應讓他儘早成婚。”

大使：“對此，陛下有何特別的想法？”

帝：“只要溥傑自己滿意，我就不會反對。”

大使：“自古以來就有策略婚姻，必須非常
注意這一點。務必要考慮溥傑一生的幸福。”

帝：“完全同意。溥傑自己也對我說，對任
何人種都不持偏見。因此，從日滿國交上考慮，
如果與日本皇族有此緣分，他自己也感到稱心如
意，對兩國來說沒有比這更好的了，且能真正體
現兩國的一致，兩國民眾樹立親善的典範，的確
是件好事。”

這番談話是溥儀與日本關東軍司令官的談話記錄，
談話時間是 1936 年 1 月 13 日。《絕密會見錄》所記載溥
儀提出了“從日滿國交上考慮，如果與日本皇族有此緣
分，他自己也感到稱心如意，對兩國來說沒有比這更好
的了，且能真正體現兩國的一致，兩國民眾樹立親善的
典範，的確是件好事”。是溥儀提出的溥傑與日本皇室
女子結婚。這與《我的前半生》、《溥傑自傳》的說法截
然不同。到底是《絕密會見錄》的記錄者說了假話，還
是溥儀和溥傑說了假話呢？日本人的記錄是否有美化侵
略的嫌疑呢？所以，有必要瞭解一下《絕密會見錄》。

《絕密會見錄》的記錄者叫林出賢次郎，是溥儀與
日本關東軍司令官之間的翻譯。每次關東軍司令官與溥

儀進行會談時，都有林出在場，其他人是不能參加會談的。林出賢次郎所記錄的會談內容就是《絕密會見錄》的主要部分。所記錄的時間是從 1932 年 11 月開始，到 1938 年 4 月結束，歷時五年半。林出每一次記錄完畢後，都要把記錄的內容秘密的發送給日本外務省。"外務省"就是日本負責對外關係事物的最高機關。

在日本大正大學任教的中田整一教授，長期研究偽滿洲國史。他在林出賢次郎之子林出賢三的家中看到了《絕密會見錄》原始資料。摘抄了其中的一少部分，結合其他資料進行研究。撰寫了《溥儀的另一種真相：秘藏日本的偽滿皇宮最高機密》一書。中田先生的學生中國留學生喜入影雪將此書譯成中文，由上海人民出版社出版。

《絕密會見錄》中的溥儀，與《我的前半生》中的溥儀，完全是兩種不同形象。筆者個人是認為《絕密會見錄》是研究偽滿歷史、研究溥儀的重要資料，應該相信《絕密會見錄》的記載。

關於溥傑與嵯峨浩的結合是溥儀提出的，僅僅見於《絕密會見錄》上一條記載，從史學研究上來說，缺乏其他的依據。但是也不能因為只有一條記載，就去否定它的真實性。

以上列出了三本資料兩種說法，現在筆者還要闡述第三種說法。這種說法來源於"帝室御用掛"吉岡安直的長女悠紀子的回憶手記中：

父親曾說過"溥傑想娶一個日本媳婦"。有

一天，溥傑來和父親商量。溥傑是親日派，在日
本接受了教育，稱呼父親為“老人家”，平素便
非常親密，這一次是極為私人的商量，溥傑說：
“我想和日本女子結婚，但無法直接向皇帝開
口，如果不被准許，也沒有辦法。”

看了這段文字，很多讀者更會大吃一驚，居然是溥
傑本人提出來的。三種說法，哪種說法是真實的？歷史
真相真是迷霧重重。

二、事件分析

筆者更相信後兩種說法。應當注意第二種說法是溥
儀提出溥傑和日本皇室的女子結婚，而不是一個普通的
日本女子。首先，溥儀在偽滿期間是一個傀儡，自己不
掌握任何實權。前文已經分析了操縱偽滿洲國的是日本
關東軍而並非日本政府，溥儀想讓弟弟與日本皇室聯
姻，是想讓自己的日本皇室弟媳建立自己與日本政府之
間聯絡的橋樑，企圖通過日本政府對日本關東軍有所牽
制。所以溥儀提出讓溥傑與日本皇室女子結婚，這不是
沒有這個可能的。筆者相信《絕密會見錄》的記載，這
不是日本關東軍的陰謀，而是溥儀的政治目的。但是很
遺憾，根據日本的法典，溥傑是不能與日本皇室女子結
婚的，溥儀的政治願望落空了。從此事的分析來看，溥
儀還是有一些政治頭腦的。

但是根據《溥傑自傳》的描述來看，日本關東軍確實曾按照溥儀的意思為溥傑尋找日本皇室的妻子。但是日本的法典不允許，只好作罷。

筆者再來分析一下吉岡安直的長女悠紀子的說法。

這種說法也不是沒有可能的。溥傑已經經歷了一次失敗的婚姻了，他在日本留學 6 年，所以也是一個"親日派"，溥傑想娶的是日本女子，僅僅是想和一個日本女子組建家庭而已，沒有任何政治目的。而溥儀想讓溥傑取日本皇室女子是為了政治目的。溥儀與溥傑的目的是根本不相同的。所以，後兩種說法並不矛盾。綜合以上分析，可以對此事進行如下梳理：

溥傑想娶一個日本女子，來組建家庭，但又擔心他的哥哥溥儀不同意。而溥儀則向日本關東軍司令官提出了讓溥傑娶一個日本皇室的女子，其根本的目的是希望通過日本皇室的弟媳建立自己與日本政府之間聯絡的橋樑，企圖通過日本政府對日本關東軍有所牽制，自己能夠掌握偽滿的實權。而關東軍司令官並沒有摸清溥儀的真實目的，所以也就答應了溥儀的請求，開始策劃日本皇室的女子做為溥傑結婚的對象。但是根據日本皇室的法典，溥傑是不能與日本皇室女子結婚的，所以又另選她人，找了一個侯爵家的女子嵯峨浩與溥傑結婚。

溥傑與嵯峨浩的結合就是一樁普通婚姻，並非是政治聯姻。

筆者認為這就是歷史的真相。

三、嵯峨浩其人

嵯峨浩生於大正三年（1914年）3月16日，比溥傑小7歲。畢業於日本學習院高等科。特別擅長於油畫的創作。畢業後的嵯峨浩有很多人給其介紹男友，每當嵯峨浩看相親照片時，總是說太早太早而溜掉了。用嵯峨浩自己的話說是"我那時是個不諳世事的任性的姑娘，覺得搞自己喜愛的油畫，遠比結婚愉快"[1]。嵯峨浩本是日本侯爵家的女兒，是多少男子渴望的結婚對象啊！也正是由於嵯峨浩的家庭身份，才被日本關東軍選為溥傑的結婚對象。這也讓嵯峨浩在25年之後成為了一名中國人。

四、相　親

《溥傑自傳》中說"1937年我從偽滿禁衛步兵團的崗位上又到日本千葉步兵學校去學習"。《溥傑自傳》中說的時間有誤，溥傑到日本千葉步兵學校進修的時間應是1936年9月份，並非是1937年。這次溥傑又是與潤麒一同到的日本千葉步兵學校進修。到日本以後，曾經在東北擔任關東軍司令官的本莊繁大將開始積極為溥傑

---

1 嵯峨浩：《流浪王妃》，北京十月文藝出版社，1985年版，頁5。

尋找結婚對象，最終在 1936 年 11 月選定了日本侯爵家
的女兒嵯峨浩。當時只有 23 歲的嵯峨浩聽說後是什麼反
應呢？嵯峨浩在 1985 年北京出版的回憶錄《流浪王妃》
一書中說：

真是晴天霹靂

"我……滿洲國皇弟的妃子？"

她聽說自己要成為"滿洲國王妃"時，不由悲從中
來，抽抽噎噎地哭了起來。

當嵯峨浩看了溥傑的照片以後，似乎改變了當時的
想法。嵯峨浩繼續在自傳《流浪王妃》一書中回憶說：

這個滿洲國皇帝的弟弟到底是一個怎樣的
人呢？當媽媽遞給我他的照片時，我心裡喘喘不
安。

我鼓著勇氣，打開照片一看，沒想到是一張
溫和安詳的臉。他雖然戴著軍帽，但五官端正，
眼鏡後面的眼睛聰慧而明亮，給人留下很深的印
象。我又驚又喜，反射條件似的想：與其說像個
軍人，不如說更像個學者或文人。

隨後，嵯峨浩的舅舅遇到溥傑在陸軍士官學校的同
學時，就詢問溥傑的人品如何。

："對人溫厚，關心體貼部下。這樣的人在
日本人中也是難得的呀！"同學們對溥傑是一
片好評。

嵯峨浩放心了，決定同意和溥傑見一面。

下一步就是安排雙方見面了。

　　1937 年 1 月 18 日這天，溥傑與嵯峨浩終於見面了。見面的地點是嵯峨浩母親嵯峨尚子的娘家。陪同溥傑會見的有本莊繁夫婦、吉岡安直。陪同女方嵯峨浩會見的有嵯峨浩的父母、外祖母以及嵯峨浩的舅父、舅母。雙方見面，都給對方留下了非常好的印象，嵯峨浩的長輩們對溥傑的印象也非常好。晚飯過後，到另一間房子休息，本莊繁便趁此問溥傑：

　　"你覺得嵯峨浩怎麼樣啊？"

　　："挺好。"溥傑回答。

　　本莊繁當時就將溥傑的看法轉給嵯峨浩的家裡。那麼嵯峨浩是什麼反應呢？浩在回憶錄《流浪王妃》中說：

　　　　曾經堅決反對這門親事的外祖母，見了溥傑一面，完全改變了態度，很喜歡溥傑。

　　　　"舉止也彬彬有禮，很好。"

　　　　舅父像下決心似的毅然說。我的臉一下子通紅，低著頭說：

　　　　"拜託了。"

　　　　婚事就這樣順利地定下來了。

　　嵯峨浩同意了。

　　見面結束後，溥傑給他的哥哥溥儀寫了一封信，彙報相親的情況，並且告訴溥儀一眼就喜歡上了嵯峨浩。

五、結　婚

　　1 月 25 日，關東軍司令官與溥儀進行會見時，也把溥傑相親一事告訴了溥儀。溥儀也表示同意溥傑與嵯峨浩的婚事。

　　1937 年 2 月 6 日，偽滿洲國駐日本大使館發佈了溥傑與嵯峨浩訂婚的消息。3 月 6 日，溥傑與嵯峨浩正式訂婚了。訂婚後，溥傑與嵯峨浩接觸的機會更多了，二人的感情也隨之迅速升溫。溥傑也開始親切的稱呼嵯峨浩為：浩！

溥傑與嵯峨浩結婚照

1937 年 4 月 3 日下午 3 時，溥傑與嵯峨浩在日本東京九段軍人會館裡，舉行了婚禮。本莊繁夫婦作為此次婚禮的主持人。另外，溥儀派偽滿洲國宮內府大臣熙恰作為特使，到日本東京參加了此次的婚禮。關東軍把參加婚禮的人數限制在 500 人。

　　關東軍把整個婚禮的過程全部拍攝下來，送到長春給溥儀觀看。溥傑給他的哥哥溥儀寫了一封信，告訴溥儀二人的生活很甜蜜。嵯峨浩也給尚未謀面的大伯子溥儀寫了一封信表示敬仰，請關東軍轉交。

六、嵯峨浩到了偽滿洲國

婚禮過後，溥傑與嵯峨浩夫妻二人又度過了一個星期的新婚之旅。然後回到東京，在千葉的稻毛海岸租了一處新居，離步兵學校很近。

1937 年 8 月，溥傑與潤麒從日本千葉步兵學校畢業，便回到了偽滿洲國的"首都"長春去。溥傑回到長春後，出任偽滿禁衛步兵團第二營第三連連長，軍銜為偽滿陸軍步兵上尉。

當時因為嵯峨浩已經有了身孕，所以暫時沒有動身。到了 10 月份，嵯峨浩也要動身了。在臨行前，嵯峨浩到了皇宮裡，向日本皇太后辭行。

"你馬上就要離開日本，到滿洲去了，請代我向皇帝問好。"皇太后托嵯峨浩轉達對溥儀的問候。

"到滿洲後，我馬上向皇上及溥傑轉達皇太后主張日、滿親善的美意。"嵯峨浩對皇太后表示。

所謂的"日滿親善"，只不過是關東軍欺騙東北老百姓的幌子。

此時，一個四歲的小男孩拿給嵯峨浩一些雞蛋。當然這是大人安排好的。當時那個四歲的小男孩就是後來的明仁天皇（年號為平成）。

「現在東宮殿下能自己玩了。」皇太后看著孫子高興地對嵯峨浩講。

嵯峨浩在日本乘船，幾日後抵達大連，踏上了中國的土地。溥傑在大連將妻子接到了長春。

嵯峨浩到長春見了溥儀後，對溥儀行三跪九叩大禮，然後溥儀送給嵯峨浩一隻鑲滿寶石的手錶。

根據溥儀、溥傑的堂侄愛新覺羅・毓嶦先生回憶，每次嵯峨浩進宮給溥儀做的飯，溥儀都不敢動筷子。溥儀看到溥傑動筷子了，才敢吃。溥儀為何會對嵯峨浩如此防備呢？這也不難解釋。溥儀本想讓溥傑娶日本皇室的女子，但是關東軍卻給溥傑找了一個日本侯爵家的女子結婚，他擔心侯爵家的女兒嵯峨浩是日本關軍安排好的間諜。所以溥儀不放心。

關東軍在長春西萬壽大街（今長春地質宮西側）為溥傑夫婦建造了新居。嵯峨浩到長春後，夫妻二人就住了進去。他們有了自己的家，不久也有了他們的愛情結晶。

七、溥儀的焦慮

1937 年 2 月 6 日，溥傑與嵯峨浩訂婚。3 月 1 日，日本關東軍逼迫溥儀簽訂《帝位繼承法》。《帝位繼承法》其中有這樣一條「帝子孫皆不在，傳帝兄弟及其子孫」。

當年 10 月，嵯峨浩來到偽滿洲國首都"新京"。此時的嵯峨浩已經懷孕，此時的溥儀最大的焦慮就是擔心嵯峨浩生下男孩兒，如果嵯峨浩生下了男孩，他認為日本人會將他殺掉，扶持溥傑的兒子繼承偽滿洲國的皇位。溥儀在《我的前半生》中回憶"溥傑快做父親的時候，我曾提心吊膽地為自己的前途算卦……關東軍要的是一個日本血統的皇帝，因此我們兄弟兩個都可能做犧牲品。後來聽說他得的是個女兒，我這才鬆了一口氣"[2]。可以想像，溥儀在弟媳懷孕期間出現的過分的擔憂。

---

2 愛新覺羅・溥儀：《我的前半生》，群眾出版社 1980 年版，頁 351-352 頁。

第十二章　偽滿後宮

　　溥傑與嵯峨浩在日本東京完婚三日後，溥儀也再次結婚了。1937 年 4 月 6 日，溥儀冊封一個叫譚玉齡的滿族女子為“慶貴人”。溥儀這次“納妃”的原因是由於他的病態心理。

一、譚玉齡入宮

　　溥儀這次“納妃”的原因是由於他的病態心理。他在自傳《我的前半生》中，直言不諱的說出了他娶譚玉齡的原因：

　　　　一九三七年，我為了表示對婉容的懲罰，也為了有個必不可少的擺設，我另選了一名犧牲品——譚玉齡。

　　負責給溥儀“選妃”的人叫愛新覺羅‧恒馨，她是婉容的姨媽兼繼母。恒馨給溥儀選了好幾家滿族的姑娘，都不滿意。後來溥儀看照片，相中了譚玉齡。

　　譚玉齡，1920 年生於北京，滿族人，原姓他他拉氏，後家中根據諧音改姓譚。譚玉齡從小失去父母，由嬸嬸撫養長大。她在 17 歲那年，被偽滿皇帝溥儀相中。

溥儀的"帝室御用掛"吉岡安直在得知溥儀要"納妃"後，親自到北京去，對譚玉齡的家庭做了一個詳細的調查，認為沒有問題後，才安排譚玉齡到"新京"去。

譚玉齡入宮後，先在宮廷的暢春軒住了一個多星期，跟隨恒馨學習宮廷禮儀，繼而在 1937 年 4 月 6 日，溥儀將譚玉齡冊封為"慶貴人"。 根據清朝後宮等級的制度分為：皇后、皇貴妃、貴妃、妃、嬪、貴人、常在、答應八個等級。譚玉齡被冊封為"貴人"也就是後宮中的第六個等級。溥儀不顧自己生理上的疾病，就納娶一位十七歲的少女，不能不說這是溥儀的病態心理。

譚玉齡是溥儀前半生中最喜歡的女子。但是譚玉齡嫁給溥儀五年之後，於 1942 年去世，年僅 22 歲。

二、譚玉齡之死

譚玉齡是怎麼死的？溥儀在日本東京國際軍事法庭出庭作證的時候，肯定的說譚玉齡是被吉岡安直害死的。1960 年代溥儀在寫自傳《我的前半生》裡是這樣說的：

> 令我奇怪的是，日本醫生開始治療時，表現
> 非常熱心，在她身邊守候著，給她打針，讓護士
> 給她輸血，一刻不停地忙碌著。但是在吉岡把他
> 叫到另外一間屋子裡，關上門談了很長時間的話

之後，再不那麼熱情了，他沒有再忙著注射、輸血，變成了沉默而悄悄的。住在勤民樓裡的吉岡，這天整夜不住地叫日本憲兵給病室的護士打電話，詢問病況。這樣過了一夜，次日一清早，譚玉齡便死了。不由我不奇怪，為什麼吉岡在治療的時候，找醫生談那麼長時間的話呢？為什麼談過話之後，醫生的態度便變了呢？

　　我剛聽到她的死訊，吉岡就來了，說他代表關東軍司令官向我弔唁，並且立即拿來了關東軍司令官的花圈。我心裡越發奇怪，他們怎麼預備的這樣快呢？

溥儀的這段文字想表達的就是吉岡安直叫日本醫生害死了譚玉齡。但是從親歷者的回憶中可以得出，溥儀的這段回憶內容說了假話。

1994 年 9 月，溥儀的一位堂姪女毓倩文舊地重遊，來到偽皇宮。當時在偽皇宮工作的王文鋒便借此機會採訪了毓倩文女士，談及了譚玉齡的死因，後來王文鋒把毓倩文的回憶內容加入了他撰寫的文章《法庭上的證詞與譚玉齡死因考析》中：

　　關於譚玉齡死的內幕，只有我和溥儉太太知道，但她已經過世了。我看是死於傷寒。

　　譚玉齡在死前的一個多月就感冒了，並已告知她的老師陳曾炬因其發燒而停課。經幾個御醫的治療也不見好，就轉成傷寒了。當時貴人瘦了許多，躺在床上起不來。看貴人的樣子好像心裡非常難受，特別是發燒的樣，總是用雙手抓著胸口。譚玉齡死的前兩天，御醫佟成海看過之後，向溥儀稟報病情時說："已經不行了，請皇上預備後事吧！"溥儀聽了異常惱火，十分生氣地訓斥佟海成："這種話也是你應該說出來的嗎？"佟海成被嚇得膽戰心驚。溥儀來到譚玉齡的寢宮，我也如實地對他說，貴人大概不行了。溥儀當時急的樣子是無法形容，對著躺在床上已沒有反應的譚玉齡跺著腳說："一定要好！一定要好！"隨即就坐在譚玉齡床旁的沙發上看著她。貴人此時是一會兒不如一會兒，越來越不對頭。

一會兒日本醫生來了，還帶來幾名中國護士。說是要給貴人輸血，我聽到溥儀在外間問道："哪個人能輸血？"一個胖胖的姓吳的護士說輸她的血。輸血後，溥儀對我們說，要把這位輸血的護士的名字記下來，補什麼，吃什麼全都照給。溥儀又親自倒了一杯酒，賞給姓吳的護士。打針輸血後，譚的病情是一會兒比一會兒重。溥儀又從樓上下來，越瞧越不對頭，也就不說話了。只是喃喃自語道："日本人不是打針輸血了嗎？怎麼不見好呢？"溥儀又讓人將一尊佛像放在譚玉齡的床前，領著我們為譚玉齡念經，就這樣一直念到譚玉齡煙氣。只見貴人的鼻腔一下冒出雲彩式白煙，一會兒就沒有了。溥儀當時的臉難看極了，他拿著一顆珍珠讓我放入貴人的口中。溥儀對譚玉齡的屍體說："你放心吧！你家裡我一定安排照顧好，你的哥哥我也會關照。"說完溥儀就含著淚轉身上樓了。

從毓倩文的回憶我們可以得出，在日本醫生給溥儀注射之前，譚玉齡已經"沒有反應"了，而且溥儀是親眼看著譚玉齡咽氣的。與溥儀在東京法庭上的證言與《我的前半生》中的描述完全不一樣。而且王文鋒在文章中還說：

> 毓倩文女士最後說道："就是日本大夫不來，譚玉齡的病情也不對，也不行了。後來有的書上說譚玉齡是被日本人害死的，這是溥儀的懷疑，我不敢說。說日本大夫被吉岡找出去談，再治病就兩樣了，我當時是不知道，是後來在書上看到的。"

這段話可以證明了吉岡沒有把日本大夫叫出去談話，《我的前半生》中說吉岡把日本大夫叫出去談話，是溥儀自己杜撰的。溥儀無非就是想把譚玉齡的死說成是日本人的陰謀，無非就是想讓所有人都把他看成是一個被迫害的可憐者。

譚玉齡的死，對溥儀的打擊很大。根據嵯峨浩在《流浪王妃》中說"皇帝當時的悲痛，簡直令人目不忍睹"。溥儀在譚玉齡的一張照片的背面寫著"我的最親愛的玉齡"。譚玉齡在臨死前，給溥儀留下了一縷頭髮以及四塊手指甲留作紀念，溥儀終生保留。

三、偽滿宮廷的第二位 "貴人" —— 李玉琴

　　譚玉齡死後的第二年，也就是 1943 年，溥儀又冊封了一個 15 歲的小姑娘李玉琴為 "福貴人"。在溥儀正式冊封李玉琴為 "福貴人" 之前，溥儀手寫下了對李玉琴的 21 條限制辦法。溥儀讓李玉琴將 21 條在紙上抄寫下來，當李玉琴看到這 "21 條" 時，感到一點人身自由也沒有了。李玉琴拿起筆，但寫不出一個字來，在紙上亂畫一陣，然後寫出了一個 "死" 字來。溥儀看到後，對李玉琴大發脾氣。李玉琴只好對溥儀賠禮道歉，將 "21 條" 抄寫了一遍。然後又按照溥儀的意思將寫好的 "21 條" 在佛像前焚燒。

　　溥儀還對李玉琴的家人制定了 6 條限制辦法，如：不許求官、求錢和房屋土地；不許探望李玉琴，也不許李玉琴回家探親；不許以溥儀的名義和關係做事情；溥儀的命令必須執行等。

　　溥儀讓李玉琴做什麼，李玉琴絕對不敢反抗。李玉琴就成為了 "傀儡的傀儡"。

　　在李玉琴之前的譚玉齡，溥儀也給她制定了一些條例。今天我們看不到溥儀給譚玉齡制定的條例是什麼，但是從溥儀在 1967 年初給李玉琴寫的證明材料中來看，溥儀的確是給譚玉齡制定了條例：

　　　　我為了能夠完全控制她，也和過去對待譚玉齡一樣，首先訂出了限制她的"21 條"。

此事從心理學的角度來講，這是溥儀使用的精神防禦機制中的"轉移"。溥儀在日本人那裡沒有"發號施令"的權利，因為他是傀儡。溥儀就把"發號施令"的權利轉移到自己的家人身上，在自己的家人身上找到"發號施令"的快感。在家人那裡，他不是傀儡，而是找到了當"真皇帝"的感覺！減少了他心中因處在傀儡尷尬角色中而帶來的煩惱。

李玉琴進入偽滿宮廷之時，已經是偽滿洲國的末期了，日本面臨戰敗的局面。

附　　錄

譚玉齡被冊封名號考

許多年以來，有關於溥儀的傳記、論文、影視劇、紀錄片等等，所提及溥儀在偽滿時期冊封的譚玉齡，都稱為"祥貴人"。例如：

百度百科"譚玉齡"詞條：譚玉齡（1920 年－1942 年 8 月 14 日），溥儀的祥貴人，滿族貴族出身，原姓他他拉氏，辛亥革命以後，改姓譚。

1984 年 12 月吉林人民出版社出版的王慶祥撰寫的《末代皇后和皇妃》（臺灣版名為《末代皇后與皇妃》，祺齡出版社 1995 年 1 月出版）一書裡是這樣寫到的：

> 玉齡進宮後被"冊封"為"祥貴人"，是皇帝的

第六等妻子。[1]

此外，偽滿皇宮博物院導遊的講解詞裡稱譚玉齡為"祥貴人"，偽滿皇宮博物院研究人員沈燕的著作《偽滿皇宮》一書稱譚玉齡為"祥貴人"。那麼，譚玉齡的稱號是否就可以確定為"祥貴人"了呢？然而，事實並非如此簡單。

一、問題的由來

2018 年 1 月 31 日晚，我在撰寫溥儀生平傳記時，查閱了一些資料，看到了一些關於偽滿的史料，凡是寫到譚玉齡時，都稱為"慶貴人"。於是筆者給偽滿皇宮裡的一位朋友發微信，詢問他譚玉齡究竟是被封為"祥貴人"還是"慶貴人"這一問題時，他給我語音回復說："據我所知，譚玉齡是在 1937 年 4 月 6 日被冊封為'祥貴人'，具體我也說不準，我給你查閱一下偽滿洲國的政府公報上看看是怎麼說的，應該是被冊封為'祥貴人'吧！"

次日，他給我微信回復告知："偽滿洲國的政府公報中沒有記載。說譚玉齡被封為'慶貴人'的在秦翰才的《滿宮殘照記》裡。"我在表達謝意之後，就開始查閱家中所存的關於溥儀的第一手資料，看看是如何記載

---

1 王慶祥著：《末代皇后和皇妃》，吉林人民出版社 1984 年版，頁 93

的。

隨後，筆者又同著名溥儀研究專家王慶祥老師通電話，王慶祥老師的有關譚玉齡的著述《末代皇后和皇妃》、《譚玉齡李玉琴傳》裡，所寫的全部是"祥貴人"。筆者在電話中詢問王老師譚玉齡的封號"祥貴人"出自于哪部史料？王老師告訴筆者："確實是看到過有關譚玉齡的封號是"祥貴人"的記載，但是具體出自於哪，確實記不住了，如果要查，也能查閱到，但因為精力有限，無法去查找。"而且王老師非常堅信的告訴筆者："確實有'慶貴人'這一說，但是最終確定譚玉齡封號的確是'祥貴人'。"

二、有關"祥貴人"的出處

王慶祥老師是一位非常嚴謹的學者，他說看到過譚玉齡被冊封為"祥貴人"的資料，就一定看到過。那麼，最早提及譚玉齡被冊封為"祥貴人"的資料出自於哪呢？2018 年 6 月，筆者終於查到了譚玉齡被冊封為"祥貴人"這一說法的最早出處。溥儀的族侄愛新覺羅・毓嶦在 1964 年吉林省文史資料研究委員會主編的《吉林文史資料》第一輯發表的《偽滿時期溥儀的生活片段》一文中寫到：

溥儀的第三個老婆名叫譚玉齡（初封"祥貴

人"）。[2]

　　溥儀的另一位族姪愛新覺羅・毓嶦在 2000 年出版的回憶錄《末代皇帝的二十年》裡寫到：

　　　　譚玉齡被溥儀封為祥貴人，就住在緝熙樓西半部樓下。[3]

　　毓嵂與毓嶦都是溥儀的族姪，而且都在偽滿宮廷生活過，他們二人的回憶是否就一定可靠呢？其實不然，很多第一手資料更能證明譚玉齡被溥儀冊封的名號是"慶貴人"，並非是"祥貴人"。

三、譚玉齡的名號為"慶貴人"的證據

（一）《滿宮殘照記》的記載是"慶貴人"

　　《滿宮殘照記》的作者秦翰才在偽滿洲國垮臺後，兩次到長春收集了大量的偽滿宮廷檔案，並且參照這些偽滿宮廷檔案寫出了《滿宮殘照記》一書，並在 1947 年公開出版。所以，《滿宮殘照記》一書有極高的可信度。《滿宮殘照記》裡的原文是這樣寫到譚玉齡名號問題的：

　　　　康德四年（一九三七）三月二十五日，溥儀冊立他他拉氏為慶貴人，宮中卻呼為董貴人。他

2　吉林省委員會文史資料研究委員會主編：《吉林文史資料》1964 年。
3　愛新覺羅・毓嶦：《末代皇帝的二十年》，中國社會科學出版社
　　2000 年版。

是生長在北平的，那年才十八歲。溥儀很喜歡慶
貴人，還請陳曾炬教他讀了六年的中文書。[4]

溥儀冊封譚玉齡為"慶貴人"，但是宮中習慣稱呼
譚玉齡為"董貴人"，唯獨不見"祥貴人"這一稱呼。

（二）《偽滿宮廷雜憶》的記載是"慶貴人"

《偽滿宮廷雜憶》是 1980 年由四川人民出版社出版
的一本圖書，書的作者叫周君適，周君適是一位偽滿宮
廷的親身經歷者。周君適在該書的《前言》中寫到：

我的岳父陳增壽是溥儀之妻婉容的師傅，我
因為替婉容抄寫課本，隨從到東北長春，以後又
在偽滿宮廷內任職，在溥儀身邊生活十二年之
久，對溥儀以及清末遺老的情況瞭解得比較多。
一九四三年，我離開長春以後，曾經考慮過，把
自己的所見所聞記載下來。[5]

注意上述文字，周君適是在 1943 年離開偽滿宮廷，
離開長春的，譚玉齡是在 1942 年去世的。所以，周君適
對譚玉齡應當是非常瞭解的。該書的第 116 頁提及了譚
玉齡被溥儀冊封的名號：

譚玉齡是溥儀的第三個妻子，北京人，中學
生，一九三七年通過溥儀的親戚被選入宮，"冊
封"為"慶貴人"。[6]

---

4 秦翰才：《滿宮殘照記》，文海出版社有限公司。
5 周君適：《偽滿宮廷雜憶》，四川人民出版社 1981 年版，前言部分。
6 周君適：《偽滿宮廷雜憶》，四川人民出版社 1981 年版，第 116 頁。

（三）《愛新覺羅・溥儀傳》的記載
　是"慶貴人"

1990 年，北京的華文出版社出版《愛新覺羅・溥儀傳》一書，書的作者名叫孫喆甡。那麼，這位孫喆甡是什麼人呢？他的這本《愛新覺羅・溥儀傳》是否具有史料價值呢？

《愛新覺羅・溥儀傳》一書的《序》是由溥儀的胞弟溥傑先生所作，溥傑在這篇序言中是這樣寫的：

> 喆甡同志早年即跟隨溥儀左右，對清末民初社會的風雲變幻，已多有觀察，迫至偽滿年代，更是親身經歷，耳聞目睹溥儀的生活與經歷。[7]

孫喆甡先生曾在一篇回憶文章《偽滿宮廷見聞鎖記》裡談到了在偽滿期間溥儀身邊的任職 "我當時任皇帝旗官"。[8]由此可以證明，孫喆甡的書是具有史料價值的。這本《愛新覺羅・溥儀傳》裡寫到：

> 為填補精神空虛，1937 年，溥儀又選了一位後宮擺設——"慶貴人"譚玉齡。[9]

（四）　溥儀本人親口所說譚玉齡是"慶貴人"

翻閱溥儀自傳《我的前半生》，只能找到冊封李玉琴為"福貴人"的記載，找不到關於冊封譚玉齡名號的記

---

7 孫喆甡：《愛新覺羅・溥儀傳》，華文出版社 1990 年版，《序》部分。
8 中國人民政治協商會議全國委員會文史資料研究委員會編：《文史資料選輯》第八十六輯，文史資料出版社 1983 年版，頁 223。
9 孫喆甡：《愛新覺羅・溥儀傳》，華文出版社 1990 年版，頁 274。

載。溥儀只是說"一九三七年，我為了表示對婉容的懲罰，也為了有個必不可少的擺設，我另選了一名犧牲品——譚玉齡，她經北京一個親戚介紹，成了我的新'貴人'"。能找到溥儀原話的是在《末代皇帝傳奇》一書裡。

　　1956 年 12 月，香港《大公報》記者潘際炯到撫順戰犯管理所採訪溥儀，並將採訪的內容整理成書稿，於1957 年在香港出版，這就是《末代皇帝傳奇》。書是以"作者問"、"溥儀答"的形式撰寫的。

　　關於譚玉齡，溥儀是這樣說的：

　　　　和溥儀談起譚玉齡和李玉琴來，這可是說來話長了。

　　　　……。

　　　　（溥儀答）："北京有一位立太太，她是毓朗貝勒的女兒，知道以後就替我介紹了譚玉齡。譚玉齡是滿族人，原姓他她拉，一音之轉就改姓譚了。在結婚之前，關東軍司令植田謙吉還特地派人到北京去打聽她究竟是怎樣一個人，一切認為沒有問題了，這才能把她找來。在我的心目中，她是慶貴人，清朝皇帝的妻妾是分等級的：皇后、皇貴妃、貴妃、妃、嬪、貴人、常在、答應。[10]

　　溥儀本人親口所說，其可信度應當遠遠超過了其他親歷者所說的可信度。

---

10 潘際炯：《末代皇帝傳奇》，通俗文藝出版社 1957 年版。

（五）溥儀的乳母與李玉琴說譚玉齡是"慶貴人"

1989 年李玉琴的回憶錄《中國最後一個"皇妃"——"福貴人"李玉琴自述》由北方婦女兒童出版社出版發行。李玉琴在回憶與溥儀的乳母王連壽一段談話內容時，寫道：

> 記得有一回我們談話又從"明賢貴妃"說起了："慶貴人，不！貴妃……"譚玉齡在世時二嬤總習慣於叫"慶貴人"，可是後來譚已被追封為"貴妃"，就應該用新官名……你瞧瞧，慶貴人——對了，是貴妃，人可多機靈呀！"

李玉琴口中的"二嬤"就是溥儀的乳母王連壽，舊時就是把乳母稱為"嬤嬤"，因為王連壽是溥儀的第二個乳母，所以叫"二嬤"。溥儀 9 歲時，王連壽離開了溥儀。後來在偽滿洲國時期，王連壽又被溥儀找到長春去，一直生活到偽滿垮臺。譚玉齡在偽滿宮廷生活了五年，王連壽也就跟譚玉齡接觸了五年。而李玉琴是在譚玉齡去世八個月後進入偽滿宮廷的。因此王連壽說譚玉齡為"慶貴人"以及李玉琴的回憶更為可信。

四、結　語

很多最有利的證據都證明了，溥儀冊封譚玉齡的封號是“慶貴人”，並非是“祥貴人”。毓嶦的《偽滿時期溥儀的生活片段》僅僅是提到了一嘴“祥貴人”，這並不能證明王慶祥老師對筆者所說的“最終確定譚玉齡封號的確是‘祥貴人’”。因此可以說，毓嶦的回憶是有誤的。那麼，也許有人會問，毓嶦的文中也說到了“初封‘祥貴人’”，有沒有可能是溥儀起初冊封譚玉齡為“祥貴人”，後來又改為“慶貴人”呢？筆者認為不能這樣理解。因為在譚玉齡死後，溥儀追封譚玉齡為“明賢貴妃”。所以，譚玉齡去世後，“明賢貴妃”的稱呼就代替了“貴人”的稱呼。所以，毓嶦的話可以理解為：初封為“貴人”，死後又追封為“明賢貴妃”。

毓嶦先生出版《末代皇帝的二十年》是在 2000 年，時間過了幾十年了。在此之前，王慶祥的《末代皇后和皇妃》已經風靡全國了，在加上受了此書的影響，所以就在回憶譚玉齡封號這一問題上疏忽了。

綜合以上全文所述，筆者堅信譚玉齡的封號為“慶貴人”，毓嶦和毓嶦的回憶是有誤的。

第十三章　偽滿垮臺

　　從 1944 年 1 月開始，我軍開始進入反攻階段。共產黨領導的敵後軍民在華北、華中、華南地區，對日軍發起局部反攻。1945 年，八路軍、新四軍向日軍發動了大規模攻勢，擴大了解放區。日軍佔領的大部分城鎮、交通要道和沿海地區都處在解放區軍民的包圍之中，因此我軍全面反攻。

　　1945 年 7 月 26 日，中、美、英三國發佈《波茨坦公告》，促令日本無條件投降。兩日後，日本政府表示，對《波茨坦公告》不予理睬。

　　8 月 6 日，美國向日本廣島投下第一顆原子彈。

　　8 月 8 日，蘇聯對日宣戰，向中國東北開始全面進攻。

　　8 月 9 日，美國向日本長崎投下第二顆原子彈。

　　就在美軍向日本投下第二顆原子彈的當天，關東軍司令官山田乙三和參謀長秦彥三郎與溥儀在同德殿見面了。正在談話時，防空警報響起，三人一同鑽進地下防空洞。在防空洞裡，山田乙三告訴溥儀，蘇軍已於昨日正式宣戰，從今日零時起進入戰爭狀態。蘇軍對日宣戰的消息使溥儀精神更加緊張了，從這天起，溥儀睡覺不敢脫衣服，還要隨身攜帶一把手槍，並給"內廷學生"也每人配備一把。

8月10日，山田乙三和參謀長秦彥三郎再次進宮見溥儀，通知溥儀要將偽滿的"國都"遷往通化。並要求溥儀必須當天啟程赴通化。溥儀以人口、行李、珍寶眾多為由請求寬限，山田乙三也表示了同意。山田乙三與秦彥三郎走後，吉岡安直又去見溥儀，並且惡狠狠地對溥儀說："如果陛下不走，蘇軍就一定會把你殺害。"退走通化是1945年3月左右，由日本關東軍司令官山田乙三和偽滿總務廳長官武部六藏主持，有日軍的各軍司令官和偽滿政府中司長以上的"日系"官員參加，在"新京"軍人會館開秘密會議，陰謀策劃了十天之久，確定了周密的退走通化的計畫。

吉岡走後，溥儀帶著隨侍、族侄等人到了書畫樓中，親自挑選珍寶，溥儀一樣一樣的過目，哪個留，哪個扔。

11日晚23點30分，溥儀離開了居住13年又五個月的偽滿宮廷。溥儀親眼看到了修建於1940年的"建國神廟"被日本人付之一炬。半夜，溥儀等人到達長春東站。

12日淩晨，列車從長春東站發動，準備逃往通化。早上，溥儀吩咐李國雄準備早點。然而李國雄卻回復溥儀說，列車上沒有餐車，只有一個小廚師，卻又不知道跑到哪裡去了。另一位隨侍趙蔭茂只好用啤酒瓶子當擀麵杖給溥儀做麵片。夜間，列車到達了通化。溥儀等人卻並沒有在這裡下車。司令官山田乙三要求要繼續前行，說是為了安全起見，抵達臨江縣大栗子溝。13日早晨，列車抵達了這裡。

　　溥儀在《我的前半生》裡說"大栗子溝是一座煤礦"。溥儀的回憶有誤，大栗子溝是一座鐵礦，在臨江縣的一個山溝裡，與朝鮮一江之隔。今天的臨江縣歸屬于白山市管轄。今天我們到大栗子溝裡看到的"偽滿皇帝溥儀行宮"實際上就是當時日本礦長的住宅。

　　8月14日，日本照會中、蘇、美、英四國，表示接受《波茨坦公告》。

　　8月15日，日本裕仁天皇以廣播的形式宣佈無條件投降。根據溥儀的族侄愛新覺羅・毓嶦的回憶：溥儀聽裕仁天皇的廣播，因為他不懂日語，就把溥傑叫去翻譯。溥傑翻譯完之後，溥儀與溥傑這哥倆都哭了。

　　日本天皇宣佈無條件投降，第二次世界大戰（1939—1945）也隨之結束。

　　日本天皇的投降，溥儀出現了極度恐懼的心理，他清楚地知道自己是日本關東軍掌控的一個傀儡，他擔心在日本戰敗之際，將他殺害滅口。為了表達對日本主子的忠心，為了求得日本主子的庇護，再次做出了"忠心"的表現，他發瘋似的狠狠地抽打自己的耳光，一邊扇耳光一邊說："我對不起日本天皇，對不起日本的皇太后，我沒有把'滿洲國'治理好，但是我忠於日本的信念不變。"從心理學角度看，溥儀的這種行為表現是焦慮症的發作。焦慮症可分為慢性焦慮與急性焦慮發作。慢性焦慮是患者感覺自己一直處於一種緊張不安、提心吊膽，恐懼害怕的內心體驗中。坐立不安、心神不寧、煩躁都是慢性焦慮的一種表現。急性焦慮發作也被稱為驚

恐障礙，臨床表現是患者突然之間出現極度恐懼的心
理，體驗到瀕臨死亡感，失去控制，像要發瘋。[1]而溥儀
在偽滿垮臺之際的行為表現，則完全符合了急性焦慮中
的"失去控制，像要發瘋"。

8 月 16 日，吉岡安直通知溥儀，日本政府允許他到
日本避難。8 月 18 日零點 30 分，偽滿洲國皇帝溥儀在
大栗子溝的食堂裡，正式頒佈了退位詔書，偽滿洲國解
體了。

作者於溥儀退位的大栗子溝留影
（吉林省白山市臨江縣，2011 年攝）

---

1 姚堯：《重口味心理學》，中國友誼出版公司 2016 年版，頁 49。

第十四章　瀋陽被俘

　　末代皇帝溥儀第三次從皇位上跌了下來，他應該到日本去避難了。吉岡安直告訴溥儀：“先從通化乘坐小飛機到瀋陽，等到了瀋陽再換乘大飛機到日本去。由於從通化到瀋陽的飛機太小，不便帶太多的人。”溥儀一共挑選了八個人，分別是：三個族侄毓嵒、毓嵣、毓嶦；妹夫萬嘉熙、潤麒；隨侍李國雄、弟弟溥傑、身邊的醫生黃子正。

　　“福貴人”李玉琴也要跟隨溥儀一起走：“皇上走了，那玉琴怎麼辦？”

　　“你隨後跟皇后一起坐火車到日本吧！”

　　李玉琴問：“火車能到日本嗎？”

　　溥儀不假思索的回答：“能。”

　　跟隨溥儀一起走的還有三個日本人，其中一個就是一直監視溥儀的吉岡安直。12 人於 18 日晚乘專列離開大栗子溝，於 19 日清晨到達通化。12 人又分乘三架小飛機飛往瀋陽。原計劃是要在瀋陽換坐一架大飛機逃往日本去的。但是溥儀在瀋陽東塔機場剛下飛機沒多久，就被剛剛佔領瀋陽的蘇聯紅軍抓獲。溥儀一行十二人只好登上去蘇聯的飛機了。從此，溥儀開始了在蘇聯五年的囚居生活。但是也由此產生了一個歷史懸案，那就是溥儀在瀋陽的東塔機場被蘇聯紅軍抓獲，是日本和蘇聯之間做的一個交易，還是一個純屬偶然事件？

溥儀的隨侍李國雄在口述回憶錄《隨侍溥儀紀實》回憶到跟隨溥儀在瀋陽機場被俘時，說：

> 溥儀在瀋陽機場被俘，難道是偶然間遭遇了蘇聯傘兵嗎？我親身經歷了這次被俘的一切細節，我認為溥儀是作為日本獻給蘇聯的投降禮物而去瀋陽，不過這是上層之間的事，吉岡和橋本當了配送品而不知。若不是這樣，則何以解釋下列疑問：（一）日本命溥儀撤離大栗子時為什麼要聲明"不能絕對保證路上安全"？（二）既然要從通化撤往日本，隔山即是朝鮮，為什麼在緊急情況下還要捨近求遠，繞路瀋陽？（三）通化瀋陽之間區區千餘裡，卻飛了將近五個小時，並在瀋陽機場上空長時間盤旋。如果不是因為日蘇之間正在交涉未妥事宜，這種現象又做何解釋？（四）在制空權已經操于蘇軍之手的條件下，如無某種契約，能允許三架落後的偽滿小飛機，在天上自由飛翔五個鐘頭嗎？（五）蘇軍傘兵飛機與溥儀乘坐的飛機同時在瀋陽著陸，這恰恰說明我們在飛行中早已處於蘇軍監事之下。偶然、巧合，這些字眼都是解釋不了的。

筆者來分析一下親歷者李國雄的判斷。李國雄說的"通化瀋陽之前區區千餘裡，卻飛了將近五個小時，並在瀋陽機場上空長時間盤旋。如果不是因為日蘇之間正在交涉未妥事宜，這種現象又做何解釋"。吉岡安直都不清楚蘇聯與日本上層之間的交易，難道飛機的駕駛員就知道蘇聯與日本上層之間的交易了嗎？有意繞路瀋陽，並有意要飛行五個小時，目的就是為了等待蘇軍的飛機降臨嗎？為什麼會飛行五個小時呢？李國雄本人也說了，是三架落後的小飛機。因為飛機落後，飛行五個小時也不是沒有可能。飛行五個小時不能說明問題。所以，筆者認為李國雄說的話是經不住推敲的。

當年蘇軍在瀋陽的警備司令科夫通・斯坦克維奇少將在他的一段自述中說：

> 在機場，我們看見了一架準備起飛的飛機，這使我們產生了興趣。我們攔住一名年輕的軍人，從問話中瞭解到，溥儀在這兒。我做出了將其逮捕的決定。幸好，我們的飛機還沒熄火。我開始通過女翻譯與溥儀進行交談，悄悄地把他帶上了我們的汽車。這一切進行得如此迅速，以致當蘇軍飛機重新起飛後，溥儀的衛隊和機場人員才知道發生了什麼。

從這位蘇聯的少將回憶來看，逮捕溥儀是他本人做出的決定。也就是說，溥儀在瀋陽機場被俘，完全是一次偶然。

王慶祥先生在《溥儀與偽滿洲國》一書中有一段這樣的內容：

> 當時蘇聯遠東部隊總司令阿・姆・瓦西裡

也夫斯基元帥于 1945 年 8 月 20 日向斯大林發出
密電："1945 年 8 月 19 日，克拉夫欽科部隊已把
滿洲國皇帝溥儀及其隨從自奉天帶到了部隊總
部，遵照您的命令，我將其扣留並擬意安置在赤
塔地區等候處置。"

　　從這段內容來看，蘇軍抓獲溥儀又是斯大林的命
令。這兩種說法到底哪種可信，筆者也實在難以做出判
斷，還是請讀者們自己去做判斷吧！歷史資料可以能證
明溥儀被蘇軍俘虜是偶然的，也可以證明不是偶然的，
而是斯大林的操縱。唯獨沒有資料證明是蘇聯跟日本之
間有任何的交易或者達成了共識。蘇聯紅軍進攻東北，
日本關東軍全面潰敗，斯大林想逮捕溥儀不需要跟日本
政府達成共識。

　　溥儀被蘇軍俘獲後，用英語跟蘇軍交談，請求蘇軍
把他和日本人分開，得到了蘇軍的同意。由此看來，溥
儀的心中是非常厭惡日本人的。當天，蘇聯紅軍把抓獲
的溥儀一行十二人帶到了內蒙古的通遼，在一家醫院裡
住了一夜。第二天，溥儀一行十二人就都被蘇軍帶到蘇
聯去了。

第四篇　戰犯改造

　　從 1945 年 8 月 20 日溥儀到蘇聯起，一直到 1959 年 12 月 8 日離開撫順戰犯管理所為止，這 14 年又 4 個月期間，是溥儀的戰犯生涯。溥儀在蘇聯期間，沒有接受改造。回國被關進撫順戰犯管理所之後，開始接受了改造。因此，本篇故取名為戰犯改造。

第一章　蘇聯囚徒

　　1945 年 8 月 20 日，溥儀被蘇軍押到蘇聯赤塔郊外的莫羅科夫卡療養院。在這裡，溥儀頗受優待。溥儀身邊的那些人，不再稱呼溥儀為"皇上"，而是改稱"上邊"，溥儀依然保留著他的"皇帝"架子。

一、偽滿官吏被俘入蘇

　　溥儀在瀋陽機場被蘇軍抓獲後，長春地區成立了"維持會"。"維持會"的負責人是原偽滿總理大臣張景惠，並推舉另一位原偽滿大臣于鏡濤為長春市市長。他們在等待著蘇聯紅軍的接收。

　　溥儀入蘇以後，蘇聯紅軍就到了長春，叫張景惠通知所有原偽滿大臣不要走開，在家裡安心地等待著蘇軍的指示。9 月初的一天，蘇聯紅軍到了張景惠的家裡。蘇軍的上校對張景惠說："蘇聯最高指揮部叫他們去開會，馬上就走。"隨後，蘇軍一家一家地把所有在長春的偽滿大臣都抓住了。他們被帶到了蘇聯最高指揮部，一位上將對這些偽滿官吏說："你們的皇帝溥儀非常想念你們，你們也應該很想念他吧。所以，我們決定把你們送到溥儀那裡去。"說完，這些偽滿官吏全部被蘇軍帶走了。

二、獻寶與毀寶

11 月，溥儀等人又被送到伯力郊外的紅河子收容所。剛到紅河子收容所，蘇聯當局就宴請溥儀。席間，蘇聯軍官向溥儀表達了蘇聯政府戰後的經濟困難。請求溥儀慷慨獻寶。溥儀的想法是要依賴他帶到蘇聯的珍寶過他的下半輩子，如果都拿出來獻給蘇聯，自己以後依靠什麼生活呢？如果不獻，自己想長期留居蘇聯的願望肯定會破滅的。溥儀就決定，拿出一些品質比較差，體積大的獻出來，體積小的就藏起來。後來蘇聯人要檢查溥儀等人的物品，溥儀害怕這些藏起來的珍寶被蘇聯人發現，就決定毀掉、扔掉這些珍寶。溥儀的想法是，如果珍寶被發現了，蘇聯人就會認為在欺瞞他們，得不到蘇聯人的信任，長久留居蘇聯就更不可能了。就這樣，其中的一大部分珍寶被溥儀毀掉了。

三、申請留居蘇聯

在蘇聯一共五年的時間，這五年，溥儀無時無刻不是處在生存焦慮當中，他認為只要被蘇聯送回國就是死路一條。

溥儀在蘇聯的五年，他的所思、所想、所做就是為了能夠永遠留居蘇聯。為了達到這個目的，溥儀整日心神不寧，嘗試著去做了很多"努力"。他多次用隨身攜帶的珍寶賄賂蘇聯軍官，要以這種方式討好蘇聯軍官，以達到永遠留居蘇聯的目的。溥儀還先後兩次上書蘇聯政府和三次上書最高領導人斯大林，提出永遠留居蘇聯，甚至妄想的提出要加入蘇聯布爾什維克。此外，溥儀也多次口頭向蘇方提出永遠留居蘇聯。這些都是溥儀在蘇聯五年期間的生存焦慮的具體體現。溥儀為了緩解生存焦慮，就出現了精神防禦機制中的幻想。

防禦機制中的幻想：精神防禦機制中的幻想與妄想症是有本質上的區別的。妄想症是把自己幻想出來的，當做肯定的事實。而精神防禦機制的幻想，則是在焦慮當中產生一種美好的嚮往！

溥儀也清楚的知道，蘇聯是不可能長久的留下他。想到這裡，溥儀就表現出了精神防禦機制中的幻想。溥儀在自傳《我的前半生》中回憶：

> 住了不久，我便生出一個幻想：既然蘇聯和英美是盟邦，我也許還可以從這裡邊到英美去做寓公。這時我還帶著大批的珍寶首飾，是足夠我後半生用的。

但是歷史的事實也證明了溥儀的擔憂確實存在。從1946年到1948年的兩年期間，蔣介石的國民黨政府多次向蘇聯提出把溥儀引渡回國，都遭到了蘇聯方面的拒絕。1946 年 3 月 7 日，中國國民黨外交部住蘇聯大使向蘇聯政府遞呈外交信函一份，內容如下：

> 中國駐蘇大使受中國政府委託，於 3 月 7 日發出照會：就蘇軍俘獲溥儀一事，提出：溥儀為背叛中國的日本漢奸，中國政府希望蘇聯政府將此犯歸還我國，並繩之以法。

1946 年 7 月，溥儀又被遷往伯力第四十五收容所。1950 年春，溥儀最後一次提出永遠留居蘇聯的願望，蘇聯當局明確表示拒絕。不久，溥儀就被遣返回國了。

四、溥儀在蘇聯五年的身份

歷史學家王慶祥在其論文《溥儀囚居蘇聯期間探秘》中提出了這樣一個觀點，認為溥儀在蘇聯的五年期間是"戰俘"的身份，而被引渡回國後，在撫順戰犯管理所改造期間是"戰犯"的身份。對此，我有著不同的意見。我認為溥儀在蘇聯的五年期間的身份同以後在撫順改造時期的身份是一樣的，都屬"戰犯"的身份。

戰犯是指發動侵略戰爭，違反戰爭法規和慣例，違反人道原則的戰爭罪犯。而戰俘是指在戰爭中被俘獲但並未違反人道原則的俘虜。日本侵略者在二戰期間犯下了累累罪行，已被國際所公認。而溥儀做為日本侵略者刺刀下扶植的偽皇帝，無疑是其幫兇。偽滿時期的溥儀，裁可了許多法西斯式的法律，使眾多中國同胞們人頭落地，溥儀也是違反了人道原則。而且，蘇聯對日宣戰，向偽滿洲國發起進攻，是又一場反法西斯的戰爭。所以，從溥儀在瀋陽被蘇軍俘獲之日起，就已經開始了戰犯的生涯，而並非是戰俘。

舉一事實可以論證。在 1956 年夏季，中國人民最高法院特別軍事法庭在瀋陽開庭審判日本戰犯。判處時間最長的日本戰犯為 20 年，最高法院宣佈，從被俘入蘇期間開始算起。此事證明了新中國政府認定了在押的日本戰犯與偽滿戰犯從被俘入蘇期間就是戰犯的身份。

溥儀在蘇聯的五年，最重要的一件事就是在東京審判期間，他到日本東京出庭作證！

第二章　東京審判

　　第二次世界大戰結束後，日本國土被美軍佔領。美國將軍麥克阿瑟於 1946 年 1 月在日本東京設立國際軍事法庭。審判第二次世界大戰中破壞和平、發動侵略戰爭、違反人道、違反戰爭法規的日本戰犯。一共有十一個國家，分別是：美國、中國、蘇聯、英國、法國、荷蘭、加拿大、澳大利亞、紐西蘭、印度和菲律賓派出法官參加審判。中國的法官是梅如傲。審判從 1946 年 5 月 3 日正式開始，到 1948 年 11 月 12 日結束，歷時兩年半。共開庭 818 次，審判記錄達 4 萬 8 千 4 百多頁。一共有 419 人出庭作證。這 419 人中，就有中國的末代皇帝溥儀。而且溥儀在東京審判期間，一共 8 次出庭作證，創造了遠東國際軍事法庭出庭作證最長的記錄。

　　1946 年 8 月初，蘇聯當局通知溥儀到東京的國際軍事法庭出庭作證，溥儀提出要帶萬嘉熙前往，遭到蘇方的拒絕。蘇方給溥儀配備了一名翻譯前往，溥儀開始了他的第三次日本之行。在前往日本的路上，他又開始了猜忌：

　　　　飛到半途，忽然遇到一陣大雨，我從機艙玻璃窗口往下一看，只見山峰接連著山峰，好像是大興安嶺的模樣。那時，因為我不懂蘇聯話，再加上對於蘇聯的政策，尚未能十分信賴，於是我的老毛病——孤疑症便又犯了：不是要飛往東京麼？怎麼飛了這半天還看不到海？特別在飛機上，蘇聯軍官彼此間的談話，我又聽不懂，只好默然坐在一旁，一邊在心裡打著鼓，一邊有意無意地聽著。不料在他們的談話中，我忽然聽到了我僅能聽懂的"哈爾濱"三個字。於是立即把這僅能聽懂的三個字，又結合到我的疑心病上，因而不由得又在心中暗想到：難道這是往哈爾濱飛而不是去日本？……也許是蘇聯當局要把我送交蔣介石之手，怕我害怕，所以才故意說是要讓我赴日本東京去作證？……這樣一來，可就糟了，這不等於前去送死嗎？……就在這遐想萬里、疑慮橫生的時候，這架飛機也在空中地飛翔著。

溥儀的這種極度的敏感多疑，是人格偏執的一種表現。8月10日，溥儀抵達東京，住進蘇聯使館附近的一棟樓房中。

溥儀分別於16日、19日、20日、21日、22日、23日、26日、27日八次出庭作證。

8月16日，溥儀第一次出庭作證，檢察長季楠詢問了溥儀出關東北的問題。

8月19日，溥儀第二次出庭作證，檢察長季楠主要詢問了溥儀四個問題。其一，在偽滿洲國是否掌握實權。溥儀回答："組織法上規定的'皇帝'許可權有名無實。"其二，溥儀在偽滿洲國的"皇后"和"皇妃"的問題，談到了溥儀的"慶貴人"譚玉齡，溥儀堅定地說譚玉齡的死是吉岡安直害死的。其三，季楠檢察長詢問了溥儀偽滿洲國的宗教信仰問題。溥儀講到了 1940 年到日本迎"天照大神"一事。其四，詢問了溥儀偽滿的工業、產業的問題。

8 月 20 日，溥儀第三次出庭作證。上午，檢察長季楠詢問了溥儀兩個問題。第一，偽滿洲國的經濟。溥儀談到了偽滿時期鴉片的販賣以及滿洲人在冬天買不到棉花有凍死的；日本人不准滿洲人吃"大米"，否則就扣上"經濟犯"的"罪名"。第二，季楠詢問溥儀，日本人是如何備戰的？這個問題溥儀是不知情的。下午，日本的辯護律師布萊克尼對溥儀進行了激烈的盤問，目的是向要證明溥儀是自願投靠日本的。最後溥儀也難以招架，只好以"記不清"、"不記得"、"忘了"做答。

8 月 21 日，溥儀第四次出庭作證。律師布萊克尼拿出了溥儀給南次郎寫的親筆信，想要證明溥儀是主觀上要投靠日本人的。不料，溥儀裝作很憤怒的樣子，站起來大聲的喊："這是偽造的信件。"此話一出，全場嘩然。布萊克尼問："那這是誰的筆跡？"溥儀回答："不知道。"為了驗證，法庭用筆跡鑒定的方式來證明是不是溥儀所寫，而溥儀換了一個筆體。

8 月 22 日，溥儀第五次出庭作證。溥儀多以"想不起來"對抗日本的辯護律師布萊克尼。布萊克尼說中了溥儀的要害："證人把一切罪行都推到日本人身上，可是你是和日本人通謀的，你知道中國也要審判有通敵、利敵行為的人嗎？"

8 月 23、26、27 日，溥儀又第六、七、八次出庭作證。被告辯護律師想從溥儀那裡證明他是與日本人通謀的，自願與日本人合作的，取消溥儀的證人資格。但是溥儀都未讓被告辯護律師找到任何把柄。

溥儀結束了在東京的作證後，就返回到了蘇聯伯力第四十五收容所。

東京審判於 1948 年 11 月 12 日結束後，判處東條英機、土肥原賢二、板垣征四郎、松井石根、木村兵太郎、廣田弘毅、武藤章七人處以絞刑，於 1948 年 12 月 23 日凌晨執行。還有 16 人被法庭判處無期徒刑。

參考書目

王慶祥著　《法庭上的皇帝》，吉林文史出版社 1985 年版。

第三章　引渡回國

一、毛澤東提出引渡

前面說到了，從 1946 年開始，到 1948 年，國民黨政府一共三次向蘇聯政府提出引渡溥儀，都被蘇聯政府拒絕了。1949 年 10 月 1 日，中國共產黨建立了中華人民共和國。中共最高領導人毛澤東和周恩來在 1949 年 12 月至 1950 年 2 月訪問蘇聯，這次訪蘇是給他的 "主子" 斯大林過 70 大壽去了。這期間，毛澤東向斯大林提出將溥儀等日本和偽滿戰犯引渡回國的要求，卻得到了斯大林的同意。那麼，蘇聯政府為何要拒絕國民黨政府的引渡要求，而同意中共政府的要求呢？筆者認為，這應該要從中國共產黨的建立開始說起了。

1917 年俄國發生了 "十月革命"，在列寧的領導下，推翻了沙皇俄國的統治，成立了 "蘇維埃聯邦"，全稱為 "蘇維埃社會主義共和國聯盟。" 蘇聯國名也就此誕生。列寧將馬克思主義思想引進了蘇聯，列寧也因此與馬克思並稱為 "馬列"，或者 "馬列主義"。 因此蘇聯是世界上第一個 "馬列主義" 國家，或者說是

"世界上第一個社會主義國家政權"。

1919 年 3 月 4 日，在列寧的領導下，一個以"推動世界革命為目的"的國際共產組織在蘇聯首都莫斯科成立，稱"共產國際組織"。其真實目的是要在世界各國成立共產黨，支持各國共產黨來顛覆本國政府，最終加入"蘇維埃聯邦"。1920 年 4 月，共產國際代表維經斯基受命"共產國際組織"組建中國共產黨，在翻譯楊明齋的陪同下來到中國，通過俄國漢學家譯學館俄文教習伊鳳閣和鮑立維的介紹，聯繫到李大釗，又通過李聯繫在上海的陳獨秀。維經斯基在上海向陳獨秀提出建黨的建議，得到陳的同意。8 月，陳獨秀、李漢俊、陳望道、沈玄廬、俞秀松、李達、施存統和邵力子等人在上海李漢俊寓所組織成立了"中國共產黨"，陳獨秀被推選為書記。因此共產國際的刊物認為，中國共產黨的成立日期是 1920 年 8 月。

民國二十年，也就是 1931 年，這一年中國歷史上發生了兩件大事，第一件就是在 9 月 18 日這一天，日本侵略者製造"九一八事變"，開始侵略中國。第二件就是在"九一八事變"發生不到兩個月，11 月 7 日，中國共產黨在江西瑞金建立了政權 —— 中華蘇維埃共和國（就是今天中華人民共和國的前身），趁日本侵華國難之際，分裂了中國。中華蘇維埃共和國發行的錢幣上，印的頭像就是馬克思、列寧的頭像。因此，中華蘇維埃共和國是一個親蘇政權。也就是說，馬克思、列寧，不僅僅是蘇聯人頂禮膜拜的對象，也是中國共產黨頂禮膜拜的對象。

通過以上的敘述可以得知，中國共產黨與蘇聯政府是同在一個政治集團當中的，沒有蘇聯，就沒有中國共產黨，蘇聯與中共是一家人。而國民黨是孫中山先生一手創立的，遵循孫先生的"三民主義"，蘇聯與國民黨是兩家人。

1946 年，中國共產黨與中國國民黨發生了戰爭，蘇聯為中共提供武器支持，最終國民黨政府敗退于台澎金馬，中國共產黨取得了在大陸的政權。中國共產黨做為在蘇聯共產黨扶持下成立的政黨，取得了勝利，世界上又多了一個馬列主義的國家，這同樣也是蘇聯共產黨的勝利。所以，蘇聯政府拒絕國民黨政府提出的引渡溥儀，而同意中國共產黨提出的引渡溥儀。中國共產黨對溥儀進行思想改造，是出於政治因素的考慮。作為同一政治集團當中的"老大哥"——蘇聯，自然會同意。

1950 年 7 月 30 日，溥儀收到了準備將他移交回國的通知。溥儀隨即向收容所的翻譯官表示要長久留居蘇聯。而翻譯官對溥儀說出了實話："如果現在還是蔣介石的中國，你可以不回去。但是現在是毛澤東的中國了，你沒有可能留在蘇聯了。"實際上，這句話就是道出了真實的原因，蘇聯與蔣介石的國民黨是兩個陣營的敵對狀態，自然不會把溥儀移交給國民黨政府。與毛澤東的中共是一個陣營的，所以肯定要把溥儀移交給中共政府。

1950 年 8 月 1 日，溥儀被引渡回國。溥儀被引渡回國兩個月後，就發生了抗美援朝戰爭，中共出兵朝鮮，抗美援朝與溥儀被引渡回國的政治原因是相同的，都是出於同一個政治集團的因素考慮。

二、“立嗣皇子”

　　已經淪為戰犯的溥儀，居然想“立嗣”，立侄子毓嵒為“皇太子”，以後接替他當“皇帝”。要將一個虛無飄渺的皇位傳給侄子，這種荒唐的想法，溥儀能想得出，也能做得到。那麼這到底是怎麼一回事？又為何會有立“皇太子”的舉動呢？

　　毓嵒在回憶錄《我跟隨溥儀二十年》一書裡對“立嗣”的經過有如下的描述：

　　　　“1950 年夏季的一天，只有溥儀和我兩個人在我們住的那間屋子裡。他對我大加誇獎了一番，說我對他一向盡忠效力，尤其在這種患難之期，仍然一心不二，始終為他效勞，他想留居蘇聯，我能捨家隨他留居蘇聯，實在是列祖列宗的好後代。他說：“我決定從現在起，立你為我的皇子，以後要稱我為‘皇阿瑪’。”接著，他帶著我向列祖列宗行三跪九叩禮，然後我向他行了三跪九叩禮。他囑咐我今後要對他更加盡忠盡孝，要念念不忘恢復大清皇朝的基業”。

　　毓嵒所說的 1950 年夏季，那就是 6、7 月份之間。此時的蘇聯政府早已答應了中國政府，要把日本戰犯和以溥儀為首的偽滿洲國戰犯移交中國，溥儀是在得知即將要被移交回國之際，才決定“立嗣”毓嵒的。從溥儀“立嗣”之舉中，我們可以看出，此時的溥儀看到的即是絕望，也是“希望”。

溥儀在蘇聯曾三次上書斯大林，請求斯大林允許他永久居留蘇聯。溥儀認為只要被移交中國，就一定會被殺。1950 年夏季，溥儀知道想要永遠留居蘇聯是不可能了。所以，溥儀決定要在臨死之前，做好後事的安排，將“皇位”傳給可以信賴的侄子毓嵒。溥儀“立嗣”毓嵒說明了溥儀已經做好了死的準備，是在為自己的“後事”做安排，所以溥儀看到的是絕望。

溥儀在即將被移交回國時，也看到了“希望”，就是復辟清朝的“希望”。溥儀知道，永遠留居蘇聯，是不可能有機會復辟清朝的。只有回到自己的祖國去，才能有機會復辟清王朝。溥儀在蘇聯五年，沒有選擇其他時間“立嗣”，而是選擇在即將被引渡回國的時間“立嗣”。從時間上就可以證明溥儀是又一次燃起了“復辟”的念頭，所以溥儀又看到了“希望”。從溥儀的這一舉動中，我們也可以得知他在蘇聯五年期間，並未接受改造。在家族之內，溥儀仍然認為自己是至高無上的“君主”。

毛澤東提出引渡，又加重了溥儀對於生存的焦慮。

三、心理防禦

　　在溥儀"立嗣"毓嵒之後，他問到毓嵒一個問題，就是自己能不能被遣返回國。溥儀之所以問到毓嵒這個問題，從心理學角度講，他在使用精神防禦機制中的否認。

　　防禦機制中的否認：你的最親的人離世了，面對你親人遺體，你可能會說："他沒有死，只不過是睡著了而已，他會醒來的。"如果硬要你馬上接受，你可能會"嗷一下抽了過去"。所以，否認現實是防禦機制給了你一個緩衝的時間。

　　溥儀在防禦機制中的否認：前文說到了溥儀在蘇聯的五年期間處在一種生存焦慮當中，他總是擔心自己會被遣返回國，被處以極刑。毛澤東和周恩來在 1949 年 12 月至 1950 年 2 月訪蘇期間，向斯大林提出了引渡日本戰犯和偽滿戰犯，交由中國處置的要求，得到了斯大林的同意。當溥儀聽到自己即將被引渡回國的消息時，出現了極度的恐慌。1950 年春天溥儀最後一次提出留居蘇聯的要求，被明確地回絕了[1]。溥儀最後一次努力失敗了。根據溥儀的族侄毓嵒（音：岩）在回憶錄《我跟隨溥儀二十年》一書中回憶了一件事：

---

[1] 王慶祥：《末代皇帝溥儀改造全記錄》，天津人民出版社 2009 年版，頁 99。

就在立我為嗣之後不久的一天傍晚，溥儀在院裡和我散步時，他忽然小聲問我：「根據目前的情況，蘇聯能不能把我們送回中國？」我當然知道溥儀是最怕被送回中國的，但從當時的情況看，很有被送回中國的可能。經溥儀這樣一問，我真有點左右為難，如果說能送回國，溥儀一定很不願意，如果說不能送回國，那我又是對他說假話，不忠誠。倉促之間，我還是遵守多年來溥儀對我們的要求，對他必定要忠誠不欺，我便向溥儀說了實話——「有可能要送回中國去」。不料溥儀對於我大加斥責。他說：「我沒想到我這樣推心置腹地對待你，把你過繼給我當皇子，你卻想讓蘇聯把我送回中國去受嚴厲的制裁。」我看溥儀這樣發怒，於是說了很多解釋的話，並且自己用手摔自己一番，才算了事。

溥儀與毓嵒說這話的時間是在 1950 年的夏季，此時的溥儀已經知道自己必然會被移交給中國政府。溥儀之所以這樣問毓嵒，是想從毓嵒的嘴裡聽到否認的話，能夠減輕他目前存在的生存焦慮。這就是溥儀在防禦機制中否認的表現。

四、在歸國的列車上

1950 年 7 月 18 日，蘇聯政府先引渡日本戰犯。28

日，再引渡偽滿戰犯。8 月 1 日，中蘇兩國在綏芬河火車站交接 58 名偽滿洲國戰犯。此次引渡戰犯是秘密進行的，為了保密工作，火車的玻璃都是用紙給糊上了。

溥儀在回國的列車上表現超乎尋常，根據參與押解的時任東北公安部政保執行科的工作人員田羽在回憶文章《記押解偽滿皇帝群臣經過》中說：

> 當列車快要達到長春時，溥儀突然大聲喊叫："你們誰罵斯大林？斯大林對我們多好，真沒良心。"隨行的工作人員立即前去制止，讓溥儀回到座位，但是溥儀的喊叫聲更大了。工作人員只好對溥儀說：沒有人罵斯大林，可能是因為你疲倦，睡眠不足，發生錯覺了。"此時，有人叫來了溥傑，幫助規勸，溥儀這才似睡非睡地躺在座位上了。溥傑走後，溥儀又坐了起來，對工作人員講："我確實聽到有人罵斯大林了，那裡有人思想不好。"說完，溥儀要去了筆記本和鋼筆，寫上了"思想不好"的人的名字。

溥儀的隨侍李國雄口述回憶錄《隨侍溥儀紀實》中也有類似的回憶：

> 到晚半晌，他像發了神經病（應為精神病），領著解放軍走到車廂中，指著他的侄子毓嶦和原來給他當過侍從武官的趙某（名字應為趙蔭茂）對解放軍說："他們兩人思想不好，反對民主！"解放軍一聽不像正常人說的話，也沒理他的茬"。

當天，溥儀繼續對隨行工作人員說，自己如何恨國民黨，因國民黨撅了他家的祖墳，又說自己信佛，從來不殺生，又說日本關東軍是如何控制他的，又扯到日本人害死了他的妻子譚玉齡等等。根據工作人員田羽回憶，他東拉西扯，語無倫次。[2]

第二天早上，溥儀又突然走到侄子毓嶦和趙蔭茂的面前，撲通一聲跪了下來，給他們二人磕了幾個頭，又說了幾句道歉的話就又回到座位上了。溥儀的這種超乎尋常的表現，經隨行醫生檢查，初步認為是精神錯亂的表現。這也是醫生對溥儀精神方面的唯一一次鑒定。

通過上面的敘述可以知道，溥儀精神不正常，已經有很多人覺察到了。在回國的列車上，任何人都安靜的坐在座位上，唯獨溥儀有這種超乎尋常的表現。從心理學角度來看，正是溥儀的急性焦慮發作，才出現了這種超乎尋常的表現。完全符合了驚恐障礙臨床表現的“體驗到瀕臨死亡感，失去控制，像要發瘋”。

溥儀之所以在回國的列車上出現急性焦慮發作，就是因為在蘇聯的五年期間，處在生存焦慮當中。他認為，只要被遣返回國，就是死路一條。

溥儀這種超乎尋常的表現彙報到了周恩來總理那裡。根據周總理指示，列車到瀋陽時，讓東北政府主席高崗接見溥儀，安撫一下溥儀的情緒。所以就在 8 月 4

2　田羽：《記解押偽滿皇帝群臣經過》，載《偽滿皇帝群臣改造紀實》，遼寧人民出版社 1992 年版。

日中午，列車抵達了瀋陽，溥儀等幾個偽滿戰犯就被叫下了車。溥儀認為下車就是要被槍決了。溥儀拉著一位族侄的手說：「走！我帶你去見祖宗去。」溥儀心想：在槍決之前，一定要大喊一聲太祖高皇帝（努爾哈赤）萬歲！也不枉為愛新覺羅的子孫。

　　溥儀等人上了一輛大客車。隨即被拉到瀋陽市和平區南京街的東北公安部大樓，東北主席高崗接見了溥儀。溥儀一進去，就看到桌子上擺滿了糖、蘋果。溥儀認為這就是「送命宴」了。溥儀一隻手抓起了一個蘋果，一邊吃一邊用另一隻手抓糖往口袋裡裝。溥儀也不聽高崗說話，只顧著吃他的蘋果。甚至打斷高崗的講話：「不用再說了，趕快走吧。」溥儀的潛臺詞是：趕快行刑吧。高崗笑著對溥儀說：「你是太緊張了，應當鎮靜鎮靜。」一位工作人員拿了一張名單進去了，溥儀認為這就是對他的判決書，一下子把名單搶了過去。這卻引起周圍的人哈哈大笑。溥儀的行為無疑是處在驚恐障礙發作當中。高崗說道：「你不用這麼緊張，在瀋陽沒有找到合適的地方，準備讓你們到撫順去，到了那裡先好好休息一下，注意身體。然後再好好學習、改造。」

　　溥儀等人又被送回到了火車上，跟下車的時候相比，他完全變了一個人。因為他知道了，自己不會被處死了。當天下午，列車抵達撫順，溥儀等偽滿戰犯就關進了撫順戰犯管理所。

第四章　改造初始

從本章開始講述溥儀的改造生涯。

撫順戰犯管理所位於遼寧省撫順市順城區寧遠街 43 號，為中國大陸的紅色旅遊經典景區。

撫順戰犯管理所修建于 1936 年，是日本侵略者用來關押抗日志士和愛國同胞的地方，取名為"撫順典獄"。日本投降後，國民黨將這裡改為"遼寧第四監獄"。1948 年 11 月 20 日撫順被共軍佔領，這裡又叫"遼寧第三監獄"。1950 年初，根據國家領導人指示，新蓋了鍋爐房、

作者於溥儀被羈押的撫順戰犯管理所

禮堂、浴室、醫務室等，安裝了暖氣設備，改名為"撫順戰犯管理所"，準備接收即將被移交回國的日本戰犯、偽滿戰犯。從 1950 年到 1975 年，這裡先後關押了日偽戰犯與國民黨戰犯。1975 年，被關押的戰犯全部被特赦，1986 年經過公安部報請國務院批准，將撫順戰犯管理所做為陳列館對外開放。稱作"撫順戰犯管理所舊址陳列館"。這是中國唯一一處歸屬公安部管轄的博物館。

　　溥儀是中國的末代皇帝，他的一生是從皇帝到公民轉變的一生。決定溥儀從皇帝到公民根本性的轉變就是溥儀在撫順戰犯管理所近十年的思想改造。因為溥儀投靠日本侵略者，背叛祖國，所以才有溥儀在戰犯管理所的改造。也正是因為溥儀有了這段改造經歷，才使溥儀成為了一名普通公民。溥儀的改造生涯，具有他人生中承上啟下的重要作用。研究溥儀，從他的改造生涯入手，就是打開溥儀生平的一把鑰匙。

一、毛澤東處置前朝的末代皇帝

　　由於毛澤東的提出，溥儀等 58 名偽滿洲國戰犯在 1950 年 8 月 1 日被移交回中國，關押在撫順戰犯管理所。應該如何處置前朝的末代皇帝？毛澤東在 1956 年 4 月 25 日，中共中央政治局擴大會議上發表了一篇重要講話，這個重要講話就如何處置前朝的末代皇帝給了明確的答覆：

什麼樣的人不殺呢？胡風、潘漢年、饒漱石這樣的人不殺，連被俘虜的戰犯宣統皇帝、康澤這樣的人也不殺。不殺他們，不是沒有可殺之罪，而是殺了不利。

毛澤東接著說："不殺頭，就要給飯吃，對一切反革命分子，都應當給予生活出路，使他們有自新的機會。"

毛澤東不但不殺溥儀，給溥儀生活出路，而且還對溥儀格外的優待。

1961 年 3 月，已經是溥儀出獄後的一年多的時間了。中央統戰部部長李維漢宣佈對溥儀、杜聿明首批特赦人員安排到全國政協任文史資料研究委員會任專員。在宴會上，李維漢部長說："你們這些人過去都是享受慣了的，今天當然不能讓你們和過去一樣，但也不能讓你們過一般人的生活，而是讓你們能在新中國過上中等以上水準的生活。如果有特殊需要，你們還可以提出來，也可以考慮臨時補貼。" 工作調轉的薪資待遇，由原來的 60 元，提高為每人每月 100 元的工資。

1964 年，毛澤東聽說溥儀每個月的薪水是 180 元時，還是覺得對溥儀的待遇不夠好，遂委託章士釗拿出自己的稿費給溥儀改善生活。毛澤東說："人家畢竟是皇帝嘛！"

20 世紀 60 年代，普通人每月的平均收入僅僅是幾十元。而溥儀的薪資能達到 180 元，可見對溥儀的優厚待遇。通過以上的敘述可以看出，國家領袖毛澤東對前朝末代皇帝的安排是不殺頭，給生活出路，而且還要格外優待前朝的末代皇帝。毛澤東這麼做是突發奇想嗎？

答案是否定的，毛澤東主席對待前朝末代皇帝並非是突發奇想，其背後有以往的歷史因素！

不殺前朝的亡國之君歷史上早已有之。北宋王朝的開國皇帝趙匡胤在陳橋兵變，黃袍加身後，並沒有殺掉後周的小皇帝柴宗訓，是將柴宗訓封為鄭王，遷至房州，柴宗訓在 20 歲的年紀正常病故。趙匡胤登極後規定，後世子孫不得殺柴氏後人。

北宋的亡國之君宋徽宗和宋欽宗被金軍俘虜，被押至金國的五國城，雖然給了徽欽二帝昏德公與重昏侯的侮辱性稱號，但是金國皇帝也並沒有殺掉徽欽二帝。徽欽二帝分別在 54 歲和 57 歲的年紀在金國壽終正寢。

1912 年中華民國成立，共和時代登上歷史舞臺，共和代替帝制，民主代替君主。共和時代真正開啟了對前朝末代皇帝的格外優待。

溥儀在 1912 年 2 月 12 日退位後，民國政府就開始了立即對前清皇帝溥儀的優待。首先頒佈了《清室優待條件》，讓溥儀的"皇帝"尊號保留下來，不被廢除，中華民國政府對待溥儀，是以對待外國君主之禮相當。暫時居住在紫禁城，日後再移居頤和園。每個月中華民國政府給遜清皇室四百萬兩。

溥儀的"皇帝"尊號被保留下來了，也可暫時居住紫禁城。但很多遜清遺老想借屍還魂，復辟清朝。這使許多人認為"宣統太不安分了"，但是也沒有將溥儀殺掉，而是在 1924 年 11 月 5 日，馮玉祥指派鹿鐘麟將前朝末代皇帝溥儀驅逐出宮，並且頒佈《修正清室優待條件》。

《修正清室優待條件》中規定"大清宣統帝從即日起永遠廢除皇帝尊號，與中華民國國民在法律上享有同等一切之權利"；"民國政府每年補助清室家用五十萬元"。

民國政府不但沒有殺掉溥儀，而是給了溥儀兩次優待。第一次讓溥儀保留"皇帝"尊號，還每個月給遜清皇室四百萬元。第二次讓溥儀成為了中華民國國民，每月給清室補助五十萬元。這與日後毛澤東主席說的"被俘虜的戰犯宣統皇帝、康澤這樣的人也不殺……不殺頭，就要給飯吃"，如出一轍。在第二次給溥儀的優待中，再給溥儀保留"皇帝"尊號，而是讓溥儀成為了"國民"。這與日後毛澤東將溥儀改造成為一名自食其力的普通公民也是如出一轍。

我們可以發現，毛澤東不殺溥儀，給溥儀飯吃，並且給溥儀格外的優待，是繼承了中華民國時代對前朝末代皇帝優待的政策。

二、溥儀全心接受改造

抗美援朝戰爭的勝利與溥儀的思想改造有著密不可分的關係。

1950 年 6 月，朝鮮戰爭爆發，朝鮮最高領導人金日成欲用武力統一朝鮮，對韓宣戰。金日成的舉動遭到了美國的干涉。9 月，美軍在朝鮮半島南部西海岸仁川登陸，支援韓國。中國志願軍度過鴨綠江，出兵朝鮮，抗美援朝戰爭爆發。

　　10月，根據周恩來總理下達的命令，將戰犯轉移哈爾濱。日偽戰犯先後于 10 月 18 日、19 日分成兩批轉移到哈爾濱。周恩來的命令可以起到兩方面的作用：其一，撫順離丹東鴨綠江並不遙遠，轉移戰犯是為了安全起見。其二，也就是因為撫順與丹東相隔不遠，抗美援朝戰役會影響到戰犯們安心改造。周恩來總理是擔心日偽戰犯會將注意力轉移到中國志願軍抗美援朝戰爭上來，造成人心浮躁，不能專心接受改造，所以要將日偽戰犯轉移到哈爾濱。

　　事實證明了周恩來總理的確有先見之明！

　　從撫順到哈爾濱的列車上，溥儀問過溥傑：

　　“這仗打下去行嗎？”

　　溥傑回答說：“出國參戰，簡直是燒香引鬼，眼看就完了。”

　　溥儀聽了溥傑的回答後，歎了一口氣。

　　到哈爾濱後，溥傑寫了請願書交給所方，提到要到朝鮮戰場參加抗美援朝戰役。溥傑的實際想法是如果在朝鮮戰場被美軍俘獲，可以向美軍提出將其引渡到日本，和家人團聚。

　　無獨有偶，潤麒等人在此時也寫了請願書要求參加抗美援朝戰役。甚至有些日本戰犯在此時還有一個幻想，就是共產黨戰敗，美軍會將他們解救，放回日本。可見，這場抗美援朝戰爭給日偽戰犯來帶了人心的浮動。周恩來總理下達轉移戰犯的命令，也避免了出現更大的躁動，有利於戰犯的改造。

　　中美在朝鮮戰場上經過幾次大的戰役後，最終於 1953 年 7 月 27 日，簽訂《關於朝鮮軍事停戰的協定》，美軍戰敗，我國的抗美援朝戰爭取得勝利。中國也為此提高了國際威望。1954 年 3 月，管理所也從哈爾濱遷回了撫順。

　　共產黨與國民黨、美軍作戰，都取得了最終的勝利。作為封建帝制時代的末代皇帝溥儀也從中看到了新中國政權的穩固。共產黨不會處決溥儀，這一點溥儀也看到了。但他也清楚的知道自己不可能很快出獄，想要在穩固的新中國政權生存下去，擺在自己面前只有一條出路，就是接受思想改造。抗美援朝戰役的勝利，對戰犯的安心改造起到了關鍵性作用！

第五章　改造細節

一、穩定情緒

　　1950 年 8 月 1 日，中蘇兩國在綏芬河火車站交接 58 名偽滿戰犯，隨後將偽滿戰犯送至撫順戰犯管理所，其目的就是為了將戰犯們改造成為一個新人，認識過去的罪行，要把溥儀這條 "龍"，蛻變成一個人。這些都談何容易，但是為了這個目標，我們國家做出了不少努力！

　　由於日本戰犯得不到細糧的供應，發生了絕食、鬧監的現象。周恩來總理指示，尊重民族習慣，全部供應細糧。對於偽滿戰犯，總理也作了指示，按照戰犯的級別，給予大灶、中灶、小灶的待遇。而且 "戰犯管理所把溥儀作為特殊照顧的對象，除按小灶供應外，還隨時給他單做合適口味的飯菜"[1]，洗衣補襪也由別人代勞。從而穩定了戰犯的情緒，杜絕了絕食、鬧監事件的發生。

---

[1] 王慶祥：《非常公民溥儀軼史》，中國國際廣播出版社 2004 年版，頁 209。

溥儀當皇帝的前半生吃的是山珍海味，如果溥儀初到撫順戰犯管理所，吃不到適合自己口味的飯菜，在溥儀的內心深處，一定會有很大的情緒波動。共產黨這樣做，就是要解除埋藏在溥儀內心深處大的情緒波動。

二、學會自理

溥儀的前半生都是過著衣來伸手、飯來張口的生活，自己從來沒有動手做過任何事情，也不會照顧自己。溥儀初到撫順戰犯管理所時，在 67 號監室與家人同住。所方為了讓溥儀能夠擺脫對家人的依賴，便把他調入隔壁的 68 號監室，與偽滿大臣同住，"讓他自己學會料理自己的生活，就是放下皇帝架子的第一步"。[2]溥儀在撫順戰犯管理所慢慢的學會了打掃衛生、給花澆水、洗衣服、補襪子等勞動。

1958 年，所裡關押的戰犯 "三十五人聯名提出《申請書》，迫切要求參加勞動，以加速改造步伐"。這 35 人中就有溥儀一個，溥儀等 4 人被分配醫務室工作。溥儀能夠主動申請工作，說明共產黨對他的改造是很成功的。

---

2 王慶祥、張臨平：《末代皇帝溥儀的生死時刻》，天津人民出版社 2010 年版，頁 217

三、懂得感恩

由於我們黨對待戰犯是以德報怨，實行人道主義，戰犯們強硬的心開始軟了下來，溥儀也是一樣的。1951年，還在哈爾濱時溥儀就提出"把供應給他的細糧和魚肉改成粗糧和一般飯菜，以便把細糧和魚肉省給中國人民志願軍"。[3]為了抗美援朝，他又交出祖傳無價之寶"乾隆田黃石印"。對此所方評價溥儀說："你把東西拿出獻給國家這很好，不過，更主要的是經過改造的人。"這就是溥儀感恩的表現，然而我們黨要做的，並不是讓溥儀這些戰犯感恩，而是要讓他們認罪。感恩並不等於認罪。

四、認　罪

在穩定了戰犯的情緒，讓 981 號戰犯溥儀逐步學會自理，接下來就該讓戰犯們認罪了。

起初，溥儀認為自己沒有多少罪可交代。因為他認為自己是個傀儡，都要聽從日本人的。東北公安部的一位科長叫董玉峰，他對溥儀說："僅由你這個'皇帝'簽發的《治安維持法》、《保安矯正法》、《糧穀管理法》、《國兵法》等等上千種法西斯式的法律，就使東

---

3 劉家常、鐵漢：《戰犯改造紀實》春風文藝出版社 2008 版，頁79

北 3000 萬人民深受其害，千百萬人頭落地，怎能說自己
沒有罪責呢？"[4]溥儀聽後，大吃一驚，便向董玉峰鞠了
一躬。這只是溥儀在認罪道路上的初級階段。

　　管理所從哈爾濱遷回撫順後，最高人民法院，東北
工作團的人到了撫順戰犯管理所，偵訊戰犯。首先是日
本戰犯，讓偽滿戰犯來檢舉日本戰犯，還得寫材料檢舉。
溥儀也積極寫材料揭發日本戰犯所犯下的罪行。檢舉日
本戰犯之後，又讓偽滿戰犯大坦白與互相檢舉。管理所
還召開一次偽滿戰犯坦白批判大會。

　　還在哈爾濱時期，1952 年，溥儀的侄子毓嵒給所長
孫明齋寫了一封信，檢舉溥儀藏寶。沒過幾天，孫明齋
所長就把毓嵒叫到辦公室，詢問毓嵒的學習情況，孫明
齋看出毓嵒的心思，知道他還在想那封檢舉信，就讓他
給溥儀寫一張紙條，內容是希望溥儀主動坦白藏寶之
事。毓嵒就趁著給溥儀送飯之機，將紙條遞給溥儀。此
時的溥儀感覺自己已經是眾叛親離，經過十天激烈的思
想鬥爭，終將所藏 468 件珍寶全部上交所方。

　　1954 年 5 月，所方召開偽滿戰犯坦白大會，雖然這
些偽滿戰犯並沒有太多隱瞞卻也很被動，而溥儀東聽
聽，西看看，窺視別人的交代內容並記錄下來。會上也
對溥儀有所批評，溥儀即席坦白了一些事情，包括藏寶
等。這時毓嵒插嘴："這是我提醒你的。"溥儀說："我正

4　《偽滿皇帝溥儀暨日本戰犯改造紀實》1992 年版，頁 46。

要說是你提醒的。"可見"坦白大會"有利於溥儀等戰犯的改造。

1955 年 8 月 20 日，東北工作團的偵訊員趙煥文把偵訊溥儀的文件拿給溥儀看，確認溥儀犯有五項重大罪行，分別是"勾結日寇陰謀復辟清朝封建王朝統治"、"背著祖國充當'皇帝'與敵簽訂賣國條約"、"甘心奉行日寇意旨，親手'裁可'各種政策、法令、危害人民"、"參加國際反共協定，支援侵略戰爭，破壞和平"、"燒毀證據企圖潛逃日本"。每一項都有詳細的列舉說明，溥儀看後，簽字表態"完全是正確的，故我應負上述完全罪惡責任"。

起初的溥儀並不是不知道自己有罪，只是不願意去認罪，他的內心是有所顧及的。他害怕審判那一天的到來，不願意認罪。通過以上所述的溥儀在管理所的種種表現來看，終於低下了頭，能夠將前半生的罪惡赤裸裸公佈出來。

五、外出參觀

1953 年 5 月，為了發展國民經濟，正式開始了第一個五年計劃的實施。發展國民經濟的第一個五年計劃的主要任務是：進行以重工業為主的工業化基本建設，為國家的社會主義工業化奠定初步基礎；把資本主義工商業納入各種形式的國家資本主義的軌道，以建立國家對資本主義工商業進行社會主義改造的基礎。

　　從以上的敘述可以看到，新中國的經濟發展是以工業和商業為主。到 1956 年早春時節，第一個五年計劃了已經基本完成。所以戰犯管理所方面，要讓戰犯們到社會中親眼看看在第一個五年計劃中，新中國社會的轉變。讓戰犯們看到在社會主義的建設中新中國的變化，這對戰犯們的思想改造起到了推動性作用。

　　1956 年 3 月，戰犯管理所組織戰犯們到社會上參觀學習。這是戰犯們第一次走出圍牆中，去見識社會的變化。

　　例如偽滿戰犯在一個家庭參觀，這家的老大娘讓戰犯們看看大米。這時老大娘的兒子回來了，說："大米有什麼好看的？"大娘說："現在是沒什麼好看的，可你在'康德'那年頭看見過幾回？"

　　"康德"這兩個字應該說是刺痛了溥儀的心，溥儀立即站起來低著頭對這位大娘說："您說的那個'康德'，就是偽滿的漢奸皇帝溥儀，就是我，我向您請罪。"

　　溥儀剛說完，同來的幾位偽滿戰犯都站了起來一個接著一個說：

　　"我就是那個抓勞工的偽滿勤勞奉仕部大臣。"

　　"我是搞糧穀出荷的興農部大臣。"

　　"我是給鬼子抓國兵的偽軍管區司令。" [5]

5　王慶祥：《毛澤東周恩來與溥儀》人民出版社 1993 年版，頁 37。

這些偽滿戰犯都等著老大娘發落，而老大娘卻哭著說："事情都過去了，不用再說了，只要你們能學好，聽毛主席的話，做個正經人就行了。"聽完老大娘的話，在場的偽滿戰犯都哭了。

根據《我的前半生》及《溥儀日記》的記載，戰犯們參觀過了工人養老院、農村生產合作社、龍鳳礦、石油第一廠、撫順工業學校等。這次外出參觀對溥儀的影響非常大，溥儀對這次參觀有過這樣的一番感慨："和第一天出發時正是一個強烈的對比。'變了，社會全變了，中國人全變了！'"[6]

1956 年早春的新中國正是即將完成第一個五年計劃，由封建社會進入到社會主義社會轉型的中國。溥儀從來沒有見過社會主義社會的中國是什麼樣子，在此之前，溥儀所見到的中國是封建帝制的中國，難怪溥儀有這樣的感慨！讓戰犯們看到在社會主義的建設中新中國的變化，這對戰犯們的思想改造起到了推動性作用。

第一個五年計劃的時間是從 1953 年到 1957 年。時至 1957 年，第一個五年計劃已經是超額完成了，實現了國民經濟的快速增長。所以，在戰犯管理所方面，再次組織戰犯們到社會上去參觀，讓戰犯們親眼見到超額完成了第一個五年計劃的中國社會是什麼樣子！

1957 年 5 月，戰犯們又到了瀋陽參觀。這次在瀋陽主要參觀了東北工業陳列館；第一機床、第二機床；風

---

6 愛新覺羅・溥儀：《我的前半生》，群眾出版社 1980 年版，頁 490

動工具廠；瀋陽電纜廠。這是溥儀首次見到了新中國工業的發展。

還參觀了瀋陽市百貨公司第一商店和瀋陽國營貿易企業聯營公司。這是溥儀首次見到了新中國商業的發展。

結束了瀋陽的參觀後，所方又組織戰犯先後參觀了哈爾濱、長春、鞍山，以及第二次在瀋陽的參觀。

根據《溥儀日記》的記載，在哈爾濱參觀了：哈百第一商店、副食品商店、斯大林公園、兆麟公園、兒童公園、哈爾濱公園、東北量具刃具廠、東北電錶儀器廠、農業生產合作社、哈爾濱電機廠、東北烈士紀念館、哈爾濱毛織廠。

在長春參觀了：中國科學院光學精密儀器研究所、兒童醫院、第一汽車廠、長春電影製造廠。

在鞍山參觀了：大孤山選礦廠、第 9 號高爐、第 2 號薄板廠、大型軋鋼廠、無縫鋼管廠。

8 月底，所方又組織戰犯第二次參觀瀋陽，這次在瀋陽參觀了：遼寧省東北農業展覽會、瀋陽陶瓷廠、瀋陽重型機器廠、遼寧實驗中學、瀋陽化工廠以及化工廠的幼稚園。

通過在 1956 年和 1957 年所參觀的地方我們可以得出一個結論，組織戰犯參觀最多的地方就是工廠，其次是商店。

封建帝制時代，所注重的經濟發展是農業。新中國成立之後，第一個五年計劃的實施，所注重的經濟發展是工商業。戰犯管理所組織戰犯們到社會上參觀，其目的就是讓戰犯們看到新中國社會與舊社會本質的不同，從而拋掉舊我。而溥儀做為帝制時代的最後一位皇帝，見到工商業在新中國的蓬勃發展，認清了新中國經濟發展的重要嚮導，與封建帝制時代的經濟發展是不同的道路，溥儀的思想也從根源上與封建帝制撇清關係，站到了社會主義陣營當中來。1956 年和 1957 年的兩度外出參觀，這讓溥儀從中看到了新中國經濟的穩固發展，徹底認清了在共產黨領導下的新中國社會。

應當注意，1956 年所方組織戰犯到社會上去參觀僅僅是在撫順市內參觀。到了 1957 年，所方組織戰犯先後參觀了瀋陽、長春、哈爾濱、鞍山。1957 年是大面積的參觀，其主要原因就是在 1956 年，中國尚未完全實現第一個五年計劃目標。而到了 1957 年，中國已經超額完成了第一個五年計劃，國民經濟已經達到了快速增長。所以，戰犯管理所方面在 1957 年安排戰犯們大面積的參觀社會，讓戰犯們認識到了新中國時刻都在發生改變。

第六章　獄中軼事

　　溥儀在撫順戰犯管理所改造期間，就明顯的突然了他的潔癖行為。根據撫順戰犯管理所管教員李福生在他的長篇回憶文章《改造偽滿皇帝溥儀鎖記》一文中說：

　　　　溥儀每天出入房門時，總是等別人在前把門打開，他才跟著進出屋。當他自己出入門時，又總是用手帕或紙墊著門把手，然後才開門進出屋……一次，溥儀檢查思想時曾說：「我從來沒自己開過門，現在別人用手開門，我就不願意用手碰門。因為大夥都用手摸門把手，那就太髒了，所以，我要用紙和手帕墊著開門。」

　　在戰犯管理所洗澡時，溥儀每次都要搶先第一個下池子，如有另外一個人下池子，他就馬上出來穿上衣服。池子裡若有人先洗，他就乾脆不下池子了。

　　溥儀剛剛進入戰犯管理所時，所方人員要把溥儀與親屬們分開，其目的就是要鍛煉溥儀的「獨立」性。溥儀與親屬分開了，是什麼反應呢？溥儀在他的自傳《我的前半生》中回憶此事說「我孤零零地站在一群陌生人面前，感到非常彆扭，簡直坐也不是，站也不是」。依賴型人格中有一個特點，就是一旦與所依賴的對象分離，那麼就無法適應。所以溥儀就向所方提出了要與親屬們在一起，因為家人是溥儀依賴的對象。

溥儀對看守員說："我想說說，我從來沒跟家裡人分開過，我離開他們，非常不習慣。"

溥儀說完，看守員就向所長請示，所長同意了溥儀的請求。所長告訴溥儀："你自己也要學一學照顧自己！"

"是的，是的，"溥儀連忙說，"不過，我得慢慢練，一點一點地練……。"

1950 年 10 月，因抗美援朝戰爭爆發，日偽戰犯從撫順遷往哈爾濱。在哈爾濱期間，所方和一家鉛筆廠聯繫好，由犯人們包糊一部分鉛筆廠的紙盒。所得費用，用來改善戰犯們的生活。在這項勞動中，溥儀與人發生了爭執。《我的前半生》裡詳細描述了此過程：

　　"你這是怎麼糊的？"前偽滿軍醫院長老憲把我的作品拿在手裡端詳著看，"怎麼打不開？這叫什麼東西？"

　　我走過去，一把從老憲手中奪下來，把它扔進了廢料堆裡。

　　"怎麼？你這不是任意報廢麼？"老憲對我瞪起了眼。

　　"誰報廢？我糊差點，不見得就不能用。"我嘀咕著，又從廢料堆裡把我的作品撿回來。把它放在成品堆裡。這樣一擺，就更顯得不像樣了。

　　"你放在哪裡，也是個廢品！"

聽了他這句雙關話，我氣得幾乎發抖。我一時控制不住，破例地回敬了一句："你有本事對付我，真是欺軟怕硬！"

第二天糊紙盒的時候，老憲選了我旁邊的一個位置坐下，從一開始糊起，總是用一種挑剔的眼光瞧我的活。我扭了一下身子，把後背給了他。

"溥儀今天成績不壞吧？"

"還好，沒有廢品。"我頂撞地說。

"嘻，還是虛心些的好。"

"說沒有廢品就算不虛心？如果再出廢品，再隨你扣帽子吧。"

不料他走到我那堆成品裡順手拿出一個，當著眾人舉了起來說：

"請看！"

原來我糊倒了標籤。

"你想怎麼就怎麼吧！"

"呵，好大口氣！還是臭皇帝架子。我對你批評，是對你的好意。"

"我比你笨，不如你會說會做，我天生的不如你。這行了吧？"

……。

這天夜裡，我做起了惡夢，夢見那張凹凸不平的橘皮臉直逼著我，惡狠狠地對我說："你是個廢物！你只能去當要飯花子！"

1955年，中共中央的領導到撫順戰犯管理所探望溥儀，溥儀的自傳《我的前半生》裡說：

> 「新的一年開始了，你有什麼想法？」
>
> 一九五五年的元旦，所長這樣問我。
>
> 我說唯有束身待罪，等候處理。所長聽了，不住搖頭，大不以為然地說：
>
> 「何必如此消極？應當積極改造，爭取重新做人！」
>
> 三月間，一些解放軍高級將領到撫順戰犯管理所來視察瀋陽軍區管轄下的戰犯管理所。所長把我和溥傑叫了去。我一看見滿屋是金晃晃的肩章，先以為是要開軍事法庭了，後來才知道是將軍們要聽我的學習情況……在回去的路上，我想起說話的好像是位元帥，而溥傑告訴我說，其中怕還不只一位元帥。

那麼，是哪個元帥呢？根據《溥傑自傳》裡說：

> 1955 年 3 月間，有一天我和溥儀忽然被叫到所長辦公室去。一進門看見屋裡坐滿了一些戴著金光閃閃肩章的人，孫所長說將軍們非常關心你們的學習和改造，你們隨便談談吧！將軍們問了問我們的童年生活和偽滿時期的生活，特別問了問現在的情況，問我們對管理所的學習和生活有什麼意見，我和溥儀都如實作了彙報，一再感謝共產黨的教育和幫助，表示認罪，願意接受改造。有一位帶鬍子手中握著煙斗的人，我經常看新聞紀錄片，認得他是賀龍元帥。

　　除賀龍外，還有一位是聶榮臻。二人詢問了溥儀在改造期間的學習、生活情況。這是中央領導第一次到撫順戰犯管理所探望溥儀。溥儀和溥傑的回憶錄卻有不實之處。群眾出版社出版《我的前半生（全本）》時，責任編輯孟向榮先生對溥儀的這段回憶有一個注釋：

　　　　一九五五年九月二十七日下午五時，中華人民共和國主席授銜授勳典禮在北京中南海隆重舉行。故書中所述一九五五年春天作者見到"帶金晃晃肩章"的將軍，"賀龍元帥、聶榮臻元帥"的提法，似乎不確。

　　溥儀這樣寫，無非是要突出自己的恐懼心理，讓別人把他都看成是一個可憐的受害者。

　　1956年，溥儀再次到達瀋陽。溥儀這次到瀋陽是為了到法庭作證，指控日本戰犯而來的。

　　這個法庭就是現在的中國（瀋陽）審判日本戰犯法庭舊址陳列館，它位於瀋陽市皇姑區黑龍江街77號，前身是電影院，始建於1954年，1955年擴建並更名為利群電影院分院。1956年6月9日至19日，在這裡開庭審判日本戰犯8名。這是中國歷史上第一次對外國入侵者進行公正的審判。7月1日至20日，又審判了28名日本戰犯。溥儀就是在第二次審判日本戰犯期間，到瀋陽出庭作證，指控日本戰犯所犯下的罪行，又是如何操縱偽滿洲國的。

　　1957年該影院被瀋陽市電影公司接管，又更名為北陵電影院。2002年，北陵電影院停止營業。隨後經過改

建，於 2014 年 5 月 18 日，即第 38 個世界博物館日作為
"中國（瀋陽）審判日本戰犯法庭舊址陳列館"對外開
放。

　　1956 年 7 月 1 日，中國最高人民法院特別軍事法庭
在瀋陽開庭，審判 28 名日本戰犯。2 日，溥儀出庭作證。
溥儀在法庭上的證詞說："在'滿洲國'我是根本沒有
實權的。統治和支配'滿洲國'實權的是'滿洲國'的
總務廳長官武部六藏和他的輔佐者總務廳次長古海忠
之。他們在日本關東軍司令官領導下，奉行日本帝國主
義的侵略政策，操縱'滿洲國'政權，奴役中國東北人
民，他們是日本帝國主義的代理人。"溥儀還說："在
'滿洲國'各部有日本人次長，省內有日本人的省次
長，各縣有日本人的副縣長。這些人都由武部六藏直接
指揮。各部的日本人次長掌握著部的實權，各省日本人
省次長掌握著省的實權，各縣日本人副縣長掌握著縣的
實權。這樣就形成了日本帝國主義代理人。"總務廳長
官武部六藏對"滿洲國"從中央到地方的一個完整的操
縱支配網。"[1]

　　在溥儀結束作證後，古海忠之走到溥儀面前，並向
溥儀鞠了一躬，說道："證人所說的全部是事實。"

　　這是溥儀有生以來第二次出庭作證，他的第一次出

---

1 張瑞強：《東京審判、瀋陽審判溥儀出庭作證之比較》，載趙繼
　敏、王文峰主編：《末代皇帝溥儀在紫禁城》2013 年版，頁 331。
　轉自王戰平主編：《最高人民法院特別軍事法庭審判日本戰犯紀
　實》，人民出版社、法律出版社 2005 年版，頁 84、86。

庭作證是在 1946 年 8 月的日本東京國際軍事法庭。第一次出庭作證時，能隱瞞的溥儀是極力隱瞞。當法庭拿出他給南次郎寫的信，溥儀卻是矢口否認，說信是偽造的，目的是為了逃脫罪行。從以上溥儀的證詞可以看出，溥儀把日本人操縱偽滿洲國政權說的是淋漓盡致，與第一次作證有著天壤之別。後來溥儀回憶此事說：我認為這是我有生以來第一次為祖國人民服務的最光榮的一件事情，也是我活了五十年第一次站在祖國人民的立場上，真正對日本法西斯強盜進行正義鬥爭的最光榮的一件事情。

　　溥儀在瀋陽出庭作證時，已經被引渡回國六年了，接受了六年的改造。瀋陽是溥儀先祖的發祥地，在先祖的發祥地上指證日本戰犯在我國犯下的罪行，有著特殊的意義。

　　如今，"中國（瀋陽）審判日本戰犯法庭舊址陳列館"的展覽除了日本戰犯的照片以外，還恢復了當時的庭審現場，讓我們能夠見證那個莊嚴、正義的時刻！同時也見證了末代皇帝溥儀改造的成效。

第七章　獄中親情

一、戰犯通信

　　自從日偽戰犯被關進戰犯管理所後，就不能與家屬聯絡。但是這條規定被一個 17 歲的少女打破了。她就是愛新覺羅‧慧生，溥傑的長女。

　　1954 春，北京中南海西花廳周恩來的辦公桌上，放著一封來自東京的中文信：

　　　　我的中文雖然拙劣，但請允許我用在日本學習的中文寫這封信……我的父親溥傑久無音訊，母親和我們都很擔心。我們不知給日夜思念的父親寫過多少次信，寄過多少張照片，但是從來沒有收到過一封回信，只好望洋興嘆。

　　　　雖然人的思想各不相同，然而骨肉之情卻是同樣的。我想如果周恩來總理有孩子，一定能夠理解我們對父親的思念。一定能夠盼望與丈夫團聚，同時含辛茹苦地將我們撫育成人的母親的心情。

　　　　現在，中國與日本沒有建立外交關係。但

是，我們的家庭是由中國的父親和日本的母親組成的，我們全家人都真心實意地期望中日友好，這一心願是沒有任何人可以阻攔的。母親盼望早日回到父親的身邊。我也希望自己能夠成為中日友好的橋樑，所以才這樣拼命地學習中文。

謝謝，拜託了。請將這封信連同照片轉交給我的父親⋯⋯。

周恩來總理看過之後，非常讚賞慧生的勇氣。這封信以及慧生的照片就被轉交到了撫順戰犯管理所。

溥傑被叫到了所長辦公室，問溥傑：

"想妻子和女兒嗎？"

"不想。"溥傑違心地回答。

所長把慧生寫給周恩來的信轉交給了溥傑。溥傑在獄中一遍又一遍地讀著，非常感動。所裡特意給溥傑一人開了先例，允許溥傑與家屬通信。溥傑就提筆給嵯峨浩寫了一封信，嵯峨浩從溥傑的信中才得知了女兒慧生給中國的周恩來總理寫信一事。

也可以說慧生的信件打破了改造戰犯中的一項制度。1955 年 2 月 10 日，中央決定允許日本戰犯同其國內的親屬通信。1955 年 6 月 3 日，中央再次做出決定，允許偽滿戰犯同親屬通信。

溥儀能跟哪位親屬通信呢？溥儀首先想到的就是李玉琴。但是溥儀又想到，10 多年沒有跟李玉琴聯繫了，會不會改嫁了？溥儀本想給李玉琴寫信的想法又打消了。戰犯管理所的管教員李福生打聽出了李玉琴在長春的地址，並且十分肯定地告訴溥儀，李玉琴沒有改嫁。溥儀就按照李福生所打聽出的地址給李玉琴寫了一封信。很快，李玉琴就給溥儀回信了。

二、家族探望

1956 年初，政治協商會議的宴會上，因溥儀的七叔載濤做為全國政協委員出席了會議。在會宴上，周恩來總理把載濤介紹給毛澤東主席認識，毛澤東對載濤說："溥儀在撫順改造學習的不錯嘛，你可以帶家屬去看看他們。"

政治協商會議結束後，有人到了載濤的家裡，對載濤說："毛主席交給你一個任務，去看看你的侄子吧！"隨後，周恩來總理把載濤去撫順的具體安排交給了北京市市長彭真負責。載濤決定帶著侄女韞穎、韞馨二人到撫順去。臨行前，還專門到了市政府拜訪彭真市長，載濤一行到撫順的費用全部由政府出資。

3 月 10 日，載濤一行三人就到了撫順戰犯管理所。戰犯管理所的所長孫明齋、副所長金源就把在押的愛新覺羅家族人員都叫到了辦公室。溥儀有生以來第一次叫載濤為"七叔"，溥儀的兩個妹妹也第一次稱呼溥儀為"大哥"、稱溥傑為"二哥"。在戰犯管理所的改造，也使得愛新覺羅家族的關係更加融洽，也讓溥儀這位曾

經的 "皇帝" 懂得了親情的稱呼。載濤在講述到撫順的
經過，讓在押的愛新覺羅家族都非常感動。溥儀也非常
感動地說："毛主席和周總理日理萬機，還能想到我們，
真沒想到啊！" 但是載濤卻給溥儀和溥傑哥倆帶來了一
個非常不好的消息，就是他們的父親載灃于 1951 年 2
月 3 日去世了。載濤一行在撫順停留了幾天，每天都會
到管理所去看望家族成員。

　　載濤從撫順回到北京後，就以全國人民代表的身份
給中央提了一項建議，就是 "將罪行不大的偽滿漢奸犯
李國雄等八人從寬處理的意見"。中央也同意了載濤的
建議。在戰犯管理所關押的李國雄、萬嘉熙以及溥儀的
三個族侄毓嵒、毓嵣、毓嶦等十餘人分別於 1957 年 1
月和 4 月分兩批釋放。

第八章　再度離異

一、提出離婚

　　自從李玉琴接到溥儀的信後，二人就開始了頻繁的通信。1955 年 7 月末，李玉琴按照通信上的地址找到了撫順戰犯管理所，探望溥儀。當李玉琴第三次到戰犯管理所探望溥儀時，詢問管教員溥儀何時能被釋放出獄？管教員無法回答。李玉琴又問所長溥儀何時能被釋放出獄的問題。所長回答說："你提出的這些問題是違背規定的，如何處理溥儀是由國家安排的，我無權回答。"李玉琴的問題很顯然是"犯忌"了。

　　1956 年 12 月 25 日，李玉琴第五次到了撫順戰犯管理所探望溥儀，卻與溥儀提出了離婚。李玉琴說："我們倆個年齡相差很大，興趣很難一致，你喜歡的我不一定喜歡，想來想去，還是離了的好。"聽到李玉琴的話，溥儀本能地說了一句想要挽回的話："我們的感情不是很好嗎？你說的那些，我並不那樣想，興趣怎能不一致呢？"管教員李福生聽到這些話後，當機立斷，讓溥儀先回到獄室去，自己與李玉琴交談。李福生對李玉琴表示：現在溥儀的改造有很大進步，如果這個時候提出離婚，對溥儀的改造不利。但是李玉琴的態度非常堅決。

溥儀回到獄室後，將此事說給了同一個獄室的人。最後溥儀也表示了"不能把自己的幸福建立在別人的痛苦之上"。

二、撫順一夜夫妻情揭秘

1957 年 2 月 3 日，李玉琴第六次到了撫順戰犯管理所探望溥儀。實際上，李玉琴這次是為了與溥儀商談離婚事宜而去的。撫順戰犯管理所上報到中央公安部，公安部部長羅瑞卿指示，破例允許李玉琴與溥儀同居。其目的是想恢復夫妻之間的感情。當晚，戰犯管理所騰出一間房，讓溥儀與李玉琴同居。溥儀本來是生理存在疾病的，但是根據李玉琴的回憶，卻說當天晚上二人發生了兩性關係。李玉琴在她的口述回憶錄《中國最後一個"皇妃"——"福貴人"李玉琴自述》中說：

> 我明白了那應該是我同溥儀之間真正的一夜夫妻關係；當然，以前溥儀是有些病，但更主要地是因為他自己沒有信心，不敢或不會過夫妻生活……溥儀好像頭一次和女人過夫妻生活。

盲人作家張驥良在採訪李玉琴時，李玉琴也談到了那一夜的夫妻生活：

> 那一晚他恢復了男人的本性。這是我們結婚

以來第一次，也是最後一次的夫妻生活，過得非常到位。連溥儀都沒有想到，那一晚的夫妻生活，彼此的感覺都很好。

而且李玉琴還多次對採訪者王慶祥說過"如果不離婚，她會給溥儀生個孩子"。這一點更能說明問題。

我們沒有任何依據能夠證明李玉琴的回憶不是屬實的。所以，這一夜溥儀與李玉琴的確發生了性關係。

造成男性勃起功能障礙的有兩大原因，一是生理原因，二是精神原因。在心理學上，後者叫精神性陽痿，又稱心因性陽痿。顧名思義，是心理因素造成的勃起功能障礙。造成精神性陽痿原因很多，如精神過度緊張、焦慮、抑鬱、缺乏自信心或害怕等。

溥儀患有被害妄想症，患有這種疾病的人都是精神高度緊張，經常處於一種害怕的狀態，特別是偽滿時期，溥儀身處異常環境中，精神都是處於時刻緊繃的狀態。此外，前文已敘述過溥儀也是患有焦慮症的。種種精神因素加在一起，造成了溥儀的勃起功能障礙。所以筆者認為，溥儀的陽痿疾病，一少部分是生理原因，更大程度上則是精神原因造成的。

如果李玉琴的回憶屬實，那麼就是在撫順戰犯管理所的溥儀知道了共產黨不會殺掉他，而是要改造他，他的被害妄想症、焦慮症也沒有發作，他那緊繃的神經有所放鬆，溥儀的精神性陽痿自然有所好轉，所以在改造期間的溥儀有可能跟李玉琴發生性關係。從這一點也證明了黨對溥儀的改造是見成效的。

三、離　婚

李玉琴在回憶文章《關於離婚問題》中有一段回憶：

　　第二天吃完飯我就走了，一路上思想苦惱，又有點憐愛溥儀對我的深情。可我不離婚，以後在外面還是受人歧視，親友也有怨言，怎麼辦呢？所方領導也沒正面回答 "溥儀幾時能放出來"（但我沒說過三個月五個月），怎麼辦？可我最生氣，還是所方處處為溥儀著想，不為我著想。難道我這個人就應當為他忍辱受苦嗎？

　　說是 "無意" 也罷， "碰巧" 也罷，我是恰好走到撫順法院門口的，我根本也不知撫順法院在哪兒，也沒想有意去找，卻碰到門上了。於是，我就進去了，我就想一吐為快。接待我的是一個男青年，年歲和我相仿，我把我的遭遇、委屈全都說了，問他們我這樣受苦，到處受歧視，丈夫溥儀、愛新覺羅家有錢有地位人，以及所方都不關心我，反而說我不該離婚……那個年輕人對我很同情，說完乘火車走了。我不知這是向法院正式提出離婚來了。

1957 年 5 月 20 日，經法院判決，李玉琴正式與溥儀解除婚姻關係。

四、離婚原因

（一）不知溥儀何時能被釋放

自從大栗子溝分別以後，李玉琴與溥儀分別已經十年有餘了，已經把最美好的年華都用在了等待溥儀上，她又不知溥儀何時能被釋放。

（二）溥儀在李玉琴心中形象破滅

李玉琴第一次到撫順戰犯管理所探望溥儀時，已經是裂痕微露了。她感覺已經不是當初的那個丈夫了。李玉琴後來在口述回憶錄《中國最後一個王妃——"福貴人"李玉琴自述》（王慶祥執筆）中回憶了重逢後那一霎那的真實想法：

> 難道他就是我日夜思念的丈夫溥儀嗎？就是"皇帝陛下"時代，人還沒上樓就可著嗓子喊"玉琴"的那個人嗎？就是在眾星捧月式服侍中作威作福、一呼百諾的"真龍天子"嗎？當我看見溥儀出現在門口的一霎那，記性之中的種種形象又一個個地閃現出來，眼前的溥儀和歷史的溥儀不斷地對照、互相碰撞，一時之間弄得我眼花繚亂。

李玉琴不敢相信眼前的溥儀就是在歷史上冊封她為"福貴人"的溥儀，丈夫在自己心目中的形象變了。第一次見面就已經是裂痕微露了，但是溥儀並沒有察覺這一切。

（三）工作隱憂

李玉琴做上了圖書管理員的工作，年底評選先進，李玉琴因工作努力，獲得了參考部的一致推薦。不料，剛拿到管裡就被返了回去。理由是"評上皇娘怕不太合適"。李玉琴擔心因為曾經的"皇娘"身份會失去工作，擔心有一天圖書館會因"讓皇娘管理圖書怕不大合適"為由將其辭退。

溥儀經過了十年與李玉琴的分別，五年的思想改造，他已經把李玉琴當作妻子、親人了。對李玉琴已經產生了感情，獄中的溥儀最想念的人是李玉琴，但是李玉琴卻在溥儀最需要她的時候，提出了離婚，對溥儀來說不能不說是婚姻上的悲劇。

第九章　特赦出獄

一、特　赦

　　1959 年 9 月 18 日晨，管理所早早把國民黨和偽滿戰犯喚到走廊裡集合，通知他們今早新聞聯播時間有重要新聞，讓他們認真地收聽。

　　廣播裡傳出了與他們命運直接相關的聲音：“中國共產黨中央委員會向全國人民代表大會常務委員會建議：

　　“在慶祝偉大的中華人民共和國成立十周年的時候，對於一批確實已經改惡從善的戰爭罪犯、反革命罪犯和普通刑事罪犯，宣佈實行特赦是適宜的”。

　　此時的撫順戰犯管理所所長孫明齋已經被調離，由副所長金源（朝鮮人）代理所長。當金源所長把特赦名單交給毛澤東時，毛澤東發現在特赦名單中的第一人是溥儀的弟弟溥傑，名單中並沒有溥儀的名字。毛澤東當即說：“為什麼沒有溥儀呢？要特赦就先特赦皇帝，中國共產黨有這個氣魄。”說完，毛澤東把溥傑的名字改成了溥儀。

　　就在撫順戰犯管理所舉行特赦大會的前一天晚上，金源找溥儀談話，詢問了溥儀關於特赦的想法，並在談話中暗示了溥儀將在第二天被宣佈特赦。根據溥儀在《我的前半生》一書中回憶說：

　　　　十二月三日的晚上，副所長又找了我去。又問起我對特赦的想法。我的回答仍是那一句："我是沒有希望的，但我決心爭取以後……。"

　　　　"假如你被特赦呢？你怎麼想？"

　　　　"那是人民批准了我，認為我有了做人的資格。但是現在是不會有這事的。"

　　　　這天夜裡，我一想起所長的那句話："假如你被特赦呢？"我的心臟突然跳動起來。但隨後對自己說：不會的吧？

　　金源的回憶文章中《一次偉大的歷史實踐——對改造偽滿戰犯的回憶》也有所回憶：

　　　　我暗示他："如果這次特赦有你，你將怎麼辦？"他答道："如果這次能特赦我，完全是黨對我的寬大。我前半生有罪，中國共產黨只給我改惡從善的道路，後半生我一定要好好跟黨走。"看來，溥儀在精神上不是沒有準備的。

　　1959 年 12 月 4 日，撫順戰犯管理所舉行特赦大會。溥儀跟溥傑一進到禮堂，看到一個大條幅"撫順戰犯管理所特赦戰犯大會"。特赦大會宣佈特赦人員名單，第一人就是愛新覺羅・溥儀。溥儀走上了台，還沒等特赦通知書念完，溥儀已經泣不成聲"祖國，我的祖國呵，你把我改造成了人"！

　　此次特赦，一共特赦十名戰犯，其中有兩位是偽滿戰犯，除溥儀外，還有一位是原偽滿興安陸軍軍官學校校長、軍管區司令郭文林。其餘八人則是國民黨戰犯。

二、溥儀特赦原因

　　毛澤東把溥儀做為特赦第一人也並非是突發奇想的，而是有當下的社會因素！

　　溥儀在撫順戰犯管理所改造期間，可以說受到了全世界的關注，都想知道這位末代皇帝被共產黨改造的怎麼樣了。

　　1956 年 8 月 18 日，溥儀在戰犯管理所會見了英國記者漆德衛，他問道溥儀："對於現在的處境不覺得悲慘嗎？"溥儀回答說："今天才是我一生中最幸福的，而在清朝和偽滿時代對我來說才是最悲慘的時光。"

　　1956 年 9 月 27 日，溥儀在戰犯管理所會見法國記者布大爾，他問道溥儀："你被關押在這裡，政府對你一直沒有審訊，你是否感到驚奇？"溥儀回答："古今中外，被捕的帝王都活不成，我驚奇的是我還活著。"

　　1956 年 10 月下旬，溥儀在戰犯管理所會見了一位加拿大記者，加拿大記者問溥儀："請您坦率的講，您被關押在這裡是否感到不公？您是否贊成現在的政府？"溥儀回答說："我被關押在這裡是罪有應得。而我認為現在的政府是中國有史以來唯一的真正為人民服務的政府，我堅決擁護！"

1956 年 12 月，香港《大公報》記者潘際炯到撫順戰犯管理所採訪溥儀，詢問了他一生的經歷。並於 1957 年把採訪記錄撰成《末代皇帝傳奇》一書出版發行。

可見，溥儀在撫順戰犯管理所的思想改造是受到全世界關注的。溥儀是中國的末代皇帝，有著三次登極又三次退位的傳奇經歷。所以，因為溥儀特殊的政治身份比溥傑更受到關注。把溥儀特赦出獄，就是在對全世界宣佈曾經投敵叛國的中國末代皇帝已經被共產黨改造好了，給了全世界一個答覆。所以，毛澤東要欽點溥儀為特赦第一人，是有重大意義的。

三、溥儀出獄

特赦大會開完後，根據所方領導的安排，這十人搬到同一間房來住。當天晚上，所裡為特赦的十人召開了歡送的晚會。1959 年 12 月 5 日，戰犯管理所為了慶祝特赦，放映了一場電影。放完電影，戰犯管理所的代理所長金源把溥儀和溥傑兄弟二人叫一塊兒，讓兄弟二人在離別前做一次長談。

溥儀談到了溥傑和嵯峨浩的問題："這次特赦沒有你，恐怕是因為你日本老婆的問題，他是日本的間諜，

你要跟她離婚，這可是立場的問題。" 對於大哥的話，
溥傑並不能接受。1959 年 12 月 7 日，溥儀自己寫了一
份 "保證書"，內容如下：

　　1.永遠跟著我的母親共產黨和毛主席走。

　　2.為祖國社會主義事業、為人民貢獻自己一
切的力量，直到脈搏停止。

　　3.以毛主席指示的六項指標為自己行動指南
和鑒別香花、毒草的準繩，向一切反社會主義、
反黨、反人民言論行為作堅決鬥爭，並揭發檢舉。

　　4.從不斷學習和勞動中，改造自己，成為脫
胎換骨的真正新人。

　　5.永遠不忘自己的罪惡，爭取立功贖罪。

　　溥儀想把這份 "保證書" 交給撫順戰犯管理所的領
導。然而，戰犯管理所的領導並沒有收下他的這份 "保
證書"，因為不需要。從中可以看出溥儀的故意表現，
他無非是想告訴戰犯管理所的領導，自己的 "政治思
想" 正確而已！

　　1959 年 12 月 8 日，溥儀等被特赦的十人離開了撫
順戰犯管理所。

第五篇　普通公民

　　1959 年 12 月 4 日，溥儀在撫順戰犯管理所蒙受特赦。9 日清晨，溥儀回到了闊別 35 年的故鄉北京。按照風靡世界的長篇回憶錄《我的前半生》的思路，之前是他的"前半生"，出獄以後是他的"後半生"。溥儀的後半生僅僅八年的時間，這八年的時間，溥儀的身份是中華人民共和國的一名普通公民。

第一章　回到北京

一、初回北京

　　溥儀於 12 月 8 日離開了撫順戰犯管理所,在撫順火車站乘上前往瀋陽的列車。在瀋陽又轉換前往北京的列車。9 日清晨,溥儀回到了闊別 35 年的故鄉北京。前去迎接溥儀的是他的五妹韞馨、五妹夫萬嘉熙以及四弟溥任三人,溥儀先到五妹的家中暫住。剛到五妹家中不久,就提出要去看望七叔載濤。回到北京的第二天,溥儀在萬嘉熙的陪同之下來到西城區廠橋派出所辦理戶口。繼而又到北京市民政局報到,希望能找到一份適合的工作。但是民政局的幹部告訴溥儀,具體工作尚待安排,但是從現在起是國家的公職人員了,每月暫發 60 元的生活費用。

　　周恩來總理非常關心特赦回京的人員,周恩來就在 12 月 14 日,接待了第一批特赦回京的加上溥儀在內的十一人,這也是溥儀第一次見到周恩來總理。這次會見,周恩來總理特意提到了溥儀:"溥儀先生,你也可以證明,現在我們的國家比你們過去搞得好吧?"溥儀說:"那

是不可以同日而語的，清朝到西太后統治時期就完全賣
國了。"："溥儀先生，你在清末登極時才兩三歲，那時
你不能負責，但是在偽滿時代你要負責。"溥儀在談話中
時常把話題引到自己身上來，說自己過去如何對不起國
家，對不起人民。周總理只好笑著說："你過去檢討的已
經夠多了，不要再檢討了！"

　　12 月 23 日，根據周恩來總理的安排，溥儀在內的
特赦返京的十一人全部聚集到東單蘇州胡同崇內旅館居
住，而且每週都會參觀北京市。1960 年 2 月初，杜聿明
首倡，請溥儀任解說員，一同遊覽故宮。溥儀就帶領著
杜聿明等特赦的國民黨人員參觀遊覽了故宮，溥儀為同
行人員講述了他曾經在紫禁城中生活的往事。值得一提
的是，在進入故宮之前，杜聿明要去購票，而此時的溥
儀卻說了一句："我還要買票嗎？"溥儀似乎還認為自
己是紫禁城的主人呢！

二、溥儀出獄後的安排

　　1960 年 1 月 26 日，周恩來在全國政協禮堂接見了
溥儀家族，就工作問題，徵詢了溥儀個人意見。溥儀因
喜好醫學，有些醫學的功底，先提出要做一名醫生。周
總理說："就你的底子，恐怕還不能勝任這項工作，治
不好會惹閒話的。"接下來，溥儀又提出要到故宮做導
遊。溥儀的這個想法，也被周恩來總理否定了。他說：

"你做導遊，遊客都知道你是末代皇帝了，是參觀故宮啊，還是看你呀？你會引起別人圍觀的，這樣不好。"具體要給溥儀安排什麼工作，周恩來也一時沒想好。

春節過後，2 月 16 日，周恩來總理把溥儀安排到中國科學院直屬的北京植物園工作。溥儀就住在植物園的宿舍裡。溥儀在北京植物園工作了一年的時間，而且已經學會栽植、修剪花卉了。

1961 年 3 月，溥儀又被安排到全國政協文史資料委員會工作，工資由原來的每月 60 元，上調到 100 元。

周恩來給溥儀安排工作，僅僅是讓溥儀自食其力，但這不是最終的安排。

讓溥儀自食其力，還要讓溥儀真正的走向世界。

根據《溥儀日記》在 1960 年 5 月 26 日的記載：

> （上午）我們領袖毛主席接見拉丁美洲朋友時曾談到可以見溥儀去。
>
> 拉丁美洲朋友對於我國政府的改造政策以及對我的改造過程極感興趣，因而訪問我，特別著重地問我學習、改造經過。

1960 年 5 月 26 日下午，周恩來總理宴請英國元帥蒙哥馬利，請溥儀去作陪。當周恩來給蒙哥馬利介紹溥儀時說："這是清朝的末代皇帝溥儀。"而溥儀則立即站起來說："今天是光榮的中華人民共和國公民溥儀。"溥儀說完，在座的人全部鼓掌。

1960 年 10 月 2 日，溥儀會見墨西哥記者；10 月 19 日，溥儀會見英國作家基維德夫婦，談及溥儀的童年生

活，在撫順的學習、改造以及出獄後的工作情況。10月
29日，溥儀到國際俱樂部出席招待美國作家埃德迦‧勞
斯的酒會，與其進行了交談。11月16日，溥儀會見古
巴國家的律師與檢察官，向溥儀詢問了共產黨改造犯人
的政策和措施，詢問了溥儀從天津到戰犯管理所期間的
生活。

　　1961年9月30日，溥儀出席國慶招待宴，周恩來
向古巴總統和尼泊爾國王與王后介紹了這位中國的末代
皇帝，溥儀和外國來賓們進行了親切的交談。第二日國
慶日，溥儀又在周總理的邀請下登上觀禮台。

　　1965年7月20日，流亡在美國的中華民國前任總
統李宗仁乘坐專機到達北京，周恩來等國家領導人在機
場迎接。溥儀也受到周總理的邀請，攜妻子李淑賢來到
機場迎接李宗仁。

　　當李宗仁下飛機後，與前來迎接的人一一握手。當
李宗仁走到溥儀面前時，周恩來介紹說：“這是中國的末
代皇帝溥儀先生，你們還沒有見過面吧！”於是，在大
陸的末代總統和末代皇帝的手緊緊地握在了一起。

　　毛澤東和周恩來將出獄後的公民溥儀推向了全世
界，真實目的是為了向全世界宣告，中國共產黨把末代
皇帝溥儀改造成為了一個公民。這是出於政治需要。

第二章　弟媳歸國

溥儀出獄的一年以後，1960 年 11 月 28 日，撫順戰犯管理所舉行了第二次特赦大會，這一次溥傑獲得特赦了。溥傑出獄後回到了北京，溥儀、溥傑兄弟二人團聚了。溥儀再度向溥傑施加壓力，要求和嵯峨浩"一刀兩斷"。

出獄不久的溥傑，就受到了中央統戰部薛子正副部長的接見，溥傑又當面提出請求，希望組織上幫助他解決妻子回國的問題。溥儀當時在座，兄弟倆差點沒辯論起來，溥儀堅持認為嵯峨浩負有政治使命。

1961 年 2 月 3 日，周恩來總理打電話給了廖沫沙，電話中說到："我是周恩來，有件事情要委託你去辦理一下。請你過問一下溥傑的家庭問題，關鍵是要去掉溥儀的成見，以便能用家庭的名義寫信邀請嵯峨浩回國定居。"

奉了周恩來總理之命，廖沫沙把溥儀家族召集到了一起。廖沫沙建議要給嵯峨浩寫兩封信，邀請他到中國定居，與溥傑團聚。一封信是以家族的名義寫給嵯峨浩，介紹家族的情況，表示歡迎嵯峨浩來到中國團聚。另一封是由溥傑給嵯峨浩寫，至於內容怎麼寫，那是夫妻之間的事情，別人就不要過問了。

1961 年 2 月 12 日，周恩來總理宴請溥儀家族，到家中做客，吃餃子。席間，周恩來總理提出讓嵯峨浩來中國與溥傑團聚的想法，溥儀繼續持反對意見。周總理只是用商量的口吻對溥儀說：

"我們把嵯峨浩接回來有兩個可能：一是跟溥傑先生生活得很和諧，這就是好事；一是彼此失望，那她隨時可以回去。溥儀先生，讓我們來試試吧，好不好？"

周總理的話打動了溥儀："我感動。"繼而又說："我贊成。"

飯後回到家中，已經是晚上 8 點多了。不料，廖沫沙與北京市民政局主任王旭東又跟來了。詢問溥儀是否是真的想通了？如果想不通，是可以保留個人意見的。溥儀表示：要在家族的聯名信上第一個簽名。

兩封邀請嵯峨浩到中國定居的家書由周恩來請人帶到了日本。嵯峨浩決定要到中國去，與分別 16 年的丈夫團聚。

1961 年 4 月 28 日，溥傑與五妹夫萬嘉熙到達了廣州，住進愛群大廈。他們二人是準備接嵯峨浩回北京。5 月 12 日，嵯峨浩一行人到達了廣州，溥傑與妻子分別 16 年，終於團聚了。夫妻分別 16 年後再度相見，是怎樣的情形呢？溥傑在他的回憶錄《溥傑自傳》裡說：

> 我看見幾個婦女正從車廂的階梯走下來，憑我的直覺，那是浩！沒有錯，長期苦難歲月的煎熬，她的額頂也平添了皺紋，她也老了，但我仍

然清楚地認出來，這是浩。她身穿黑織錦的旗袍，這是為了表示她要回國做一個中國女人，因而穿了中國旗袍。她手裡捧著一隻方盒，那一定是慧生的骨灰盒，我感到心裡一陣痛楚。我的慧兒，你回來了，可惜我只能見到你的骨灰，再也見不到你那美麗活潑的倩影了。我的心怦怦跳動著，和老萬默默地迎上去。浩已經看見我了，她也向我走過來，我倆凝視著，長時期別離後的重逢，本來有千言萬語要傾訴，這時卻反而說不出話來。還是浩先開口，她欠了欠身。喃喃地說：

"我對不起你……"她的喉頭像堵住了似的。

"你什麼也不要說了……"我走上前輕輕地接過那只骨灰盒，把它捧在懷裡，就像我當初摟著我那五六歲的慧兒一樣。這時嫮生上來叫了我一聲"爸爸"！她已是個21歲的姑娘。

嵯峨浩一行人在廣州做了短暫的停留，在溥傑和萬嘉熙的帶領下，參觀了古寺院、博物館、公園、黃花崗七十二烈士陵園等名勝古蹟。

5月17日，溥傑、嵯峨浩一行到達北京。家族中人全部到車站迎接嵯峨浩一行，後來嵯峨浩在她的回憶錄《流浪王妃》中回憶了這次家族迎接的場面：

五月十七日，是我終生難忘的日子。這一天，我們坐火車來到了北京。丈夫的兄弟姐妹們都來到車站迎接我們。

　　"您好。"

　　"您好。"

　　我一下火車，大家就紛紛伸過手來。我想念的三格格也來了。三格格是我永遠不會忘記的小姑子。從我們結婚那天開始，她就像親姐妹一樣照顧我。她的丈夫潤麒也來了，臉上帶著微笑。四格格、五格格、六格格、七格格以及四弟溥任都來了。見到兄弟姐妹們都這樣健康，我感到非常高興。

　　這裡面提到了這麼多人，唯獨一個人沒有提到，就是溥儀。因為只有溥儀沒有去。可見，溥儀對嵯峨浩仍然是排斥的。溥儀不想讓嵯峨浩與溥傑團聚，因為他不想見到嵯峨浩。與其說溥儀不想見到嵯峨浩，不如說溥儀是不想見到日本人，因為日本人給了溥儀無法治癒的心靈創傷。也有可能是溥儀故意表現出來給人看的，他想讓別人覺得他已經跟日本人劃清界限了。

　　迎接結束後，溥儀又向弟弟妹妹們詢問有關嵯峨浩的情況。見面還是要見的。18日，溥傑、嵯峨浩一家三口就主動去看望大哥溥儀了。當天晚上，溥儀和弟妹們，在北京前門的全聚德烤鴨店招待嵯峨浩一行。

　　嵯峨浩回到中國以後，還出現了一次家庭矛盾，就是圍繞著二女兒嫮生去留的問題。嵯峨浩和溥傑希望嫮生留在中國，以後同中國人結婚。而嫮生本人是想回到日本去，因為她在日本已經生活習慣了。父女二人出現了爭吵，而溥儀自然是站在溥傑這一邊的。溥儀表示：

如果回到日本去，就不認這個侄女了。這個家庭矛盾，最後還是周恩來總理給化解了。

　　6月10日，周恩來總理在中南海西花廳宴請溥儀家族及其與嵯峨浩同來的日本友人，老舍、廖沫沙等文化界人士作陪。在這次招待上，周恩來總理侃侃而談清朝歷史的貢獻如：擴大疆土、減輕農稅、滿漢文字並用等。也對溥儀本人的歷史地位做出了評價，周恩來說：“溥儀3歲就做了皇帝，是不應該負有歷史責任的，而後來到東北去，投靠了日本人，應負有歷史責任。清朝是正統，因此承認溥儀是清朝的末代皇帝，而‘滿洲國皇帝’是不能承認的。”在談到嫮生是去是留的問題時，周恩來總理說：“嫮生願意回去就讓她回去，以後要想回來，隨時可以回來嘛！嵯峨家把女兒嫁給了愛新覺羅家，愛新覺羅家的女兒嫁給日本人，又有什麼不好呢？”周恩來總理的一席話，讓嫮生非常感動，對總理說：“我從心裡尊敬您！”周恩來總理又談到了溥傑的大女兒慧生，談到了當初給他的一封信，認為慧生非常有膽識。

　　嫮生回到日本後，同日本人結婚了。1976年，她還跟丈夫一起回到北京探望父母。

第三章　溥儀最後婚姻

一、介紹初識

在 1960 年 1 月 26 日周恩來總理接待溥儀家族時，就談到了讓溥儀再婚的問題。周總理對溥儀說："讓你的七叔給張羅一下吧！"載濤忙說："讓他的婚姻自由吧！"溥儀出獄以後，很多人給他介紹女朋友，但是他都不中意。有一位是婉容姨家的表妹，叫王敏彤，當年 47 歲，是位"老姑娘"，沒結過婚。他非常中意溥儀。但是溥儀把他回絕了。這位"老姑娘"一直沒有到社會參加工作，而溥儀是想找一位有工作的女士，組成雙職工家庭。

溥儀有位同事叫周振強，也是一位被特赦的國民黨戰犯。而周振強有位朋友叫沙曾熙，是人民出版社的編輯。有一次周振強帶著妻子到沙曾熙家裡做客，提及要給溥儀介紹對象的事情。周走後，沙就想到了離過兩次婚的醫院護士李淑賢。沙起初跟李淑賢提及男方是清朝的末代皇帝愛新覺羅·溥儀時，李淑賢拒絕了。在沙的一再勸說下，李同意了與溥儀見面。

　　李淑賢找出了一張自己的照片交給沙曾熙，沙就交給了周振強，周振強讓溥儀看了李的照片，並且同意與李見面。1962 年 2 月 17 日，溥儀在周振強的陪同下，李淑賢在沙曾熙和他的妻子劉淑雲的陪同下來到政協文化俱樂部見了面。雙方見面，感覺都非常滿意。

　　時隔 6 天後，溥儀給沙曾熙打去電話，邀請沙夫婦和李淑賢到政協禮堂跳舞。這是溥儀與李淑賢的第二次見面，溥儀主動要了李淑賢的電話號碼，並確定了戀愛關係。隨後，溥儀又邀請李淑賢看電影、看京劇，溥儀又多次到李淑賢家中，二人的感情迅速升溫。

二、溥儀心理層面

　　溥儀這個人，疑心特別重，在與女朋友交往過程中，懷疑李淑賢對自己不忠。李淑賢在口述回憶錄《溥儀與我》中回憶到：

　　　　溥儀常常在我下班之前到家找我，他明明知道我的下班時間，為啥偏要早早來碰鎖頭呢？後來我明白了，原來他是要找個“藉口”，到街坊李大媽家坐坐。在那裡，他總是非常細心地向李大媽打聽關於我的情況，比如問我每天回家晚不晚？經常來找我的都是些什麼樣的人？有沒有男同志等等。

　　這就是典型的人格偏執，偏執型人格障礙的特點是

極度的敏感多疑，對侮辱和傷害耿耿於懷。思維、行為
刻板固執、心胸狹隘；愛嫉妒，對自己的能力估計過高。
偏執型人格障礙的關鍵在於"不信任"。[1]最明顯的表現
就是懷疑自己的配偶不忠。

在溥儀與李淑賢交往過程中，溥儀不僅僅表現出了
人格偏執的一面，而且他的被害妄想症也時長表現出
來。溥儀雖然經過了在撫順戰犯管理所近十年的改造，
將溥儀改造成為一個能夠認識過去的罪行，成為新人。
但是溥儀的被害妄想症卻無法治癒，醫學上已經認定了
"並且這種妄想通常是持久的，甚至終身存在"[2]

《溥儀與我》一書中回憶了與溥儀剛認識不久時，
在李淑賢的家裡發生的一件事：

> 據他自己講，除了姐、妹、兄、弟，他是不
> 輕易在外人家吃飯的，怕別人在食物內放毒。
> 1962 年 3 月初，有一次在我家裡，他忽然問起：
> "李同志（婚前他一直這麼稱呼我），你的南方
> 菜一定做得很好吃吧？"我說："下星期你來
> 吧，我給你做！"下個星期天他果真來了，還買
> 了一些青菜。我就動手給他做了幾樣，沒想到菜
> 做好了，他卻說啥也不吃，無論怎麼讓，就是一
> 口不動。我只好自己吃。原來，當時他還不能對

---

1 隋岩：《變態心理學 2》，中國法制出版社 2017 年版，頁 117。
2 中國心理衛生協會編寫：《心理諮詢師（基礎知識）》，民族出版
　社 2015 年版，頁 320。

　　我的一切都深信不疑。[3]

　　溥儀就是認為李淑賢在飯裡下毒了。李淑賢做的飯菜沒有任何問題，而溥儀不敢動筷子，就是堅信李淑賢在飯菜裡下毒。通過李淑賢的回憶來看，溥儀知道自己存在的問題，但只因當時心理學不發達，人們對心理問題沒有認識，造成溥儀在這方面的心理問題愈發嚴重，不能清楚地認識到這是精神方面的問題。李淑賢的回憶足可以證明了溥儀是"患者堅信周圍的人在食物和飲水中放毒"的被害妄想症患者。

　　順便說一下，在溥儀與李淑賢結婚後的一件事情。有一次溥儀生病了，嵯峨浩給溥儀親手做了西餐送給他。但是溥儀一口也不動，李淑賢說："你不吃我吃。"而溥儀也不讓李淑賢吃，卻將做好的西餐倒掉。就是堅信嵯峨浩下毒害他。

　　李淑賢、嵯峨浩也沒有在飯裡下毒，這一切都是溥儀幻想出來的，而不是真實情況，溥儀把自己幻想的當做了肯定的事實，是符合被害妄想症特徵的。當然，那時候人們還都不具備心理學的知識，李淑賢也對於"被害妄想"、"人格偏執"都未曾聽說。

　　讀過魯迅先生的小說《狂人日記》的都知道，魯迅筆下的"狂人"就是一個整日疑神疑鬼擔心自己會被人殺掉吃了的被害妄想症精神病患者。而溥儀，就是一個現

---

3 李淑賢憶述、王慶祥整理：《溥儀與我》，延邊教育出版社　1984
　年版，頁 30。

實中魯迅筆下"狂人"再現！

三、平民身分溥儀再婚

　　溥儀雖然對李淑賢存在猜忌，那是由於他個人的心理障礙造成的。但是溥儀的本意是想要與李淑賢組成一個家的。

　　溥儀第一次向李淑賢提出結婚，是二人第三次見面的時候。這天溥儀邀請李淑賢到政協禮堂看電影，電影的名字叫《一江春水向東流》，當演到男主人拋棄結髮妻子，而和貴族小姐在一起鬼混，逼得妻子跳江的情節時，溥儀的表現是在座位上直跺腳，說："太可氣了，這個男人太壞了。"但是這卻給了李淑賢非常好的印象。電影結束後，溥儀邀請李淑賢到他的政協宿舍裡坐坐。在宿舍裡，李淑賢對溥儀說："你心眼好，很誠實。"溥儀接過話來就說："那我們結婚吧！"李淑賢表示說："結婚是一輩子的大事，不能這麼著急。"[4]

　　後來有一次溥儀發燒在家，李淑賢前去探望。溥儀就在生病中向李淑賢提出了結婚，當李淑賢答應時，溥儀是什麼反應呢？他不顧自己發著燒，高興地幾乎要從床上跳起來。1962 年 4 月 21 日，溥儀與李淑賢一同到街道辦事處領取了結婚證。4 月 30 日晚 7 時，溥儀與李

---

4 李淑賢口述、周健強撰寫：《我和末代皇帝溥儀的婚姻》，香港：大山文化出版社 2011 年版，第 36 頁

淑賢在全國政協文化俱樂部裡舉行了婚禮。這個日期是
溥儀自己選的，因為第二天是"五一勞動節"，溥儀想以
此表達自己是位勞動者的身份。至於說婚禮為什麼要在
晚上舉辦，這就源於滿族人的習俗了。

　　第二天，也就是 5 月 1 日，郭沫若與包爾漢在政協
禮堂中接待了溥儀夫婦。5 月 2 日中午，政協又設宴招
待溥儀夫婦以及家族人員。

溥儀與妻子李淑賢

第四章　自傳出版

　　眾所周知，溥儀有一部長篇回憶錄《我的前半生》。"我的前半生" 這個命題最早是在撫順戰犯管理所期間的 1957 年，管理所領導要求正在關押的戰犯，都以 "我的前半生" 為題，每人寫一份交代材料。[1]溥儀的 "我的前半生" 是在溥傑和另一位偽滿戰犯阮振鐸幫助下完成的，用時半年多。在所有戰犯的交代材料中，唯獨溥儀的交代材料內容是最多的，長達 45 萬字。溥儀的 "我的前半生" 從他的家世、出生開始寫起，一直寫到 1957 年外出參觀。在這 45 萬字中，溥儀自我檢討、自我批判的文字比比皆是。溥儀的 "懺悔錄" 寫完之後，撫順戰犯管理所就把這部文稿油印成冊，以供在本所和政法系統內部傳閱。[2]

　　1959 年 12 月 14 日，周恩來總理接見特赦回京的人員時，溥儀向周恩來總理提到了在戰犯管理所寫的回憶錄《我的前半生》。事後，根據周總理指示，《我的前半生》草稿很快便用 4 號字排版印成為 16 開白皮本，分三

---

1 王慶祥：《<我的前半生>背後的驚天內幕》，天津人民出版社 2011 年版，頁 2、5、8、9、11。
2 同上

冊，以"未定稿"名義印刷 400 部，呈送中央領導和少數相關人士閱讀，請他們提出修改意見。[3]這應該是《我的前半生》的第一個版本了，即"未定稿本"。這個"未定稿本"至今沒有公開出版。

溥儀出獄的第二個月，也就是 1960 年 1 月，由公安系統專業出版部門的群眾出版社將溥儀在戰犯管理所寫成的《我的前半生》以"內部發行"為限，分為上下兩冊，印刷 7000 部，"限政法系統和史學界一定範圍內部購買閱讀"。[4]這就是《我的前半生》第二個版本"灰皮本"。這個灰皮本在 2011 年群眾出版社公開出版了。

1960 年 1 月 26 日周恩來總理接見溥儀家族時，提到了溥儀在戰犯管理所寫的《我的前半生》。周總理說"你在改，改得完善些，改到在歷史上、在世界上都能"站得住腳"。這是舊社會的一面鏡子，舊社會結束了，你也轉變成了新人。"[5]周恩來指出："書裡自我批評太多了，那些事情都過去了。"

溥儀的自傳必須要修改，這是周恩來總理的安排。所以，公安部就委派群眾出版社的編輯李文達來幫助溥儀完成自傳。從 1960 年 4 月 29 日開始，溥儀上午在北京植物園勞動，下午就到香山飯店與李文達會合。由溥儀回憶，李文達執筆。一個多月之後，李文達共整理出

---

3 王慶祥：《<我的前半生>背後的驚天內幕》，天津人民出版社 2011 年版，頁 2、5、8、9、11。

4 同上

5 同上

24 萬字，分 16 章。1962 年 6 月群眾出版社再次以"內部發行"出版了《我的前半生》。其目的是為了"送有關方面徵求意見"。[6]這就是《我的前半生》的第三個版本"一稿大字本"。

根據李文達回憶，溥儀很多事情記不清，也說不清，他只能說出自己的感覺，而戰犯管理所如何做他的工作，他說他從來沒有注意過，所以改造工作如何進行，自己的思想如何轉變，他都說不清楚。[7]這可以證明了溥儀的記憶力存在問題。從周恩來與溥儀的一次對話中談到溥儀寫回憶錄的問題，可以證明溥儀的記憶力存在嚴重問題。

1960 年 1 月 26 日，周恩來總理接見溥儀家族，談到了溥儀在《我的前半生》中寫到他在 1922 年大婚時，民國總統是誰，但是溥儀根本想不起來了。

周恩來：你的記憶力怎麼樣？

溥儀：記性不好。

周恩來：你寫的那個材料上，想出那些東西不容易。

溥儀：那是別人幫著搞的。

周恩來：你的記性還不錯。不過有一點：你說你結婚時黎元洪當總統，有點兒不對。

溥儀：不是，說的是徐世昌。

---

6 王慶祥：《<我的前半生>背后的惊天内幕》，天津人民出版社 2011 年版，第 29 頁。

7 孟向榮：《探尋丟失的歷史——<我的前半生>出版史話》，中國文史出版社 2016 年版，頁 172。

周恩來：你是哪年結婚？

溥　　儀：1922 年。

周恩來：那時徐世昌也不是總統了，這裡有點兒出入。[8]

從史實來看，黎元洪兩次就任中華民國大總統。第一次任職期間是從 1916 年 6 月到 1917 年 7 月。第二次任職期間是從 1922 年 6 月到 1923 年 10 月讓位于曹錕為止。溥儀在紫禁城大婚時，是 1922 年 12 月 1 日，其總統是黎元洪。值得一提的是，黎元洪第二次任職大總統期間，與溥儀多有交往。

1922 年 12 月 1 日，溥儀大婚。黎元洪派禮官黃開文入宮祝賀。

1923 年 1 月 1 日，溥儀致函黎元洪，首句便是“大皇帝問大總統好”。

1923 年 1 月 2 日，黎元洪派蔭昌前往乾清宮覲見溥儀，以示答禮。

1923 年 2 月 28 日，溥儀生日。黎元洪派禮官黃開文入宮給溥儀送禮。次日，溥儀又派人答禮。[9]

從史實的敘述來看，溥儀在大婚期間，與黎元洪多有交往，這些交往均是歷史性的交往，但是這些溥儀卻根本想不起來了。可見，溥儀的記憶力是存在問題的。

因為溥儀的記憶減退，所以李文達認為 “這是一個

---

8 王慶祥：《<我的前半生>背後的驚天內幕》，天津人民出版社 2011 年版，頁 9。

9 王慶祥：《溥儀人脈地圖》，團結出版社 2007 年版，頁 197。

失敗的整理稿"。李決定去採訪與溥儀有過接觸的人士。從 1960 年 7 月 18 日開始,李文達到撫順、長春、哈爾濱等溥儀生活過的地方,採訪與溥儀有接觸的人士。群眾出版社又派人把保存在溥儀四弟溥任手中的載灃日記從頭抄寫到尾。李文達就在"一稿大字本"的基礎上做了增加或刪減,群眾出版社又於 1962 年 10 月印出"二稿大字本","繼續徵求方方面面的意見"。這就是《我的前半生》的第四個版本。

1962 年 11 月 27 日,在全國政協禮堂召開了"《我的前半生》二稿大字本"座談會。參加座談會的有東京審判的法官梅如傲、文學家老舍、北京市副市長吳晗,還有傅作義、張治中、邵力子等人。老舍還在《我的前半生》"二稿大字本"的封皮內側寫了一段意見"全書甚長,似可略刪節。應以溥儀為中心,不宜太多地描繪別人而忘掉中心"。

隨後又陸陸續續增加、刪改一些內容,最終於 1963 年秋全部結稿。那麼,《我的前半生》全書是否都是李文達執筆的?溥儀沒有寫過一個字呢?溥儀的遺孀李淑賢在《<我的前半生>寫作及成書目擊記》(《博覽群書》1985 年第 3 期上)一文中說到:

> 1962 年 5 月我和溥儀結婚後,溥儀經常伏案寫作直到深夜……當一部用鋼筆楷體字撰寫的長達 40 萬字的書稿終於在他的筆下產生之後,他高興極了,竟像個年輕人似的一下子把我抱了起來。我也高興,便使勁向溥儀的後背捶了一下。

　　當然也不排除溥儀在晚上所寫的內容都是交給李文達整理的。由此也可以證明，溥儀為自傳《我的前半生》的出版也付出了巨大的辛勞。

　　群眾出版社也正式開始編校準備公開出版發行。1964 年初，溥儀用書法給李文達寫下條幅“四載精勤如一日，揮毫助我書完成，為黨事業為人民，贖罪立功愛新生”贈送于李文達。1964 年 3 月，溥儀自傳《我的前半生》公開出版發行，轟動了海內外。外文出版社以《從皇帝到公民》為書名出版了日文、英文、德文版的，對國外發行。

　　《我的前半生》首版稿酬人民幣 11700 元，李文達與溥儀各得一半。此外，溥儀又從自己所得的稿費中拿出一部分給一些提供資料的親屬等人。

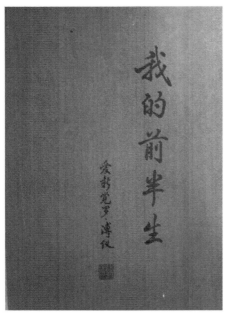

一九六四年溥儀的《我的前半生》出版

　　《我的前半生》出版後，溥儀帶著書到了他曾經工作過的北京植物園，把書贈給之前的同事，並恭恭敬敬地在書的扉頁上簽上了名字。植物園的同事就跟溥儀開玩笑說："你的後半生什麼時候寫呀？"溥儀則說："我的後半生就用我的實際行動去寫吧！"

　　那麼，應該如何看待溥儀的自傳《我的前半生》呢？

　　中國社會科學院研究生院教師王學泰曾寫過一篇文章《末代皇帝溥儀為求生存寫<我的前半生>》（《東方早報》2011 年 3 月），作者根據自己的掌握的史料認為溥儀的《我的前半生》是靠不住的。文中寫到"作為'認罪材料'的《我的前半生》就不能不表現出強烈的'犯人求生心態'。這與鐵窗之外、沒有壓力的自由寫作是完全不同的。因此，就讓我們很難分清書中所寫哪些是溥儀真正的思想轉變，哪些是為了取悅于監獄管理人員、取悅于社會主流、並不一定反映自己真正的思想認識的東西"。

　　日本大正大學中田整一教授在《溥儀的另一種真相》一書的序言《獻給中國讀者》中說：

　　　　在對《我的前半生》和《絕密會見錄》的比較中，可以看到溥儀對"滿洲國"發生的一些重要事件作了虛偽的記述。例如有關被關東軍派來的、身為"帝室御用掛"的吉岡安直中將的記述，溥儀改寫了部分事實，一味地把責任推給吉岡。

　　在前面的幾章中，也提到了溥儀在《我的前半生》中所寫到的歷史事件的不實之處。如《溥儀・本莊繁交換公文》的簽字、溥傑的婚姻、譚玉齡之死、元帥探望等，溥儀都做了虛構。所以，筆者也認為《我的前半生》作為史料是靠不住的。

　　時至今日，《我的前半生》已推出多個版本。1964年3月出版的《我的前半生》被稱之為"定本"；2006年12月，群眾出版社出版了《我的前半生（全本）》，所謂的"全本"是原 1962 年 10 月群眾出版社"內部發行"的"二稿大字本"與 1963 年秋結稿的"定本"被刪減的內容，加在一起出版的。2007 年，東方出版社將《我的前半生》（定本）與《溥儀的後半生》（王慶祥　著）配套出版；2011 年 1 月，群眾出版社出版了《我的前半生（灰皮本）》。2013 年，群眾出版社出版《我的前半生（批校本）》。

第五章　公民軼事

一、日常生活中的溥儀

在撫順戰犯管理所的改造使他認識了真理，知道了什麼是對的，什麼是錯的。在撫順戰犯管理所，溥儀掌握了"知"，出獄後的溥儀又開始了"行"，與"知"相結合，達到了王陽明所講"知行合一"、"為善去惡"。

有一次溥儀騎自行車，一不小心，把一個老太太撞倒了。溥儀急忙扶起老太太並賠禮道歉，還要送老人去醫院檢查，並負擔一切醫療費用。老太太拍拍身上的土，連聲說："沒有事，沒有事！"溥儀又請老太太到自己的家裡休息。然而，溥儀還是覺得過意不去，又買了些點心送到老太太家裡。

通過以上敘述的事情可以看到，出獄後的溥儀處處在為別人考慮，這些都能證明了溥儀對"善"的追求，真正做到了"為善去惡"的標準。

溥儀工作以後，中午到食堂打飯，把飯打好了之後放在桌子上，然後再去打菜，回過頭來就忘記了飯放在哪裡，怎麼找也找不到，只好再去打一份。剛剛發生的事情，溥儀就回憶不起來了。

根據王慶祥的《溥儀的後半生》一書記載，"文革"開始之際，溥儀與李淑賢一同去批鬥廖沫沙的會場，當溥儀看到廖沫沙正在遭受非人的折磨時，不忍多看，就失魂落魄地走了出來。由於人太多，與妻子李淑賢走散了，而溥儀卻忘記了回家的路，直到李淑賢回家後足有20多分鐘，溥儀才被一位姓王的鄰居送了回來。溥儀說："我心裡難過，走錯了路。多虧王同志送我回來。"[1]此時溥儀的家住在東觀音寺22號，溥儀與李淑賢遷入東觀音寺是在1963年的6月1日。到"文革"開始之際，溥儀已經在東觀音寺住了3年了。溥儀居然能忘記回家的路。試問，有哪個正常人能因為心情低落就忘記了自己住的三年的家在哪裡呢？李淑賢在回憶錄《溥儀與我》裡也說道"可笑的是，溥儀自己上街的時候，還常常迷路呢"[2]。可見，溥儀是經常記不住自己的家住在哪裡！這是非常明顯的溥儀患上了嚴重的記憶力減退。

眾所周知，滿族人是不吃狗肉的，相傳清太祖努爾哈赤曾被狗所救。而末代皇帝溥儀居然吃了一次狗肉。

1964年8月，全國政協文史部門組織專員們到西北地方參觀遊覽。在西安參觀期間，專員們下榻的旅店是以善做狗肉出名的，用餐期間，一大盆狗肉端了上來，

1　王慶祥：《溥儀的後半生》，天津人民出版社1988年版，頁513。
2　李淑賢口述、王慶祥整理：《溥儀與我》，延邊教育出版社1984年版，頁89。

溥儀不知道是什麼肉，吃得非常香，嘴裡還一直念叨著：
"真香，真香。"而在座的人也不約而同的瞞著溥儀。等
到用餐結束後，才告訴溥儀剛剛吃的是狗肉。頓時，溥儀
感到非常噁心，要吐，又沒有吐出來。這便是心理作用。

二、後半生婚姻焦慮

溥儀清楚地知道自己生理上存在問題，不能進行正
常的夫妻生活。最擔心李淑賢與他離婚。溥儀的婚姻焦
慮也隨之而來了。這種焦慮症一直伴隨溥儀的後半生。

李淑賢發現溥儀有男性疾病後，溥儀的反應是"跪在
她面前，哀求她別離婚，就是找男朋友也不嫌"。[3]

溥儀的媒人沙曾熙、劉淑雲在口述回憶錄《我為末
代皇帝溥儀保大媒》一書中回憶了溥儀與李淑賢結婚後
的一件事：

> 有一次還在火頭上，李淑賢對溥儀說了一句
> 氣話："我要跟你離婚！"溥儀"撲通"一聲跪下求
> 饒，繼而又跑進廚房拿起菜刀就要抹脖子，嚇得
> 李淑賢一把奪下菜刀說："我是跟你開玩笑呀！"
> 溥儀也順勢下坡說："我也是跟你鬧著玩嘛！"

溥儀只是"順勢下坡"，並非是玩笑舉動。溥儀這種
拿刀的舉動，則又是一次"失去控制"的急性焦慮發作。

---

3 王慶祥：《溥儀的後半生》，東方出版社 2007 年版，頁 147。

　　溥儀的前半生經歷了三次婚姻，四位妻子。婉容在1946 年去世了，文繡在 1931 年與溥儀離婚了。譚玉齡在 1942 年病故，李玉琴也在 1957 年與他離婚。所以溥儀特別在乎與李淑賢的婚姻，生怕出現一點變故。所以溥儀後半生的焦慮主要是在婚姻問題上。但是溥儀為了減輕婚姻焦慮，就使用了精神防禦機制中的補償。

　　防禦機制中的補償：一個人因生理上或心理上有缺陷，而感到不適時，企圖用種種方法來彌補這些缺陷，以減輕不適感。舉個例子：一對夫妻，丈夫包養二奶了，內心又覺得對不起妻子，所以給妻子買很多東西來滿足妻子，想用這種方式告訴自己：我對妻子是負責任的。

　　溥儀為了與李淑賢婚姻的牢固，本能的出現了精神防禦機制。李淑賢曾回憶說過"尤其是我發現他注射荷爾蒙之後，溥儀在家庭生活裡顯得更加主動了，好像是在彌補什麼似的。吃過飯，他就趕忙拿過抹布擦桌子、洗碗、掇拾桌上的東西，但總是顯得笨手笨腳"。[4]

　　有一次溥儀開了工資，把工資全部用來買了雪花膏、化妝品。李淑賢本人也說："他是要'討好'我。"[5]除此之外，溥儀也會在李淑賢下班回家後，主動的衝上前去摟住李淑賢，半天不撒手。

　　溥儀知道自己的生理存在問題，對妻子是一個虧欠，所以溥儀就本能的出現了精神防禦機制中的補償，

---

4 賈英華：《末代皇帝最後一次婚姻解密》，群眾出版社 2001 年版，頁 158。
5 沙曾熙、劉淑雲口述，王慶祥整理：《我為末代皇帝溥儀保大媒》，團結出版社 2016 年版，頁 42。

以主動做家務，給妻子買東西這些形式來彌補因生理原因造成的虧欠，並用親密的方式來討好妻子，穩住自己的婚姻家庭，減少對婚姻的焦慮。

第六章　身處動亂

　　正當溥儀生命即將走到終點時，遇到上一場史無前例的政治運動——"文化大革命"。作為封建帝制最後一個皇帝的溥儀，在"文革"中肯定要遭遇一場很大的衝擊。

　　1960年，歷史學家，北京市副市長吳晗寫了一出京劇劇本——《海瑞罷官》，隨後由馬連良等人演出。1965年11月，姚文元寫出《評新編歷史劇<海瑞罷官>》，對吳晗的劇本《海瑞罷官》進行了抨擊，認定此劇本"並不是芬芳的香花，而是一株毒草"。此文的發表得到了毛澤東的支持，毛澤東說："《海瑞罷官》的要害問題是罷官。""文化大革命"的序幕已經拉開了。轉年2月，又把戲曲藝術家田漢編寫的《謝瑤環》列為批判的對象。3月17日至20日，毛澤東在杭州召開中央政治局常委擴大會議上，點名批評吳晗與北京大學歷史系主任、教授翦伯贊，說他們二人雖然是共產黨員，但是也反共，實際是國民黨。5月，中共中央政治局擴大會議通過了開展"文化革命"的《五一六通知》。6月1日，《人民日報》發表社論《橫掃一切牛鬼蛇神》，提出要打破"舊思想"、"舊文化"、"舊風俗"、"舊習慣"，即"破四舊"。至此，"文化大革命"的政治運動在全國範圍內展開了。

此後，批判涉及的範圍迅速擴大，"文化大革命"便走向高潮。"文化大革命"襲來之時，溥儀已是腎癌晚期，他的生命一點點的走向盡頭。但是就這樣一個腎癌晚期的病人卻遭受到了很大的衝擊。

對於這場突如其來的政治變故，溥儀首先選擇了順應時代潮流的變化。

文革期間，溥儀把家裡的藏書和手寫的日記一本一本的撕掉，然後與妻子李淑賢用框抬到後院燒掉。溥儀說："文化革命嘛，要這些書還有什麼用呢！"正在燒的時候，李淑賢覺得非常可惜，就對溥儀說："你去看看有誰在敲門。"這是為了支開溥儀，李淑賢就趁機從火中搶出來了幾本溥儀所寫的日記。

溥儀曾親眼看到很多幹部被批判的場面，當溥儀看到廖沫沙被批判的場面時，非常痛心，甚至找不到回家的路。身為全國政協委員，又當過皇帝的溥儀，自然是紅衛兵們批判的對象。但是溥儀為了求自保，把家裡的藏書一本一本的燒掉，就是在表明，自己也在破除"舊思想、舊文化"。所以，溥儀燒書的舉動，就是為了順應"文化大革命"的潮流。

1966 年 8 月 25 日，溥儀的家中闖進了紅衛兵。看到溥儀的傢俱時，說："你怎麼還這麼享受？吃著白米飯，睡著沙發軟床，都撤走，以後不許再用‘資產階級傢俱’了。"又給溥儀下達命令："溥儀，去上房把石獅子打掉。"癌症晚期的溥儀怎能經得起折騰？正當溥儀為難的時候，派出所的負責人帶著幾個警察到了溥儀的家中，紅衛兵只好撤退了。

　　1966 年 9 月 15 日，溥儀收到了一個叫孫博盛的人，給他寫的一封信。孫博盛是溥儀在偽滿時期，宮廷裡的一個僮僕。信的內容非常苛刻 "你是真的接受改造了嗎？釋放以後你給黨和人民做了些什麼？你拿人民的錢，吃共產黨的飯，在寫些什麼？告訴你！我先打開《我的前半生》幾十頁讓你回答。如不然，我就呼籲全國工農批判你，一直批判到最後一頁，批判到你認錯為止。你要聲明你這本書有毒，稿費 5000 元要退還給國家。我是不做暗事的，叫你在思想上有所準備"。當溥儀看完孫博盛的信後是什麼反應呢？據李淑賢回憶，害怕極了，就像沒了魂一樣，木呆呆地站在電話機旁，兩隻拿信的手哆嗦著，長時間不動一下，妻子與他說話也似乎聽不見。那天晚上，他粒米未盡，滴水未喝，睡覺也不安穩，常常哭醒過來，妻子勸也勸不住"。[1]

　　第二天，溥儀就將所剩的 4000 元稿費上繳給政協機關了。馬上，溥儀就給孫博盛回了信，感謝孫博盛對他的幫助，承認了書中有 "毒"，是起壞做用的，應該被打倒。但是這些並沒有讓孫博盛滿意，繼續給溥儀寫信，批判《我的前半生》一書。溥儀也按照孫博盛的要求繼續檢查《我的前半生》，每次檢查，溥儀都不能 "過關"。

---

1 王慶祥：《溥儀的後半生》，東方出版社 2007 年版，頁 348。

　　時隔不久，溥儀又遭受到了一次更大的衝擊。偽滿時期，溥儀冊封的"福貴人"李玉琴，雖然在 1957 年就與溥儀離婚了，二人不再有關聯。但是"文革"爆發後，李玉琴被扣上"皇娘"的帽子，其哥哥李鳳被扣上"國舅"，其嫂子杜曉娟也被扣上"國舅夫人"的帽子，均被抄家、批鬥。當年 11 月下旬，李玉琴與大哥李鳳、嫂子杜曉娟進京，為的是找到溥儀，讓溥儀寫個證明，證明李玉琴與"皇親"沒有任何關係，也沒有得到過"皇親"的待遇。到北京以後，因遲遲沒有見到溥儀，李鳳就先行回到長春，李玉琴和嫂子杜曉娟就繼續留在北京找溥儀。1967 年 1 月 30 日，李玉琴與杜曉娟在北京協和醫院（"文革"期間改名為"反帝醫院"）見到了溥儀。

　　杜曉娟先問溥儀："你病了？"溥儀點點頭。又問："好像有點浮腫吧？"李淑賢插了一句："是浮腫，不是胖。"接著，杜曉娟說出了家中很多人的名字，問溥儀是否認識？溥儀都是搖頭說："不認識。"又問溥儀："你給過李玉琴家，誰'皇親'的待遇嗎？"而溥儀也回答："沒有。"杜曉娟接著質問溥儀："這就奇怪了，你沒有給任何人'皇親'的待遇，我們家裡人你也不認識，為什麼我們家老少三代就成了'皇親國戚'的，又被批鬥，又被抄家的，遭的是哪份罪呀！"

　　李玉琴又非常氣憤地插話說："什麼皇親？你根本就不認我們家是你的親戚，給我們家制定了六條'禁令'，又不許求官、求錢，不許說跟你有親戚的。至今我還要背負者‘皇娘’的罪名，可我啥時候享受過皇娘的待遇呢？”說到這裡，李淑賢也插話了。問李玉琴：“你是誰？”而李玉琴氣憤地說道：“我是代表東北人民來找溥儀算帳的。”接下來，李淑賢和李玉琴發生了爭吵。

　　李玉琴讓李淑賢出去，李淑賢說：“我有資格在這裡待著，我不能出去。”李玉琴問李淑賢是什麼身份？李淑賢說：“你不用管我是什麼身份，既然你是代表東北人民來的，那請你把介紹信拿來看看。”李玉琴也帶著介紹信，但是卻說沒有帶來。隨後李淑賢又對李玉琴說道：“舊社會你入宮，是掉進了火坑裡，那也沒有辦法啊！溥儀出獄了你又來找他，難道你還想再跳進火坑裡一次嗎？”後來，溥儀在李淑賢和弟弟溥傑的幫助下，為李玉琴寫了“證明文件”，文件中證明了李玉琴在宮中受到的限制，李玉琴與皇親沒有任何關係，也沒有給過任何皇親待遇。也由此，李淑賢與李玉琴之間出現了隔閡，李淑賢認為，在溥儀病重期間，李玉琴卻來“大鬧”病房，實在說不過去。溥儀去世以後，二人也一直沒有聯繫。

　　溥儀的“證明文件”並不是護身符，李玉琴再婚的丈夫被關進了“牛棚”，而李玉琴本人也被單位送進了“學習班”。

　　已經是癌症晚期的溥儀，又遭受到這樣的衝擊，對溥儀的病情來說，只能是越來越加重。溥儀在“文革”中受到的衝擊，可以說加速了溥儀的死亡。正如李淑賢後來在口述回憶錄《我和末代皇帝溥儀的婚姻》中說到：

> 自一九六六年九月以來，接二連三的精神刺
> 激，使溥儀一直較平穩的病情迅速惡化了。要知
> 道，重翻歷史老賬，對於一個本就痛悔前愆、自
> 覺罪孽深重的人是多麼痛苦！我常常想，要是沒
> 有那次動亂，沒有這些外界的刺激，憑著國家給
> 他提供的最好的醫療條件，憑他的樂天的性格，
> 他或許能活得很長很長，至少不會死的那麼早。

第七章　溥儀逝世

　　1962 年 5 月中旬，也就是溥儀與李淑賢結婚僅僅半個月的時間，溥儀出現了尿血的症狀。因此到了人民醫院看病，注射維生素 K 止血。之後，溥儀又找到海軍醫院張榮增老大夫診治，診斷為“膀胱熱”，開了三劑中藥，止住了血。

　　1964 年 8 月 30 日，溥儀第二次尿血。李淑賢陪同溥儀到人民醫院檢查，卻診斷為“前列腺炎”，仍注射維生素 K 止血。11 月，溥儀第三次尿血，而且更加嚴重，病魔自此纏身，溥儀只得住進人民醫院治療。一個月後溥儀出院。

　　1965 年 2 月，溥儀又因為尿血第二次住院。這次住院檢查出膀胱瘤，溥儀被轉移到協和醫院做手術。5 月，又被查出了左腎長瘤，只得切除左腎。12 月，先是查出右腎“可疑的陰影”，繼而又盲腸劇痛，又做了“闌尾切除術”。之後，右腎的“可疑陰影”確定為惡性腫瘤。唯一的一個腎又被查出惡性腫瘤，只能做烤電來破壞癌細胞。

　　1967 年 1 月，溥儀已經是腎癌晚期了，他的生命已接近尾聲。北京協和醫院大夫建議溥儀切除右腎，換一個人工腎。李淑賢當即決定要把自己的一個腎給溥儀。當李淑賢對溥儀說了此事時，溥儀堅決反對說："這是讓我要你的命啊！以後不許你提這事，我絕不答應換腎。"溥儀寧願自己失去生命，也不願用妻子的健康來換。

根據王慶祥的《溥儀的後半生》記載，1967 年 10 月 4 日晚，溥儀的尿毒症發作。5 日，妻子李淑賢將溥儀送到協和醫院，這是溥儀第八次住院。10 月 16 日晚 10 點多，溥儀從沉睡中醒來，此時的溥儀已經知道自己要不行了，所以又表現出了極度的恐慌。對前來探望的好友李以劻和范漢傑用微弱的聲音喊著說："快！趕快找孟大夫，孟大夫不來，你不要走！"

"我還不應該死呀！我還要給國家做事呀！你們救救我，趕快找孟大夫！"

李以劻立刻去找來孟大夫，只見溥儀一把攥住孟大夫的手，不住口地說："救救我！我要給國家做事，救救我！我要給國家做事呀！"

孟大夫只好安慰溥儀說："你不要害怕！你的病慢慢就會好了，你還有機會給國家做事。"溥儀立刻高興起來，臉上掠過一絲笑容。

"要給國家做事"這只不過是溥儀的藉口罷了，為了讓大夫搶救他，不得不說的話，因為他恐懼死神，不願意迎來死亡。

然而，幾個小時過後，1967 年 10 月 17 日凌晨 2 點 30 分，愛新覺羅・溥儀辭世。

　　1967 年 10 月 19 日《新華社》報導了溥儀去世的新聞,《新華社》的報導原文如下:

　　　　新華社十九日訊:中國人民政治協商會議全
　　國委員會委員愛新覺羅·溥儀先生因患腎癌、尿
　　毒症、貧血性心臟病,經長期治療無效,於十月
　　十七日二時三十分病逝於北京。終年六十歲。

　　值得一提的是,《新華社》上說溥儀去世的年紀"終年六十歲"是錯誤的,正確的是,溥儀活了 62 歲。溥儀生於 1906 年 2 月 7 日,逝世於 1967 年 10 月 17 日。61年 8 個月又 10 天,是為 62 歲之年。

第八章　身後之事

一、《溥儀的後半生》風波

　　1979 年時任吉林省社會科學院《社會科學戰線》雜誌的歷史編輯王慶祥到北京通過溥儀與李淑賢之間的媒人沙曾熙見到了李淑賢。當時李淑賢正為整理溥儀日記等資料而發愁。當沙曾熙聽說王慶祥畢業于吉林大學歷史系時，就想向李淑賢推薦王慶祥幫助整理。當李淑賢向王慶祥展示溥儀後半生資料時，王慶祥非常高興的對李淑賢說："合作吧，只要您提供這些資料，《溥儀的後半生》就可以問世了。

　　李淑賢問到，還缺什麼？王慶祥回答說，還缺少您的回憶。王慶祥建議李淑賢把與溥儀從相識一直到溥儀去世共同生活的五年多的情景寫出來。李淑賢與王慶祥的合作也由此開始了，吉林省社會科學院把撰寫《溥儀的後半生》的科研計畫全權交給了王慶祥。

　　此時，李淑賢的一位鄰居得知李淑賢要寫回憶錄時，便提出要幫忙記錄，李淑賢同意了。1980 年 10 月 31 日，李淑賢與王慶祥正式簽訂協定:《關於溥儀遺稿的整理與出版有關事宜的協定》，其中有一條規定"在李淑賢口述期間曾參加一部分記錄工作的，可考慮在發表李淑賢回憶文章時，在前言或者後記的適當地方提及此事，以不埋沒他的功勞。並從稿費總數中撥出五十元給他，從優考慮，以記為報酬"。可見，王慶祥對他人勞動的尊重。

然而時隔不久，幫助李淑賢記錄的鄰居就要求李淑賢取消與王慶祥的協議，由他來包寫《溥儀的後半生》，或者參與到寫作組內。李淑賢也考慮了此事，並把此事告知好友沙曾熙、劉淑雲夫婦。他們建議李淑賢把王慶祥找去，三方坐在一起協商。沙曾熙夫婦的建議沒有得到李淑賢的採納，最終李淑賢把這位幫忙記錄的鄰居給直接回絕了，認為他的文化水平不夠。

當李淑賢把回憶資料、溥儀日記、遺稿交給王慶祥時，這可惹惱了那位幫助李淑賢記錄者，遂在 1981 年 5 月 20 日給吉林省委第一書記王恩茂寫信，說王慶祥有竊用別人成功之嫌，發表的文章均屬剽竊而成等。王恩茂並沒有理會。但是記錄者仍然沒有善罷甘休。然後用李淑賢的名義寫了一篇誣文，通過關係發到了《人民日報》中。

誣文對王慶祥充滿了人身攻擊，標題就說王慶祥是一個道德敗壞的記者，文中說王慶祥竊取了他的勞動成果，將李淑賢的資料騙走了。現在李淑賢和他強烈要求中共吉林省委和吉林省社會科學院，立即嚴肅處理王慶祥的問題。

此文驚動了國家領導人胡耀邦，胡耀邦立即做出批示，對王慶祥進行立案調查。吉林省社會科學院組成了對王慶祥的調查小組，溥儀遺稿等資料被沒收，關於出版溥儀的書，一時間成了禁區。然而這一切，李淑賢竟毫不知情。

　　時隔兩個月後，政協將此事告訴了李淑賢，看了《人民日報》的那篇文章，李淑賢這才知道發生的一切。她說：他要告王慶祥我不管，為什麼用我的名義？我要告王慶祥，我自己不會告嗎？"

　　一篇被冒用名字的誣文，讓李淑賢的生活失去了平靜。此時李淑賢最擔心的就是被沒收的丈夫的遺稿。李淑賢只好到長春去索要丈夫的遺稿。但是調查組的人拒絕歸還。李淑賢以絕食做為抗議，如果不歸還丈夫的資料，就死在長春。最終由吉林省委宣傳部部長指示，將溥儀遺稿歸還李淑賢。王慶祥做為資料經手人，參加了歸還工作。然後，李淑賢又向在座的領導澄清了《人民日報》反映的虛假情況。

　　回到北京之後，李淑賢給《人民日報》社以及各部門領導寫信，最終事情得以解決，冒用李淑賢名義的人，搬起石頭砸了自己的腳！1984 年延邊教育出版社出版了李淑賢的回憶錄《溥儀與我》，王慶祥執筆。《溥儀的後半生》首先在1985 年由吉林省政協文史資料委員會內部出版，1988 年由天津人民出版社正式公開出版，署名為"溥儀夫人李淑賢提供資料、王慶祥編著"。

二、版權之爭

　　1964 年 3 月，溥儀自傳《我的前半生》由群眾出版社公開出版發行。一時間，風靡於世界。《我的前半生》出版時，書的封面署名只有"愛新覺羅‧溥儀"一人。溥儀是《我的前半生》的唯一作者。溥儀去世後，他的妻子李淑賢是《我的前半生》版權的唯一合法繼承人。

1984 年，義大利要拍攝電影《末代皇帝》，派代表到北京與北京外文出版社簽署《我的前半生》的英文本《從皇帝到公民》的改編協議。此時群眾出版社以"《我的前半生》中文版本著作權享有者的身份表示參加合作"。義大利方面提出，要有《我的前半生》著作權享有者同意並授權才能簽字。此時，在群眾出版社工作的李文達以"作者之一"的身份在《版權委託書》上簽了字。當把《版權委託書》拿給李淑賢時，已經有了"李文達"三個字，並讓李淑賢補簽李文達的名字之下。這讓李淑賢非常氣憤，拒絕簽字。從此，《我的前半生》版權之爭拉開序幕，李淑賢也再次失去了平靜的生活。

1986 年 6 月起，李淑賢決定尋找律師，通過法律途徑解決《我的前半生》版權問題。1987 年 3 月寫了起訴狀，呈交北京市中級人民法院。1989 年，法院終於正式受理立案。

1990 年 2 月 27 日，北京市中級人民法院開庭公開審理了《我的前半生》版權一案。李淑賢與李文達均出庭，在法庭上，二人進行了激烈的辯論。李文達堅稱"溥儀當過皇帝，又是經過改造特赦的，署他一人的名字社會效果好，這並不等於自己放棄了屬於自己的著作權"。李淑賢的代理律師堅稱"李文達是職務性勞動，不存在合作關係"。

李淑賢堅持不同意調解，審判長宣佈休庭。等到再次開庭的時候是 1995 年 1 月 26 日。這期間，李文達已於 1993 年 11 月去世了，並沒有看到判決的結果。值得一提的是，在李淑賢與李文達版權爭奪期間，溥儀的弟弟溥傑竟然站到了與李淑賢的對立面上，公然的支持李文達，甚至幫助李文達尋找為"著作權人"的依據。這對於李淑賢來說，無疑是一種打擊。

1995 年 1 月 26 日，北京市中級人民法院做出了判決結果，判決書上稱"《我的前半生》一書是溥儀的自傳體作品，在該書的寫作出版過程中，李文達根據組織指派，曾幫助溥儀修改出書，李文達在該書的成書過程中付出了辛勤的勞動，但李文達與溥儀之間不存在共同創作該書的合作關係。因此應認定溥儀為《我的前半生》一書的作者，並享有該書的著作權"。

此時的李淑賢也鬆了一口氣，然而版權之爭到此並沒有結束。3 月 2 日，李文達家屬向北京市高級人民法院提出上訴。李淑賢還要繼續出庭捍衛丈夫的版權尊嚴。

1996 年 7 月 17 日，北京市高級人民法院終於做出了終審判決。駁回了李文達家屬的上訴，維持原判。《我的前半生》版權之爭被稱為"中國第一號著作權糾紛案"，終於以公正的判決寫入中國司法中。法院終於給逝者溥儀、給李淑賢一個公道，侵權者必然要走向失敗的道路。

三、遷　墓

溥儀去世後，遺體火化。李淑賢花 5 元錢（人民幣）買了一個骨灰盒，先寄存到八寶山人民骨灰堂。1980 年 5 月 29

日，全國政協為溥儀補開了追悼會。李淑賢借此機會換了一個大一點的骨灰盒，並將溥儀骨灰轉移到八寶山革命公墓。但是李淑賢始終不甘心，她還想給溥儀骨灰遷墓。李淑賢考慮，不管怎麼說，溥儀也是中國歷史上最後一位皇帝，歷代帝王都有氣派的陵墓，溥儀也應該有一個陵墓。李淑賢就將此想法告訴了周振強之子周小奇。

經過周小奇的介紹，李淑賢認識了香港實業家張世義，張世義在河北易縣清西陵旁邊開發了一塊商業墓地，很希望李淑賢能把溥儀的骨灰遷來，李淑賢也同意了此事。遂花了七八千元錢(人民幣)遷到了張世義所開發的陵園裡。所以就在 1995 年 1 月 26 日《我的前半生》版權再次開庭那天，遷葬的車隊在北京中法門口等待著李淑賢。判決結束後，李淑賢離開法庭立即坐上遷葬的車隊，來到清西陵附近的"華龍皇家陵園"，將溥儀的骨灰安葬於此。

李淑賢手捧溥儀的骨灰

然而，溥儀的墓地畢竟歸屬張世義，李淑賢想要把溥儀墓地買回來。1997 年 4 月 17 日，李淑賢住進了醫院。5 月 13 日張世義夫婦專程到醫院看望李淑賢。李淑賢便提出了要把溥儀墓地買回去的想法。張世義開口就說："想買回去可以，先拿出一百萬再說。"李淑賢聽後十分生氣："整個華龍墓地才花 10 多萬，轉眼就大開口，實在太過分了。"但是李淑賢還是決定要把溥儀墓地買回去。沒有那麼多錢怎麼辦？李淑賢決定要採取社會募捐的方式。但是這永遠成為了遺憾。1997 年 6 月 9 日，李淑賢帶著這個遺憾走了，年 73 歲，結束了坎坷的一生。

通過此事不難看出，張世義想讓李淑賢把溥儀骨灰遷過去是從商業意圖上考慮的，而李淑賢僅想給溥儀換一個大一點的墓地，根本不瞭解張世義的商業目的。

四、親屬相繼離逝

溥儀去世三年後，也就是 1970 年，溥儀的七叔載濤去世。溥儀的弟媳嵯峨浩于 1987 年 6 月 20 日在北京友誼醫院病故，年 73 歲。嵯峨浩的遺體火化後，骨灰一部分放在溥傑護國寺的家中，另一部分由嵯峨浩的親弟弟嵯峨西元帶回日本。溥傑於 1994 年 2 月 28 日病故，年 87 歲。其骨灰也是一部分留在中國，另一部分骨灰則是被女兒帶到日本與嵯峨浩的骨灰合葬。

1997 年 6 月 9 日，溥儀遺孀李淑賢因肺癌在北京中日友好醫院病故，年 73 歲。與溥儀曾經有過婚姻關係的李玉琴也於 2001 年 4 月 24 日上午因肝硬化在長春病逝，年 73 歲。值得說明的是，李玉琴生前留下了許多與溥儀相關的著述，如《坎坷三十年》；《中國最後一個"皇妃"——"福貴人"李玉琴自述》，（李玉琴口述，王慶祥撰寫）等。

　　溥儀的二妹韞龢、四妹韞嫻也分別於 2001 年、2003 年病故。溥儀最小的妹妹韞歡於 2004 年病故。溥儀同父異母的弟弟溥任（金友之），於 2015 年 4 月 10 日在北京病逝，年 97 歲。4 月 16 日，遺體在八寶山火化。從此，中國末代皇族正式進入歷史。從 1906 年溥儀出生，到 2015 年溥任去世，這是研究中國末代皇族的時間範圍。研究中國末代皇族可折射出 20 世紀與 21 世紀前期的中國歷史變遷。